James A. Michener wurde 1907 geboren. Fast seine ganze Kindheit verbrachte er im Haus der Witwe Mabel Michener, die in Doylestown, Pennsylvania, ein Heim für Findelkinder unterhielt. Wenn die Wohltäterin finanzielle Engpässe durchzustehen hatte, lernten ihre Zöglinge vorübergehend auch das Leben im Armenhaus kennen.
Schon früh entwickelte Michener eine Leidenschaft für das Reisen, und bereits 1925, als er die High School abschloß, kannte er fast alle Staaten der USA. Der hervorragende Schüler erhielt ein Stipendium für das Swarthmore College, wo er 1929 mit Auszeichnung promovierte. In den folgenden Jahren war er Lehrer, Schulbuchlektor, und er ging immer wieder auf Reisen. Während des Zweiten Weltkrieges diente Michener als Freiwilliger bei der US-Marine, die er als Korvettenkapitän verließ. Mit vierzig Jahren entschloß er sich, Berufsschriftsteller zu werden.
Für sein Erstlingswerk »Tales of the South Pacific« erhielt er 1948 den Pulitzer-Preis. Durch Richard Rogers und Oscar Hammerstein wurde es zu einem der erfolgreichsten Musicals am Broadway. Micheners Romane, Erzählungen und Reiseberichte wurden inzwischen in 52 Sprachen übersetzt. Einige davon wurden auch verfilmt.

Von James A. Michener sind außerdem
als Knaur-Taschenbücher erschienen:

»Karawanen der Nacht« (Band 147)
»Die Quelle« (Band 567)
»Die Südsee« (Band 817)
»Die Bucht« (Band 1027)
»Verheißene Erde« (Band 1177)
»Die Brücke von Andau« (Band 1265)
»Iberia« (Band 3590)

Vollständige Taschenbuchausgabe

Titel der Originalausgabe »Rascals in Paradise«

Aus dem Amerikanischen von Leni Sobez
Umschlaggestaltung Adolf Bachmann, Reischach
Umschlagillustration Bill Erlacher/R. Heindel, N.Y.
Druck und Bindung Ebner Ulm
Printed in Germany 5 4 3 2 1
ISBN 3-426-01263-4

James A. Michener: Verdammt im Paradies

Erzählungen

Knaur

ISBN 3-426-01263-4 780

INHALTSVERZEICHNIS

Für alle, die ein Refugium suchen 7

Captain Bligh 10

Charles I., Kaiser von Ozeanien 49

Gibson, des Königs böser Engel 81

Louis Becke, Abenteurer und Schriftsteller . 120

Leeteg, die Legende 149

Für alle, die ein Refugium suchen

Ganz besonders im Zeitalter der Angst sucht sich der Mensch ein Refugium. Aber schon immer hat er, wenn ihn Sorgen quälten, von Inseln geträumt – vielleicht weil der kleine Raum einer Insel die Illusion erweckt, hier könne man den Verwicklungen gesellschaftlichen Lebens entgehen oder sie wenigstens unter Kontrolle bekommen. Ein steter Traum, der über die ganze Welt verbreitet ist.

Liegt zufällig die gewählte Insel im Südpazifik, so wird die Fluchtidee oft zu wahrer Besessenheit. Wenn dazu noch die gewählte Insel liebliche und freizügige Mädchen zu bieten hat, so wird die Besessenheit leicht zur Monomanie. Sind dann die Mädchen noch Polynesierinnen, so ist der Träumer total verloren.

Die Autoren dieses Buches können die Lockungen des Pazifik nur bestätigen. Der eine ist ein Collegeprofessor, der an der Universität von Hawaii Rektor war. Er hat die Erfahrung gemacht, daß drei Tage nach einem Schneesturm in Minnesota, oder eine Woche nach der Explosion einer neuen Horrorbombe, oder drei Wochen nach dem Einbruch sonstiger schlechter Nachrichten seine Post überfließt mit Bewerbungen von Professoren auf dem amerikanischen Festland, die der Meinung sind, sie könnten nur auf einer Pazifikinsel glücklich sein. Die Zahl der Amerikaner, die glauben, daß die Inseln eine Rettung für die Krankheit unserer Zeit sind, ist überwältigend.

Der andere Autor hat öfter über den Pazifik berichtet, und das Ergebnis ist, daß er ständig einen wahren Strom von Briefen aus allen Nationen erhält; ihre Schreiber haben Diktaturen, Bomben, Steuern und kaputte Nerven satt und sind sich einig in der Überzeugung, daß nur auf den märchenhaften Inseln der Südsee die Erfüllung all der Träume zu finden ist, die ihnen die Gesellschaft versagt. Und wäre jede Insel ein weiter Kontinent, so würde der Raum für all jene enttäuschten Leute, die ihr Paradies suchen, doch nicht ausreichen.

Der Traum von einem Himmel auf Erden ist so beständig, daß sich die Autoren verpflichtet fühlten, ihm einmal nachzugehen. Sie sind den Spuren einiger Männer gefolgt, die das Abenteuer wagten und in den Pazifik flohen, und sie hoffen, aus deren Lebensläufen Antworten auf einige Fragen zu finden. War denn der große Ozean wirklich immer das Refugium, für das ihn die Menschen hielten? Ist so etwas heute überhaupt noch möglich? Sind jene, die vor dem Atomzeitalter fliehen wollen, gut beraten, wenn sie den Himmel auf einem fernen Atoll suchen?

In diesem Buch sind fünf Berichte über Menschen zusammengefaßt, die Trost und Erfüllung im riesigen Pazifik suchten. Einige flohen vor wirren und überaus bedrückenden sozialen Kräften, die jenen gleichen, mit denen wir auch heute zu kämpfen haben. Andere waren machthungrig und hofften private Königreiche zu errichten, in denen sie ganz nach Wunsch herrschen konnten. Wieder andere suchten Zuflucht in diesem einsamen Ozean, weil sie die Hilfsmittel ihrer Zivilisationen ausgeschöpft hatten – diese Menschen ähneln den Schizophrenen unseres Zeitalters; nirgends sind sie zu Hause, immer werden sie von seltsamen Träumen gelockt. Der Rest bestand aus jugendlichen Delinquenten, was beweist, daß diese häßliche Seite einer in Auflösung begriffenen Gesellschaft ziemlich zeitlos und nicht nur ein Problem unserer Zeit ist.

Die hier nachgezeichneten Charaktere sind sehr unterschiedlich. Ihr Aktionsradius erstreckt sich nicht nur in den offenen Ozean, sondern auch auf Landgebiete, die von Peru bis zur Küste Chinas reichen, von Hawaii bis nach Neuseeland; weiteren Hintergrund bilden die Marquesas, Tahiti, Samoa, Holländisch Ostindien, Tonga, die Salomonen.

Gemeinsam sind diesen Menschen – mit Ausnahme von Captain Bligh – zwei Überzeugungen : Für sie versprach – zumindest eine Zeitlang – ein anderer Teil der Welt viel mehr als ihr Heimatland. Und dieser andere Teil der Welt war in allen Fällen der Pazifik.

Von diesen Träumen zu sprechen bedeutet auch, ständig an die jünsten Ereignisse in der Geschichte des Pazifik erinnert zu werden. In den dreißiger Jahren gab es in Australien einen sehr gescheiten Gentleman, der klar voraussah, daß ein großer Krieg über die ganze Welt hereinbrechen würde. Er wollte keinen Teil daran haben, doch aus seinen Studien wußte er, daß Europa explodieren und die daraus entstehenden Feuer auch auf Afrika und Asien übergreifen würden. Er schloß weiter, daß Australien, das ja unbeschützt blieb, weil die Soldaten in Europa beschäftigt sein würden, sicherlich für die Asiaten eine große Versuchung werden könnte in der Hoffnung, es zu überrennen.

Diesem Debakel wollte er entfliehen. Er verbrachte viel Zeit damit, den Kurs zu bestimmen, dem ein vernünftiger Mensch folgen müsse, wollte er der bevorstehenden Katastrophe entgehen. Er überlegte, ob er in das tote Herz Australiens fliehen sollte, sagte sich dann aber, das Leben ohne ausreichend Wasser sei unerträglich, wenn er sich auch in dieser Region verstecken könnte. Und ein Asyl in Amerika war auch nicht empfehlenswert, denn Amerika würde in den Krieg mit einbezogen werden.

Schließlich kam er auf ganz logische Art zu dem Schluß, der einzige Zufluchtsort vor dem Irrsinn der Welt sei auf einer tropischen Insel zu finden. Dort, überlegte er, würde er genug Wasser aus Regen gewinnen können, Nahrung von Brotfrucht- und Kokosbäumen beziehen und Fisch aus den Lagunen. Er wäre vor Flugzeugen in Sicherheit, denn die würden wichtige Städte bombardieren. Und, den Missionaren sei Dank, die Eingeborenen würden ihn wohl am Leben lassen.

Er studierte den Pazifik und konzentrierte sich auf eine Insel, die jeder der gewünschten Vorteile bot: Abgeschiedenheit, Sicherheit, ein gutes Leben. Sie war der ideale Unterschlupf, bis der Welthurrikan vorüber sein würde.

Im Spätsommer 1939, eine Woche vor Deutschlands Einrücken in Polen, floh dieser weise Australier in sein südpazifisches Refugium. Er ging auf die fast unbekannte Insel Guadalcanal.

Doch zurück zu den Abenteuern von Menschen, die lange vor ihm in ihr jeweiliges geheimnisvolles Paradies flohen, in dem sie, wie sie glaubten, ewiges Behagen und die Erfüllung aller Wünsche finden würden.

Captain Bligh

Im Zweiten Weltkrieg erlebten etliche Millionen Amerikaner die verheerende Langeweile eines Tropenschiffes. Ihre Schiffe pflügten sich durch die unermeßlichen Weiten des mit Krieg überzogenen Pazifik. Sie hungerten nach Abwechslung; fast ohne Ausnahme war die einzige Unterbrechung ihres einförmigen Lebens die, daß ein begeisterter Amateur und Spaßvogel bellende Geräusche von sich gab wie Charles Laughton.

Dieser Mime in Khaki pflegte nach einem Mikrofon zu greifen, pflanzte sich achtern auf einer Luke auf und holte sich einen Kameraden heran, der Clark Gable imitieren konnte. Dann folgte eine beliebte Vorstellung: Die Seeleute spielten ausgewählte Szenen aus der *Meuterei auf der Bounty*, einem Film, der sich größter Beliebtheit erfreute.

»Mis-ter Chri-sti-an!« bellte der improvisierte Captain Bligh. »Wer hat mei-ne Ko-kos-nuß ge-stoh-len?«

»Sie wollen damit doch nicht andeuten, Sir, daß . . .«, flehte der vielgeplagte Maat.

»Andeuten? Andeuten, Mis-ter Chri-sti-an? Waschen Sie sich Ihre dreckigen Augen! Ich beschuldige Sie der Räu-be-rei!«

Unsere Männer konnten von dieser Szene niemals genug kriegen, und es muß zahlreiche Zivilisten geben, die sich voll Sehnsucht dieser bellenden Rufe erinnern, die über ihre langweiligen Schiffe hallten: »Mis-ter Chri-sti-an!« Es war wirklich ein passender Schrei für den Pazifik.

Jene, die diese Schreie auf See hörten, waren offensichtlich nur wenig mehr beeindruckt davon als das allgemeine Publikum, für das Captain Bligh zum Inbegriff der Tyrannen der Ozeane geworden war. Kinogänger in der ganzen Welt sehen in ihm das beschränkte, übellaunige Ungeheuer.

Aber war er wirklich dieser Tyrann, dieses Ungeheuer? Oder war er ein hochbegabter Flottenoffizier, auf dem der Fluch eines bösen Schicksals lag, das ihm Kommandopositionen zuschob, wann und wo immer eine Meuterei am Kochen war?

Wenn wir diese Frage beantworten wollen, müssen wir uns mit den Tatsachen beschäftigen. Vielleicht ist der wahre Captain Bligh eine ungeheuer dramatische Gestalt, viel eindrucksvoller als der negative Held der Leinwand?

Zum erstenmal tritt Bligh in die Geschichte ein in einer Episode, die seiner Tapferkeit und seiner Vernunft ein hohes Lob spricht. Das war im Jahr 1776, als er mit einundzwanzig Jahren ausgewählt wurde, um Captain James Cook als Segelmeister zu dienen. Dieser große Entdecker bereitete damals seine dritte Expedition vor, auf der er bis in die weitesten, letzten Winkel des Pazifik vorstoßen wollte.

Cook war immer überzeugt, er habe eine kluge Wahl getroffen, als er den jungen Bligh für eine so wichtige Position aussuchte, und hätte er in der Stunde der Lebensgefahr das Glück gehabt, Bligh in seinem Boot zu haben, wäre Cook sicherlich am Leben geblieben und hätte noch viel weiterreichende Forschungen durchführen können. Unglücklicherweise kommandierte ein weniger fähiger Offizier das Wachboot, und die Welt sollte einen ihrer großen Entdecker verlieren.

Zu diesem Zeitpunkt lag Cooks Flaggschiff, die *Resolution*, in der sehr geräumigen Kealakekua-Bucht von Hawaii. In einem plötzlich aufgekommenen tropischen Sturm hatte sie ihre Masten verloren. Die Eingeborenen begannen schon damit, wertvolles Gerät von den weißen Besuchern zu stehlen. »Ich fürchte«, meinte der Kapitän seinen Helfern gegenüber, »ich werde mich gezwungen sehen, mit Gewalt gegen sie vorzugehen.«

Am 13. Februar 1779, einem Samstag, war die Nacht mit Alarm erfüllt. Ein Mariner auf Posten im Strandlager, wo der Vormast der *Resolution* repariert wurde, sah kriechende und huschende Gestalten und schoß. In der Morgendämmerung stellte Cook fest, daß der Segelkutter, der nur ein paar Dutzend Yards vom Bug seines anderen Schiffes, der *Discovery*, entfernt vertäut gewesen war, nicht mehr da lag. Er war gestohlen worden. Die Zeit für gewaltsames Eingreifen war gekommen.

Diese blaue, glitzernde Bucht, in der Cook unter den zerklüfteten Lavaklippen der Küste von Kona vor Anker lag, war sehr weit von dem Farmhaus in Yorkshire entfernt, in dem er vor fünfzig Jahren geboren worden war. Das Handwerk des Seefahrers hatte Cook als Junge auf einem Kohlenschiff in der Nordsee gelernt. Seine Geschicklichkeit in der Navigation und in der Vermessung der Küsten von Neufundland hatte ihn qualifiziert, die berühmte Expedition von 1768 nach Tahiti zu leiten, wo die Astronomen den Transit der Venus vor der Sonne beobachten wollten.

In den nächsten zehn Jahren wurde er der erste und bekannteste aller Entdecker in den Regionen des Pazifik. Die Buge seiner Schiffe zeichneten ein Zickzackmuster auf dem weitesten Ozean der Erde. Er war der erste Mensch, der den Fuß auf alle großen Kontinente setzte, und nur ein ungeheures Pech – stürmisches Wetter nur siebzig Meilen von der Eisbarriere entfernt – hinderte ihn an der Entdeckung der Antarktis.

Im Januar 1778 hatte er die Hawaii-Inseln entdeckt; danach hatte er in alaskischen und sibirischen Gewässern nach der Nord% westpassage gesucht, und nun war er wieder zurückgekehrt zu diesen freundlichen Küsten. Vor zehn Monaten hatte man ihn nach der Entdeckung der nordhawaiischen Inseln Oahu und Kauai als Gott gefeiert und verehrt, und als er jetzt mit der *Resolution* Kealakekua erreichte, wurde er mit göttlichen Ehren empfangen.

Die Einwohner von Hawaii waren überzeugt, er sei die Reinkarnation eines ihrer geliebtesten Halbgötter namens Lono. Lono war früher König von Hawaii gewesen und hatte in einem Wutanfall seine Frau getötet; daraufhin war er vor Reue wahnsinnig geworden. Er durchwanderte alle Inseln der hawaiischen Kette und veranstaltete Box- und Ringkämpfe mit den lokalen Champions, um sein Gleichgewicht wiederzufinden. Dann machte er sich in einem Kanu von sehr ungewöhnlicher Form nach fernen Ländern auf. Sein Volk hatte ihn zum Gott erhoben, und nun wurde zu seinen Ehren in jedem Jahr ein Sportfest gehalten, eine Art hawaiische Olympiade, die im Herbst, stets zur Zeit des *Makahiki*, stattzufinden pflegte.

Im November 1778 kam Cooks Schiff zum erstenmal um die Erntezeit an die Küste der Hauptinsel Hawaii; die an den Rahen hängenden Segel sahen aus wie die traditionellen Prozessionsbanner der Priester von Lono. Der Schrei erhob sich: »Lono ist wiedergekommen!« Als die schwimmenden Inseln mit den weißen Segeln vor Kealakekua zur Ruhe kamen, schrien und sangen Zehntausende von Hawaiianern ihre Grüße und schwammen hinaus in Schwärmen wie der Fisch dieser Gewässer; sie ruderten in ihren Kanus oder ritten auf ihren Surfbrettern. Auf seinen ganzen Wanderungen über den Pazifik hatte Cook noch nie und nirgends solche Menschenmengen gesehen. Ist es nicht seltsam, daß er in seinem Journal schrieb – und das war die letzte schicksalhafte Eintragung –, seine Expedition habe eine Entdeckung gemacht, die ›in mancher Beziehung die wichtigste‹ sei, ›welche bisher von Europäern im gesamten Bereich des Pazifischen Ozeans‹ zu verzeichnen sei.

In Kealakekua machte Cook einen verhängnisvollen Fehler. Er meinte, es könne ja nicht schaden, wenn er diese fröhlichen Heiden in dem Glauben lasse, er sei ein Gott.

Die Vergötterung erfolgte ganz selbstverständlich, als er in Kealakekua die Küste betrat. Ein dürrer alter Priester namens Kuaha nahm die Sache in die Hand. Er hatte sehr rote Augen, da er zuviel Awa trank, das aus den Wurzeln einer Pfefferpflanze hergestellt wird. Der Rotäugige führte den Kapitän zu der wackeligen Spitze einer Tempelplattform, die mit den Schädeln zahlreicher Menschen behängt war. Alle diese Menschen waren in dem berühmtesten Lono-Schrein sämtlicher Inseln der Gottheit geopfert worden. Hier wurde der verlegene Brite in eine Robe aus rotem Tapa gekleidet, und dann mußte er auf ein Zeichen Kuahas hin und von dem Alten entsprechend aufgemuntert eines der monströsen Holzbilder küssen, mit denen das Gerüst geschmückt war. Damit nahm Cook, ohne es zu wissen, die Göttlichkeit an, und die Hawaiianer bestätigten ihn offiziell als den Gott Lono. Danach wurde von ihm selbstverständlich erwartet, daß er übermenschlich handelte.

Der König von Hawaii tauschte mit Cook Geschenke aus und belieferte die Seeleute reichlich mit den benötigten Lebensmitteln. Die Engländer statteten dafür die Krieger mit zwei Fuß langen eisernen Dolchen aus, die der Waffenmeister der Schiffe eigens nach dem Muster der Eingeborenen-*Pahoa* schmiedete; sie hatten an beiden Enden scharf ausgezogene Spitzen.

Nach zwei Wochen der Festlichkeiten legten die beiden Schiffe Cooks, die *Resolution* und die *Discovery*, am 4. Februar ab, um nach Norden zu segeln. Vier Tage später tobte ein Sturm, und es blieb ihnen nichts anderes übrig, als sich nach Kealakekua zurück zu retten und die Schäden zu reparieren. Diesmal waren die Eingeborenen nicht so freundlich wie zuvor, und die kleinen Diebereien begannen. Und da jetzt, am Morgen des 14. Februar, der Kutter verschwunden war, beschloß Cook, ihnen eine ordentliche Lektion zu erteilen.

Cook wollte sich eines Planes bedienen, den er schon in anderen Teilen des Pazifik erfolgreich durchgeführt hatte. Er wollte den König an Bord des Flaggschiffes locken und ihn so lange als Geisel festhalten, bis der Kutter wieder da wäre.

Er selbst übernahm die Überwachung der Anordnungen. Er lud

beide Läufe seiner Flinte, einen mit leichtem Vogelschrot, den anderen mit einer tödlichen Kugel. Dann zog er einen Kordon von Wachbooten um die Bucht und fuhr, begleitet von Lieutenant Molesworth Phillips und neun Mariners, in einer Sechsruderpinasse an Land. Ein zweites Boot unter dem Kommando von Lieutenant John Williamson war, falls es Schwierigkeiten geben sollte, einsatzbereit.

Cook und die Mariners landeten auf den grausamen Lavafelsen am Wasserrand und marschierten zum Haus des Königs. Der Herrscher war eben erst aufgewacht. Seine Freundlichkeit war der Beweis dafür, daß er von dem Komplott nichts wußte. Er und seine zwei Söhne waren gerne damit einverstanden, das große Kanu der Fremden zu besuchen. Aber ehe noch die Gruppe den Strand erreichen konnte, flehten die Königin und einige Häuptlinge den König an, nicht zu gehen. Sie hielten ihm vor, Lono handle sehr seltsam.

Viele Eingeborene strömten zusammen, schwangen Keulen, Speere und die neuen eisernen *Pahoas*. Der König setzte sich und dachte nach. Und während dieser Denkpause kamen schlechte Nachrichten. Ein Eingeborener kam herbeigerannt und schrie, ein Häuptling, der die Blockade in der Bucht hatte durchbrechen wollen, sei durch einen Schuß von einem der Boote getötet worden.

Die Krieger legten nun ihre Mattenrüstungen an, Frauen und Kinder verschwanden außer Sicht. Cook sah sich gezwungen, seinen Plan aufzugeben; er hielt Ausschau nach einer Rückzugsmöglichkeit, doch der Rückzug war ihm fast von der Menge abgeschnitten worden. Seine Mariners stellte er nun in der Nähe der Felsen am Wasser auf und befahl ihnen, feuerbereit zu bleiben. Da die Eingeborenen noch nie die Wirkung einer Kugel gesehen hatten, konnte er auch nicht sicher sein, daß eine Gewehrsalve einen Angriff aufhalten würde.

Cook stand der braungesichtigen Horde gegenüber. Ein großer, breiter Häuptling machte mit einer eisernen *Pahoa* einen Ausfall gegen ihn. Cook schoß zuerst seine Schrotladung ab, die ganz harmlos von der Mattenrüstung abprallte. Aber die Krieger wurden über die ›Pfefferkörner‹ wütend und daher kühner. Lieutenant Phillips schlug einen von ihnen mit dem Gewehrkolben zusammen. Ein anderer schwang einen Dolch gegen Cook, der nun den Abzug des zweiten Laufes drückte. Der Mann fiel tot um.

Nun schossen die Seeleute in Lieutenant Williamsons Boot vor der Küste in die Menge, doch der Lärm der Schüsse ging im Gebrüll der hawaiischen Angreifer unter. Die Mariner am Strand konnten nur eine einzige Salve abfeuern, dann wurden sie überwältigt. Vier wurden vom Mob umgebracht, der Rest wurde in die See getrieben und schwamm zur Pinasse. Phillips war in die Schulter gestochen worden, schaffte es aber noch als letzter. Williamson weigerte sich, zu Hilfe zu kommen.

So war nun Captain Cook gestrandet auf der von ihm entdeckten Insel. Er wandte seinen Angreifern den Rücken und schrie den Booten einen Befehl zu, sie sollten das Schießen einstellen und näher herankommen. Lieutenant Williamsons bewaffnetes Boot war keine zwanzig Yards entfernt. Sofortiges Eingreifen hätte den Kapitän gerettet, doch Lieutenant Williamson brüllte vor Angst seinen Ruderern den Befehl zum Rückzug in die Sicherheit des Schiffes zu.

Als das zur Rettung bestimmte Boot davonzog, sauste eine Keule nieder auf Captain Cook. Er versuchte aufzustehen. Ein eiserner Dolch fuhr in seinen Rücken. Er blutete heftig und stöhnte. Aber Götter dürfen keinen Schmerz zeigen.

»Das ist nicht unser wahrer Lono!« schrien die Eingeborenen.

Cook versuchte noch immer, seine Boote zu erreichen, und taumelte ins Wasser. Selbst jetzt noch hätte ein kühner Vorstoß ihn gerettet, aber den wagte niemand. Der große Kapitän fiel nach vorn ins Wasser. Eine heulende Meute Eingeborener stürzte sich auf ihn, denn jeder wollte seinen Anteil an diesem Vernichtungswerk haben.

Endlich handelten die Boote nun doch, und die Eingeborenenkrieger zogen sich unter schwerem Beschuß zurück. Aber sie schleppten Cooks Leiche mit, um sie wie einen Gott zu behandeln. Sie wurde in Stücke geschnitten, und jeder Häuptling erhielt eines. Erst nach einer Woche halbherziger, zielloser Kämpfe waren Cooks Männer in der Lage, wegen der noch verbliebenen Teile von Cooks Leiche zu verhandeln, um ihnen wenigstens noch ein würdiges Seebegräbnis in den Gewässern des Archipels angedeihen zu lassen, den Cook entdeckt hatte.

Welche Rolle hatte William Bligh in dieser Tragödie gespielt? Als Cook fiel, war Lieutenant James King von der *Resolution* der leitende Offizier des Lagers etwa eine Meile weiter unten an der Bucht, wo der beschädigte Vormast repariert wurde. Er hörte die Schüsse in der Ferne und versuchte die Hawaiianer zu beruhigen, die sich um ihn drängten. Aber Kings Offizierskameraden von der

Discovery erfuhren von Cooks Tod und schossen etliche Kanonenkugeln auf die Eingeborenen, so daß sie eiligst flüchteten. King schickte ein Boot mit der Weisung, das Schießen einzustellen, da bei ihm alles in Ordnung sei.

Das Boot kam zurück mit einer starken Gruppe von Mariners, angeführt von William Bligh. Er brachte King die traurige Mitteilung vom Tod des Kommandanten zugleich mit dem Befehl, die Zelte im Strandlager abzubrechen und die Segel an Bord zu nehmen. Die verbleibende Gruppe bezog eine starke Stellung oben auf der Tempelplattform, und Bligh blieb dort mit dem positiven Befehl, nur defensiv zu handeln. King setzte zur *Discovery* über, um zu berichten. Kaum hatte er das Schiff erreicht, als er hörte, wie die Mariners unter Bligh das Feuer eröffneten.

Die Eingeborenen hatten damit angefangen, die Engländer mit Steinen zu bewerfen. Ein paar besonders mutige Eingeborene krochen herum zur Strandseite des eingezäunten Platzes und versuchten die Flanke zu stürmen. Bligh war nicht der Mann, eine solche Attacke einfach hinzunehmen. Er gab sofort den Mariners den Befehl, zu schießen. Acht Eingeborene fielen. Der Rest zog sich zurück, um Verstärkung zu holen. Lieutenant King eilte zum Strand zurück, und bald war Blighs nicht mehr recht sichere Stellung durch die Ankunft neuer Männer verstärkt. Sein Musketenfeuer hatte einen sehr tiefen Eindruck gemacht. Die hawaiischen Priester suchten einen Waffenstillstand auszuhandeln; danach konnte Bligh Mast und Segel in Sicherheit auf das Schiff bringen.

Auf der langen Rückreise nach England führte Bligh den größten Teil der navigatorischen Arbeiten aus und kam in London an mit einem erstklassigen Ruf für seine Tapferkeit und Tüchtigkeit. Allen war klar, daß man ihn zu berücksichtigen habe, sobald es wieder ein wichtiges Kommando gebe.

Um diese Zeit hatte Bligh mehr als die Hälfte seines Lebens auf See verbracht. Es klingt unglaublich, doch er war schon als Siebenjähriger zur Navy gekommen; sein Name erscheint in den Dokumenten des Kriegsschiffes Seiner Britischen Majestät *Monmouth* als Kapitänsdiener. Das war ein um diese Zeit allgemein üblicher vernünftiger Schachzug von Blighs Vater, einem Zolleinnehmer. Der Junge war so imstande, die zeitlichen Bedingungen für eine Lieutenantsstelle zu erfüllen und viel schneller zu einem eigenen Kommando zu gelangen.

Mit sechzehn Jahren war der junge Bligh auch tatsächlich auf See, aber nicht als gewöhnlicher Mann am Vormast; sechs Monate später war er als Mittschiffsmann auf dem besten Weg, ein sehr junger Vorzugsoffizier zu werden. Mit zweiundzwanzig erhielt er den Rang eines Lieutenants. Das hatte er natürlich zum großen Teil dem Weitblick seines Vaters zu verdanken. Als Offizier unter Captain Cook schmeckte er zum erstenmal die Frucht der Tropen, die ihn dann berühmt machte.

Die Brotfrucht ist eine sehr stärkehaltige, etwa melonengroße Frucht mit harter, grüner Rinde. Sie wächst auf breitwipfeligen Bäumen. Gekocht ist sie schmackhafter als Kartoffeln, gebraten oder gebacken köstlich, am wundervollsten geröstet. Sie ist leicht verdaulich und reich an Kohlehydraten und auch jetzt noch eines der wertvollsten Produkte des südlichen Pazifik.

Bligh war sofort einer Meinung mit anderen Fachleuten, daß eine so angenehme Frucht von Tahiti hertransportiert werden sollte, wo die beste Sorte wuchs, um in Britisch Westindien angebaut zu werden, wo es nicht genug Lebensmittel gab, um die aus Afrika importierten Sklaven zu ernähren.

1787 beschloß die britische Regierung, die Brotfrucht solle verpflanzt werden, und bestimmte das Schiff *Bounty* für diese Aufgabe. Viele von Cooks früheren Offizieren fieberten geradezu nach diesem Kommando, aber zu Blighs Staunen und Vergnügen erhielt er es und machte sich sofort daran, eine starke Mannschaft zusammenzustellen.

Bligh war kaum von Mittelgröße, aber um diese Zeit recht robust und aktiv. Er neigte jedoch zur Korpulenz. Seine Stirn war hoch, und das schwarze Haar verbarg er meistens unter einer Perücke. Seine Lippen erschienen immer straff gespannt. Am auffallendsten waren eine große, vorspringende Nase und strahlend blaue Augen. Seine Haut war von Elfenbein- oder Marmorblässe. Obwohl er doch jahrelang jedem nur erdenklichen Klima ausgesetzt war, erschien sein Gesicht nicht grob oder wettergegerbt; das ließ sich vielleicht auf sein sehr mäßiges Leben zurückführen. In einer Zeit, in der Trunkenheit als männliche Tugend angesehen wurde, ließ sich Bligh niemals zu solchen Exzessen hinreißen. Seine Familie liebte und respektierte ihn. Er zeugte sechs schöne Töchter, die voll Verehrung an ihm hingen. Während seines ganzen Lebens hatte er viele treue Freunde, die ihn bewunderten, einige in hohen Positionen, sogar innerhalb der königlichen Familie.

Zweifellos war er ein Mann von heftigem Temperament, der zum Jähzorn neigte. Ein Zeitgenosse schrieb über ihn, er sei ›in seinen Manieren unsicher, in seiner Führung heftig und gleichzeitig überaus beredet gewesen, so daß er jede Person zu überreden verstand, die mit ihm zu tun hatte‹. Er erwartete so viel Unterwürfigkeit und Rücksichtnahme, wie der stolzeste Despot verlangen konnte. Bligh selbst wußte, daß er ein Choleriker war, doch er erklärte sein Temperament mit seinem Bestreben, im Dienst größte Tüchtigkeit zu erzielen. Er gehorchte den ihm erteilten Befehlen und erwartete, daß seine Untergebenen die seinen ebenso bedingungslos ausführten. Als er sich einmal gegen Beschuldigungen des Kriegsgerichts zu verteidigen hatte, knurrte er: »Ich bekenne in aller Offenheit und ohne Rückhalt, daß ich nicht ein zahmer und gleichgültiger Beobachter der Art bin, wie sich Offiziere unter meinem Kommando bei der Ausführung ihrer verschiedenen Pfichten verhalten.«

Er konnte fluchen, wie nur ein Seemann fluchen kann, und auch Nelson fluchte. Er war ein Zuchtmeister, trotzdem nicht grob oder unliebenswert. Er forderte, daß seine Befehle sofort ausgeführt wurden; es mag gleichzeitig erstaunlich klingen, aber es war wirklich so, daß er sich immer um das Wohlergehen und die Zufriedenheit der Männer unter seinem Kommando sorgte.

Einen unglückseligen Charakterzug hatte er in Verbindung mit seinem cholerischen Temperament; immer schien er dabei zu sein, wenn sich eine Meuterei anbahnte, oder wenn kleinere Probleme der Disziplin auszuarten drohten in Fälle für das Kriegsgericht.

Als Bligh hörte, daß er den Brotfrucht-Job erhalten hatte, machte er sich energisch an die Arbeit, um sein Schiff für die lange Reise nach Tahiti in allerbeste Form zu bringen. Restlos glücklich war er mit dem Schiff nicht. ›Regierung‹, schrieb er, ›ich denke, ich bin zu sparsam gewesen. Schiff und Mannschaft sind meiner Meinung nach zu klein.‹

Die *Bounty* war ein Handelsschiff von 215 Tonnen. Früher hatte sie *Bethia* geheißen und Duncan Campbell gehört, einem Onkel von Elizabeth Betham, die Bligh im Februar 1781 geheiratet hatte. Vier Jahre lang hatte Bligh das Kommando über Campbell-Schiffe im westindischen Handel gehabt, und vielleicht war es auch Campbell gewesen, der Bligh für die *Bounty* vorgeschlagen hatte. Das Schiff hatte eine hübsche Galionsfigur, eine Frau in Reitkleidung, und der Chronometer war der berühmteste in ganz England, denn er hatte zusammen mit Captain Cook in der *Resolution* zweimal den Erdball umrundet.

Als die *Bounty* für den neuen Job vorbereitet wurde, war das Wohlbefinden der Mannschaft unwichtiger als der sichere Transport der Pflanzen, die in Tahiti aufgenommen werden sollten; auf die Art war leider während der ganzen Reise die Brotfrucht viel bedeutungsvoller als die Besatzung von sechsundvierzig Männern.

Schon im Kanal gab es eine Verzögerung, die Bligh reizbar machte, denn damit erhöhte sich das Risiko, bei stürmischem Wetter um das Kap Horn segeln zu müssen. Erst am 23. Dezember 1787 verließ die *Bounty* Spithead. Bligh schrieb von Teneriffa auf den Kanarischen Inseln im Januar: ›Ich habe hier nun das kompletteste Schiff, das, glaube ich, jemals schwamm.‹ Aber noch immer fürchtete er Kap Horn.

Wie man auch immer Blighs persönliche Manieren oder Fehler einschätzen will, an seiner Tüchtigkeit als Seemann, Navigator und Offizier kann kein vernünftiger Mensch zweifeln. Die Sicherheit seines Schiffes und das Wohlergehen seiner Mannschaft waren seine größte Sorge. Die Schiffsgänge wurden ständig gelüftet, und man ließ immer Feuer brennen, damit die Mannschaftsquartiere austrockneten.

Cook hatte entdeckt, wie man Skorbut kurieren konnte, und sein tüchtiger Schüler Bligh erzielte auf seinen Reisen wahre Rekorde bei der Gesunderhaltung seiner Mannschaft, und dies in einer Zeit, da andere Schiffe in Häfen einliefen mit einer Mannschaft an Bord, die viel zu krank war, als daß sie ihre Pflichten erfüllen konnte.

Nachdem er Teneriffa verlassen hatte, um zum Kap Horn zu segeln, teilte Bligh seine Crew in drei Wachen auf, statt, wie üblich, in zwei. Er schrieb: ›Ich habe das bei den Seeleuten immer für gesundheitsfördernd gehalten, wenn sie nicht alle vier Stunden auf das Deck gejagt wurden; er trägt viel zu ihrer Zufriedenheit und Heiterkeit bei.‹

Die Kontrolle über die dritte Wache erhielt einer der Maate, ein Mr. Fletcher Christian, der mit Bligh schon vorher zwei Reisen mitgemacht hatte und dem der Kapitän vertraute. Christian hatte ein angenehmes, freundliches Gesicht und eine hohe, athletische Gestalt. Bligh beschrieb ihn als ›stark gebaut und ziemlich o-beinig‹, aber ›stark schwitzend, besonders an den Händen, so daß er alles beschmutzt, was er anfaßt‹.

Bligh forderte außerdem, daß sich die Männer ausruhten und fröhliche Spiele machten. ›Nach vier Uhr‹, schrieb er, ›gehört der Abend ihnen für Vergnügen und Tanz‹. Die Tanzmusik besorgte eine Fiedel am Vordeck. Den Tanz als therapeutische Maßnahme für Seeleute empfahl er so nachdrücklich, daß man ihn später der Grausamkeit bezichtigte, als er für John Mills und William Brown den Grog strich, weil sie sich eines Abends zu tanzen weigerten.

Viel ernstere Dinge forderten bald seine Aufmerksamkeit, denn er fürchtete, am trostlosen Kap Horn zu einer Zeit anzukommen, da es unmöglich war, dieses gefährliche Kap zu umsegeln. Vom 24. März bis zum 22. April 1788 ist im Log der *Bounty* von nichts anderem die Rede als von wütenden Regen-, Hagel- und Schneestürmen.

Stündlich mußte das Schiff leergepumpt werden, und viele der Männer verletzten sich oder wurden krank. Um diese Zeit stellte Captain Bligh seine eigene Kapine ›zur Benützung jenen armen Burschen zur Verfügung, die ein feuchtes Quartier hatten‹. Aber unter der Fürsorge des Kapitäns behielt die Mannschaft ihre gute Laune und war bereit, Kap Horn noch einen weiteren Monat lang anzugehen, doch die Erleichterung war groß, als Bligh mitteilen ließ, er gebe den Versuch auf. Um seine Männer zu retten, gab er Befehl, das Ruder herumzulegen und auf dem leichteren Weg um das Kap der Guten Hoffnung um die ganze Welt zu segeln. So erreichte er den Südpazifik.

Er machte kurz Halt in Capetown, Tasmanien und Neuseeland, am 25. Oktober sichtete die *Bounty* Tahiti. Dieses liebliche ›neue Cytherea‹, wie der französische Forscher De Bougainville die Insel nannte, sollte für die nächsten sechs Monate die Heimat der Seeleute sein.

De Bougainville, der nur ein paar Monate zu spät kam, um den Ruhm der Entdeckung Tahitis für sich beanspruchen zu können, fand hier ein Paradies vor, das mit noblen Wilden bevölkert war. Sie kamen im Adamskostüm zu seinem Schiff herausgeschwommen und boten ihm mit eindrucksvollen Gesten enge Freundschaft an. ›Bei einem solchen Anblick‹, schrieb er, ›war es sehr schwierig, vierhundert junge französische Seeleute an der Arbeit zu halten, denn sie hatten seit sechs Monaten keine Frau gesehen. Trotz aller Vorsichtsmaßnahmen kam ein junges Mädchen an Deck und setzte sich neben einem der Aufgänge auf das Achterdeck. Die Luke war offen, damit jene, die an der Ankerwinde arbeiteten, Luft bekamen. Das Mädchen ließ achtlos ein Tuch fallen, mit dem sie sich bedeckt hatte und erschien vor den Augen der gesamten Besatzung so, wie sich Venus persönlich dem phrygischen Schäfer gezeigt hatte, und sie war, zumindest in den Augen der Männer, von göttlicher Schönheit. Seeleute und Soldaten wagten es, in den Aufgang zu kommen, und die Ankerwinde war noch nie mit solcher Geschwindigkeit bedient worden wie bei dieser Gelegenheit‹.

Die seemüden Mariner der *Bounty* wurden mit ähnlicher Begeisterung von der Bevölkerung Tahitis begrüßt, Rupert Brooke beschrieb sie später als ›braunhäutige, schöne Menschen, die seltsame, einschläfernde Lieder der Südsee singen und in den seichten Lagunen bei Mondschein baden‹. Captain Bligh selbst räumte der Beschreibung der Vergnügungen und Sportarten der Leute viel Raum ein, etwa dem *Heiva*-Tanz, vorgeführt von zwei Mädchen und vier Männern, der ›aus lüsternen Gesten und Bewegungen‹ bestand. Bligh fand, die Moral sei erschütternd, aber es sei unter Brüdern üblich, mit den Frauen der anderen herumzuspielen; besonders die älteren Brüder taten dies mit den Frauen der jüngeren, und niemand fühlte sich deshalb gekränkt. ›Neigung‹, bemerkte er, ›scheint das einzig bindende Ehegesetz auf Otaheite zu sein‹.

Sehr geschickt überredete der Kapitän den obersten der Häuptlinge, Tinah, dazu, König George sehr viele Brotfruchtbäume zu schicken, als sei dies eine eigene Idee. Bligh schrieb: ›Statt einen Gefallen anzunehmen, brachte ich die Häuptlinge zur Überzeugung, ich tue ihnen etwas Gutes, wenn ich ihre Pflanzen als Geschenk für den Earee Rahie no Britannee transportiere‹.

Für die Verpflanzung der Brotfruchtbäume war der Hochsommer nicht günstig. Nur ungern wartete Bligh auf die richtige Zeit. Sechs Monate lang diesen Inseln ausgesetzt zu sein, war zuviel für die Moral seiner Männer. So litt zum Beispiel bei der Ankunft in Tahiti nicht einer seiner Leute an einer Geschlechtskrankheit; nach einem kurzen Aufenthalt war schon eine beträchtliche Anzahl, darunter viele der künftigen Meuterer, angesteckt. Noch schlimmer waren jedoch die angebahnten Beziehungen, die unweigerlich zur Tragödie führen mußten. Während die *Bounty* noch vor Tahiti vor Anker lag, stahlen drei Mann einen Kutter und Waffen und desertierten.

Bis zu welchem Grad war Bligh selbst die Ursache für die Meuterei auf der *Bounty*? Gezeichnet wurde er als sadistisches Monster, dessen unnatürliche Brutalität eine verständige, unschuldige Mannschaft zur Revolte herausforderte. Als der Film von der Meuterei gedreht wurde, beschrieb man den Kapitän in aller Öffentlichkeit mit diesen ›maßvollen‹ Worten: ›Bligh! Allein schon sein Name erfüllte die Herzen seiner Mannschaft mit Angst und Schrekken. Ein Seeungeheuer, hervorgebracht in einer Galley und geboren unter einer Kanone! Sein Haar waren Stricke, seine Zähne Marlspieker, und die Seeleute, die es wagten, seinen irren, erbarmungslosen Befehlen nicht zu gehorchen, lebten nicht so lange, daß sie es ein zweites Mal tun konnten‹.

Besieht man sich aber die Meuterei von den Tatsachen ausgehend, die kürzliche Dokumentenforschungen aufgedeckt haben, so sehen wir, daß William Bligh, wie es sich einem Musterschüler von Captain Cook geziemte, die ganze Angelegenheit nach den Traditionen der Navy, der er diente, und in Übereinstimmung mit seiner Ausbildung behandelte. Heute halten wir es für wahrscheinlich, daß die Meuterei ein aus dem Augenblick geborener, sehr hitziger Aufstand war und sich eher zurückführen ließ auf die verführerische Lieblichkeit der Mädchen Tahitis als auf Blighs Achterdecktyrannei.

Richtig, Bligh hatte seine Mannschaft angeflucht, und vielleicht hatte er sie auch während der Reise mit Proviantentzug gestraft. Ganz gewiß schien er seine Brotfrucht höher zu schätzen als seine Mannschaft. Einige der Männer hatte er auch wegen Verstößen gegen die Disziplin bestraft. Schläge waren damals in der britischen Navy ganz normal, denn die Mannschaften wurden vorwiegend aus Gefängnissen und Schnapskneipen zusammengeholt. Aber Bligh schlug keinen – bis elf Wochen nach der Abreise aus dem Heimathafen. Vor der Meuterei wurden nur sieben Mann verprügelt, drei wegen des schweren Verbrechens der Desertion, einer deshalb, weil er einen Eingeborenen geschlagen hatte. Blighs Verhalten rechtfertigte es keinesfalls, daß die Meuterer ein Schiff Seiner Majestät übernahmen und neunzehn Mann einem fast sicheren Tod in einem überlasteten offenen Boot auf dem Pazifik auslieferten.

Der romantische Held der *Bounty*-Geschichte ist gewöhnlich der Byronsche Held Fletcher Christian, vierundzwanzig Jahre alt. Sicher war er der Anführer, aber bestimmt nicht der einer Gruppe von Männern, die vornehm unter den Leuten eines Tyrannen litten. Christian führte die jungen, ungebärdigen Männer an, die zu ihren eingeborenen Mädchen zurückkehren wollten. Und ganz gewiß hatte Bligh nicht die geringste Ahnung, daß sich etwas zusammenbraute, das er selbst ›den ungeheuerlichsten Akt der Piraterie, der je begangen wurde‹, nannte.

Sicher, es hatte in letzter Zeit einige Zusammenstöße zwischen dem Kapitän und Christian gegeben. Drei Wochen nach dem Auslaufen aus Tahiti legte die *Bounty* an der Tonga-Insel Nomuka an, um Holz und Wasser aufzunehmen. In dieser Nacht hatte Mr. Christian die Aufsicht über die Wache; Bligh warf ihm vor, ein Eingeborener habe eine Krummaxt gestohlen, die nicht mehr beigebracht werden konnte.

Am Nachmittag des 27. April vermißte Bligh nach einem Eintrag im Journal, das James Morrison, der Bootsmannsmaat, führte, einige Kokosnüsse und tadelte die Offiziere wegen ihrer Nachlässigkeit. Christian fragte Bligh, ob das heißen sollte, er habe die Kokosnüsse des Kapitäns gestohlen; da soll Bligh geantwortet haben: »Ja, du verdammter Hund, das meine ich! Zur Hölle mit euch, ihr Schurken, ihr seid alle die gleichen Diebe und habt euch mit den Männern zusammengetan, mich auszuplündern . . . Ich lasse die Hälfte von euch über Bord springen, ehe ihr durch die Endeavour-Straße kommt!« Aber kurze Zeit später, als der Kapitän sich wieder etwas abgekühlt hatte, lud er Christian sehr freundlich ein, mit ihm in seiner Kabine zu speisen. Christian behauptete, er sei krank, und lehnte ab.

In dieser Nacht dachte der gekränkte Offizier an die Reize seiner entzückenden tahitischen ›Frau‹ Isabella, die später auf der einsamen Insel Pitcairn seinen Sohn gebären sollte, genannt Thursday October Christian, und beschloß offensichtlich, in einem Boot zu desertieren. Dann jedoch bestimmte ihn eine ganze Reihe ungewöhnlicher Chancen zur Meuterei.

Erstens, es waren keine Mariners oder andere Posten an Bord. Die beiden Maate von der Wache schliefen, und das war kriminell. Die Waffentruhe befand sich in der Mitte der Hauptkabine, damit die Brotfruchtbäume Platz hatten. Und Christian konnte leicht den Schlüssel vom Waffenmeister bekommen, wenn er vorgab, Haie gesichtet zu haben. Am günstigsten für Christian war, daß die gewalttätigsten Leute seiner Wache angehörten, die um Mitternacht anzutreten hatte. Bei dieser Wache waren alle sieben Männer, die seit Beginn der Reise wegen grober Pflichtverletzung geprügelt worden waren.

Einer momentanen Eingebung folgend machte Christian den harten Matthew Quintal mit seinem Plan bekannt. Er stimmte zu und überredete noch ein paar andere. Die Wonnen von Tahiti, wo die Männer wie Sultane gelebt hatten, waren zu verlockend. Männer und Offiziere waren jung und geil, und unter den Polynesiern hatten sie viele Freunde gewonnen, die ihre Rückkehr begrüßen würden. Ihren sehnsüchtigen Erinnerungen an Tahiti standen die Gefahren einer jahrelangen Reise gegenüber. Die Anführer verbreiteten Mißmut, und der Rest der Mannschaft war labil oder verängstigt. Nicht ein Offizier fand sich jetzt oder später bereit, für die Disziplin zu kämpfen.

Christian soll gesagt haben, als er seinen Kapitän und achtzehn Mann in einem lecken Boot aussetzte: »Es ist zu spät; ich habe in den letzten zwei Wochen eine Hölle ertragen, und ich bin entschlossen, dies nicht länger mehr zu tun.«

Vor Sonnenaufgang am 28. April 1789 lag Captain Bligh schlafend in seiner Kabine, als er von einer meuternden Bande ergriffen wurde. Sie setzte ihm nackte Bajonette auf die Brust, fesselte ihm die Hände hinter dem Rücken und bedrohte ihn mit dem Tod, wenn er auch nur den geringsten Lärm mache. Trotzdem schrie er, aber die Offiziere waren auch gefangen und konnten ihm nicht zu Hilfe eilen. In Hemd und Nachtmütze schleppte man ihn auf das Deck, auf dem die Männer mit schußbereiten Musketen standen. Er forderte von Christian Aufklärung über diesen Gewaltakt, aber zur Antwort bekam er nur: »Kein Wort, Sir, oder Sie sind in diesem Augenblick tot.« Gleichzeitig drohte der Maat wiederholt, dem gefesselten Mann ein Bajonett in die Brust zu stoßen.

Der kleine Kutter wurde ausgeschwungen, doch es war ein wurmzerfressenes Wrack von einem Boot, und so wurde schließlich die Barkasse mit Segeln, Tauen, Bindfaden, einem Treibanker, Enterhaken und einem Fäßchen Wasser beladen. Bligh versuchte einigemal, den Männern Vernunft und Pflichtbewußtsein einzureden, doch sie schrien nur: »Verdammt seine Augen! Blast ihm sein Gehirn heraus!«

Achtzehn andere Offiziere und Männer, die nichts mit der Meuterei zu tun hatten, wurden über Bord geworfen. Dem Zimmermann erlaubte man, seinen Werkzeugkasten mitzunehmen, und der Schreiber des Kapitäns schaffte es, 150 Pfund Brot einzuladen, etwas Wein, einen Quadranten und einen Kompaß, aber keine Seekarten, Chronometer oder etwas von Blighs unersetzlichen Zeichnungen und Beschreibungen. Er rettete jedoch Blighs Journale, seine Bestallung und etliche Schiffspapiere und die Kapitänsuniform. Vier Entermesser wurden dann noch in das Boot geworfen, als es über Bord geschwungen wurde.

An der Schnur, die des Kapitäns Hände hinter dem Rücken fesselten, warfen ihn der teuflich dreinsehende Christian und seine bajonettschwingenden Kumpane über Bord. Die überfüllte Barkasse wurde dann abgestoßen und trieb auf den offenen Ozean hinaus, dreißig Meilen vom nächsten Land entfernt. Es war eine symbolische Handlung, daß die Meuterer auch die von ihnen verdammten Brotfruchtpflanzen über Bord warfen, und dann schrien sie: »Hussa für Tahiti!«

Die *Bounty* sollte also zu dieser üppigen Insel zurückkehren. Da aber Christian Vergeltung fürchtete, wollte er mit acht von den Meuterern zu einem geheimen Versteck segeln und ließ sechzehn Mann zurück. Ihr endgültiges Schicksal – verbrannt und versenkt zu werden in den tiefen Wassern vor Pitcairn – und die Geschichte der Verbrechen und Morde der Piraten auf diesem einsamen Felsen sollten erst zwanzig Jahre später ans Tageslicht kommen, als der alte John Adams, der einzige überlebende Meuterer, sie erzählte.

Zweifellos hatte Fletcher Christian ursprünglich beabsichtigt gehabt, seinen Kapitän und die ihm loyalen Männer auf den Grund des Pazifik zu schicken, aber einige von den Meuterern hatten doch Gewissensbisse, und so erhielt Blighs Gruppe eine magere Chance, in der Barkasse irgendwo an Land zu kommen. Sie war nur dreiundzwanzig Fuß lang* und lag, da sie vollkommen überladen war, so tief im Wasser, daß es kaum eine Handbreit vom Bootsrand entfernt war. Der Tod schien ihnen sicher zu sein, und verhüten konnten ihn schließlich nur die Tapferkeit und das seemännische Können von Captain Bligh.

Blighs schärfste Kritiker wundern sich darüber, daß er diese Nußschale von Boot überhaupt in Sicherheit bringen konnte. Die Geschichte dieser Reise ist in Blighs salzwasserfleckigem Log erzählt, das wie durch ein Wunder die lange, überaus anstrengende und heroische Reise überstand. In der gesamten Geschichte der Seefahrt gibt es nichts Vergleichbares. In einundvierzig Tagen legte die Barkasse 3618 Meilen zurück in Gewässern, für die es kaum Karten gab, hatte verheerende Stürme zu überstehen – die halbe Zeit herrschten entweder Wolkenbrüche oder Stürme –, und als Verpflegung hatten sie pro Tag nur je einen Schluck Wasser und eineinhalb Unzen Brot**. Die Rationen wurden mit einer Musketenkugel ausgewogen. Sie kamen durch die gefährlichsten Wasser der Erde, segelten an den kannibalischen Fidschi-Inseln vorbei, mußten das Große Barriereriff von Australien und die tödliche Torres-Straße überwinden. Ohne eine einzige Schußwaffe

* &› Fuß = knappe 7 Meter

** $1\frac{1}{2}$ Unzen = 45 Gramm

sahen sie sich täglich den Drohungen wilder Inselbewohner ausgesetzt. Und doch ging auf der ganzen Reise nur ein einziges Menschenleben verloren, das des fetten Quartiermeisters, der in einem Kampf mit den wilden Eingeborenen von Tofua, einer der zentralen Tonga-Inseln, zu Tode gesteinigt wurde.

In den letzten Reisetagen war die Mannschaft der Barkasse mehr tot als lebendig. Sie überlebte nur deshalb, weil ihr Kapitän einen übermenschlichen Mut bewies. Von seinen Offizieren bekam er keine Hilfe, ganz im Gegenteil. Das Benehmen seines Segelmeisters Fryer und des Schiffszimmermanns Purcell kam einer Revolte so nahe, daß Bligh sie schließlich mit einem Entermesser bedrohen mußte, ›entschlossen, einen tödlichen Schlag zu führen und entweder mein Kommando zu sichern, oder beim Versuch zu sterben‹.

Am 14. Juni kam endlich die Barkasse in Kupang auf Timor an, doch damit waren Blighs Sorgen noch nicht zu Ende. Er kaufte von einem freundlichen Holländer auf Rechnung der britischen Regierung einen kleinen Schoner. Die Barkasse wurde ins Schlepp genommen, als der Schoner am 20. August Kupang verließ; am 12. September kamen sie nach Surabaja. Der Segelmeister und der Zimmermann setzten auch hier ihr aufrührerisches Benehmen fort, und so sah sich Bligh gezwungen, gerichtliche Hilfe in Anspruch zu nehmen. Die beiden wurden in Gewahrsam genommen, um in England sofort nach ihrer Ankuft vor Gericht gestellt und abgeurteilt zu werden. In Surabaja ergriff Bligh selbst ein Bajonett und stellte Fryer und Purcell persönlich unter Arrest. Diese kleine Meuterei ist ein Posten mehr auf Blighs Liste gewesen.

Am 14. März 1790 war Bligh wieder zu Hause. Sein Name war in aller Mund wegen der langen, gefährlichen Reise in einem offenen Boot, und noch vor Jahresende wurde die ganze Geschichte veröffentlicht. Am 22. Oktober wurde in Spithead über den Verlust der *Bounty* vor dem Kriegsgericht verhandelt. Das Urteil stellte fest, daß ›die *Bounty* von dem besagten Fletcher Christian und gewissen anderen Meuterern mit brutaler Gewalt genommen wurde‹. Das Gericht bestätigte ausdrücklich Blighs ehrenhaftes Verhalten und auch das jener Mannschaftsangehörigen, die mit ihm zusammen für den Verlust des Schiffes verantwortlich gemacht worden waren. Am gleichen Tag wurde gegen den Zimmermann Purcell ein scharfer Tadel ausgesprochen für sein Verhalten während der beschwerlichen Seereise in dem offenen Boot.

Etwa um die gleiche Zeit machte Fletcher Christian auf Pitcairn die Erfahrung, daß sich Meuterei niemals auszahlt. Wegen seiner Grausamkeit hatte er sich die Verachtung seiner Kameraden zugezogen; denn menschliche Rechte waren ihm absolut gleichgültig – und genau das war das Verbrechen, das er Captain Bligh zur Last gelegt hatte. Seine Eingeborenenfrau war auf der Insel gestorben, und um Ersatz für sie zu bekommen, zwang er die Frau eines Mannes der Tahitaner, mit ihm zu leben. Dieser Eingeborene rächte sich dafür und erschoß Christian. So starb also der Meuterer im Exil. Dessen vornehme Freunde unter den Edelleuten von Westmoreland hatten einen Feldzug zu Blighs Diffamierung begonnen, um die Ehre ihres Freundes und Verwandten zu retten.

Bligh wurde in England berühmt. Er wurde dem König vorgestellt und bei Hofe eingeführt. Die Admiralität erkannte seine Dienste damit an, daß sie ihn zum Kommandanten ernannte und ihn wenig später zum Kapitän der mit vierzehn Kanonen bestückten *Falcon* machte. Genau einen Monat später wurde er ungewöhnlich rasch in den Rang eines Post-Captain* erhoben, ohne daß er die üblichen drei Jahre als Kommandant abzudienen brauchte. In voller Anerkennung seiner Dienste und seines Wertes für die Navy umging diese in dem Fall ihre eigenen strengen Vorschriften.

Am 15. April 1791 wurde er Kapitän von H.M.S. *Providence*, und nun erhielt er den Auftrag, einen zweiten Versuch zu machen, Brotfruchtbäume nach Westindien zu bringen. Diesmal sorgte Bligh dafür, daß neunzehn Mariners an Bord waren. Es ging kein Risiko ein, daß man ihm wieder sein Schiff wegnahm. Am 3. August segelte er ab. Zu seinen Offizieren gehörte der junge Matthew Flinders, der unter Blighs Führung sein Handwerk so lernen sollte, daß er zu Australiens berühmtestem maritimen Entdecker wurde. Flinders erinnerte sich später daran, daß auf dieser zweiten Brotfruchtbaumreise die Mannschaft oft unter Durst litt, so daß aus Gier nach Wasser ›er und andere oft auf den Stufen lagen und die Tropfen der kostbaren Flüssigkeit aufleckten, die aus den Eimern schwappten, wenn der Gärtner sie zu den Pflanzen brachte‹.

Während Blighs Abwesenheit auf dieser Reise wurden einige Überlebende der *Bounty*-Mannschaft, die in Tahiti geblieben waren, nach England zurückgeschafft, um vor Gericht gestellt zu werden. Das waren nicht die Anführer, die sich inzwischen auf

* Post-Captain = wirklicher Kapitän mit vollem Rang – historisch.

Pitcairn niedergelassen hatten, sondern kleinere Figuren, die von Christian im Stich gelassen worden waren. In Tahiti war ein Mann von einem Kameraden ermordet worden, der dann wieder von Eingeborenen umgebracht wurde. Die restlichen vierzehn wurden im März 1791 umzingelt von den Männern der mit vierundzwanzig Kanonen bestückten Fregatte H.M.S. *Pandora* unter Captain Edward Edwards. Der rächende Arm der britischen Admiralität hatte über die halbe Welt ausgegriffen, um möglichst viele von den an jenem schicksalsträchtigen Aprilmorgen zurückgebliebenen Männern der *Bounty* vor ein Kriegsgericht zu stellen. Natürlich konnte nicht einmal die sehr energische *Pandora* die acht Anführer finden.

Die vierzehn Gefangenen erlebten eine Hölle. Wie Tiere wurden sie in einem eisenvergitterten Rundhaus, eigens auf dem Fregattendeck für diesen Zweck erbaut, zusammengepfercht. Dieser Käfig wurde von ihnen ›Büchse der Pandora‹ genannt. Alle waren in Eisen gelegt und wurden von Edwards mit einer unnachsichtigen Strenge behandelt, die sie unter Bligh niemals erlebt hatten. Morrison schrieb darüber: ›Die Hitze dieses Ortes war bei Windstille so ungeheuerlich, daß der Schweiß oft in Strömen in die Speigatten lief und in kurzer Zeit Maden herumkrochen. Die Hängematten waren schon schmutzig, als wir sie erhielten, und so mit Dreck anderer Art bedeckt, daß wir kein Mittel fanden, sie zu reinigen. Vermeiden konnten wir ihn nur dann, wenn wir auf den Planken lagen. Obwohl unsere Freunde uns reichlich mit Kleidern versorgt hätten, durften sie das nicht tun, und so konnten wir nur nackt herumliegen. Diese furchtbare Nachbarschaft und die zwei nötigen Wannen, die immer an diesem Ort sein mußten, machten unsere Lage wirklich außerordentlich unerträglich‹.

Die *Pandora* suchte eine Passage durch das Große Barriereriff und lief in der Nacht des 28. August auf. Viele Stunden lang mißachtete Edwards den Befehl der Admiralität, der Erhaltung des Lebens der Gefangenen gebührende Aufmerksamkeit zu widmen, und hielt die Gefangenen der *Bounty* im Käfig, noch immer in Ketten und beaufsichtigt von Wärtern, die Schießbefehl hatten, sobald jemand die geringste verdächtige Bewegung machte. Als das Schiff schließlich auseinanderbrach, kamen vier der Gefangenen um, die noch immer mit Handschellen gefesselt waren. Die überlebenden zehn wurden schließlich zusammen mit den neunundachtzig Mann der *Pandora*-Mannschaft nach England zurückgebracht.

Drei Monate nach ihrer Ankunft kamen die Gefangenen unter der Anklage wegen Meuterei vor Gericht. Um diese Zeit hatten sie beim Publikum schon einige Sympathien gefunden. Besonders die Freunde und Verwandten des jungen Peter Heywood und der Bruder von Christian, ein Professor der Rechtswissenschaften, waren sehr aktiv. Die Admiralität beging einen Fehler, weil sie nicht mit der Aburteilung der Gefangenen bis zu Blighs Rückkehr wartete, und daher schlug die öffentliche Meinung nun endgültig gegen Bligh um. Es gab Leute, die ihn beschuldigten, aus Feigheit diesem Prozeß ferngeblieben zu sein, aber seine Abwesenheit kann nicht gegen ihn ins Feld geführt werden. Er hatte von der Meuterei berichtet, selbst vor dem Kriegsgericht gestanden und war mit allen Ehren freigesprochen worden. Aus sehr gutem Grund erschien er nicht zu diesem Prozeß: die Meuterer kamen erst im Juni 1792 in England an, und um diese Zeit befand sich Bligh wieder in Tahiti, um eine neue Ladung an Brotfruchtbäumen zusammenzustellen.

Das Kriegsgericht trat am 12. September 1792 in Portsmouth zusammen und tagte bis zum 18.; die Verhandlung zog große Menschenmassen an. Am Ende wurden vier der Männer freigesprochen, sechs wurden für schuldig befunden und zum Tod verurteilt, doch Heywood und Morrison wurden zur Begnadigung empfohlen. Später wurden sie auch zusammen mit William Musprat begnadigt. Drei andere wurden im Hafen vom Portsmouth am 29. Oktober hingerichtet, dreieinhalb Jahre nach der Meuterei.

Bligh kehrte im September 1793 mit der *Providence* nach einer sehr erfolgreichen Reise zurück. In der halben früheren Zeit hatte er die doppelte Menge an Brotfruchtpflanzen gesammelt und sie nach Westindien transportiert. Seine Reise trug wieder zur Erforschung des Pazifik bei. Er hatte den Apfel nach Van Diemen's Land, also Tasmanien, gebracht, wo er noch immer hervorragend gedeiht. Er hatte zwischen Tasmanien und Bruny Island Mount Wellington und D'Entrecasteaux Channel entdeckt, einen Bericht über die Sitten und Gebräuche auf den Gesellschaftsinseln geliefert und war auch der Autor der ersten Beschreibung der Eingeborenen von Fidschi, die zuerst Bligh's Islands genannt wurden. Er erforschte sie ziemlich gründlich und kartographierte sie. In den Gewässern zwischen Australien und Neuguinea entdeckte er eine Passage, die Torres Strait, die jetzt Bligh's Channel genannt wird.

In neunzehn Tagen brachte er seine zwei Schiffe sicher durch die zahlreichen Inseln der Strait, einer Region, von der Flinders schrieb: ›Vielleicht kein Raum über dreieinhalb Grad Länge stellt eine größere Gefahr dar‹. Sie umsegelten das Kap der Guten Hoffnung und warfen Anker vor St. Vincent, Westindien, am 23. Januar 1793, wohin die erste Lieferung an Brotfruchtbäumen gegangen war. Die Frucht wurde bald auf den Märkten dieser Inseln verkauft, aber die Leute mochten den Geschmack nicht besonders und zogen ihre eigenen Bananen vor.

Während Blighs dritter Meuterei war er in Gesellschaft weiterer angesehener Kapitäne. Am Ende des Jahrhunderts verursachte die Behandlung der Seeleute in der britischen Navy zunehmende Unruhen. Die erste ereignete sich in Spithead und dauerte vom 18. April bis zum 15. Mai 1797, aber sie wurde niedergeschlagen. Die Meuterei der Nore, die begann, als die von Spithead endete, war nicht so leicht zu unterdrücken. Blighs Schiff, die mit 64 Kanonen bestückte *Director*, spielte dabei, wie man wohl erwarten kann, eine führende Rolle.

Die Seeleute hatten natürlich manchen ernstlichen Kummer. Die Löhnung war seit den Zeiten Charles II. nicht erhöht worden, doch damals war alles um dreißig Prozent billiger gewesen. Die Lebensmittel erwiesen sich oft als von schlechter Qualität und zu geringem Gewicht. Gemüse und dergleichen wurden an im Hafen liegende Schiffe nicht ausgegeben. Für die Kranken war kaum notdürftig gesorgt; das bißchen Luxus aus den Lagern der Schiffe war wohl für sie bestimmt, wurde meistens jedoch von den Ärzten vereinnahmt. Zahlmeister betrogen die Männer und wurden dabei unglaublich reich, und die Mannschaften lebten in einem Dauerzustand der Reizbarkeit.

Noch schlimmer waren die Vorwürfe gegen brutale Offiziere. Der unmenschliche Lieutenant Irwin gab einem Seemann einmal sechsunddreißig Peitschenhiebe, weil er ›schweigende Verachtung‹ gezeigt habe. Andere rohe Offiziere ließen die Männer kielholen, eine Strafe, die darin bestand, daß man ein langes Seil an die Hände des Mannes band, es mittschiffs unter dem Kiel des Schiffes durchzog und das unglückselige Opfer dann über die muschelverkrusteten Schiffsflanken und den Eisenkiel des Schiffes zerrte. Ertrank der Seemann dabei nicht, wie es häufig der Fall war, so hatte er in den folgenden Wochen unglaubliche Schmerzen zu erdulden, da das scharfe, verrottende harte Muschelzeug tiefe Wunden verursachte, die sich schnell infizierten. Und da man das Seil dabei auch noch drehte, wurden Rücken und Vorderseite des Mannes von den Schalen gleichermaßen aufgerissen.

Klagen kamen auch darüber, daß im Hafen nie genug Freiheit gewährt wurde, wie es sonst üblich war; daß im Kampf verwundete Männer keinen Lohn bekamen, solange sie nicht einsatzfähig waren, und daß ihre Löhne und Zulagen in keinem Verhältnis zu dem standen, was die Offiziere bezahlt bekamen.

Die Nore-Meuterei brach aus vor der Themsemündung am 12. Mai während des holländischen Krieges und glich einem modernen Streik. Die Männer wählten zwei Delegierte von jedem Schiff in einen Strategievorstand mit Richard Parker als Anführer, und auf jedem Schiff wurde ein aus zwölf Personen bestehendes Komitee gewählt, das für die besonderen Angelegenheiten dieses Schiffes zuständig war. Die Delegierten und die Männer der Komitees versuchten öffentliche Unterstützung damit zu finden, daß sie täglich in Sheerness an Land gingen, Sitzungen abhielten und zu einer lauten Blechmusik marschierten.

Der erste Ausbruch organisierter Meuterei kam, als Blighs Schiff, die *Director*, auf Nore repariert wurde. ›Die Gesellschaft des Schiffes befiehlt, daß die Lieutenants Ireland und Church und Mr. Birch, der Master, von ihren Pflichten entbunden werden, da sie davon schlechten Gebrauch gemacht hatten, wie sie selbst erklärten‹. Gegen Captain Bligh wurden um diese Zeit keine Vorwürfe erhoben, aber es verging nur eine Woche, da wurde auch er gezwungen, sein Kommando abzugeben und an Land zu gehen. Er war natürlich nicht untätig und wurde dem strategischen Vorstand der Admiralität zugewiesen, der die Meuterei unterdrücken sollte.

Ein Monat verging, und die Position der Rebellen wurde immer verzweifelter; sie schlitterten in eine immer sinnloser werdende Handlungsweise hinein. Erst blockierten sie die Themse, dann holten sie sich ihre Lebensmittel von vorbeifahrenden Handelsschiffen. Das Parlament war sich darin einig, daß die Meuterei um jeden Preis unterdrückt werden müsse. Neue Batterien von Geschützen wurden an der Flußmündung errichtet, die Navigationsmarken entfernt; und eine Anzahl loyaler Schiffe stellte man für den Angriff ab. Endlich sahen die Meuterer ein, daß ihre Lage hoffnungslos war; ihre Einlenkungsversuche wurden jedoch zurückgewiesen. Jemand aus der Crew versuchte die Schiffe auf See hinauszubringen, und in den nächsten paar Tagen gab es blutige Kämpfe. Aber um den 13. Juni hatten die meisten Meuterer ihre roten Flaggen eingeholt und um Generalpardon gebeten. So verlief sich die Meuterei allmählich im Sand. Wie man erwarten konnte, war die *Director*, Blighs Schiff, das letzte, das sich ergab.

Parker und viele andere Führer wurden hingerichtet, einige andere von Schiff zu Schiff geprügelt, ein paar sogar nach Australien deportiert. Captain Bligh wurde von der Admiralität nicht seines Postens enthoben; das wäre zweifellos geschehen, wenn ihn an der Meuterei die geringste Schuld getroffen hätte, etwa wegen zu grober Behandlung. Er bekam sein Schiff zurück, und wenig später führte er die *Director* in eine Schlacht, die seinen Ruf als guter Offizier enorm stärkte.

Das war die Schlacht von Camperdown am 11. Oktober. Blighs Schiff hatte allein die Begegnung mit dem holländischen Flaggschiff *Vryheid* gesucht. Es war dies ein Schiff mit vierundsiebzig Kanonen bestückt, das – zugegebenermaßen – schon von anderen Schiffen etwas angeschlagen war, ehe es von der kleineren *Director* angegriffen wurde. Nicht ein einziger von Blighs Männern wurde getötet, nur sieben Verwundete waren zu verzeichnen. In dieser Schlacht war John Williamson Kommandant der *Agincourt*. Dieser Offizier hatte vor Kealakekua die Barkasse befehligt, die sich geweigert hatte, Captain Cook zu retten. Man beschuldigte ihn nun der Feigheit vor dem Feind und entband ihn von seinem Dienst. Lord Nelson war der Meinung, er verdiente es, gehängt zu werden.

Vier Jahre später konnte Bligh seinen größten Erfolg im Dienst der Navy verzeichnen. In der Schlacht von Kopenhagen am 2. April 1801 hatte er das Kommando über H.M.S. *Glatton*. Dieses Schiff war ausgewählt worden, die dritte Linie anzuführen, und in einer heißen, lang andauernden Schlacht schlug sie den dänischen Commodore in die Flucht. Das Schiff hatte schwere Schäden davongetragen, siebzehn Mann fielen, vierunddreißig wurden verwundet, aber Bligh hielt unbeirrbar aus und errang schließlich den Sieg. Nach der Schlacht schrieb er stolz in sein Log: ›Lord Nelson in der *Elephant*, der Zweite vor uns, erwies mir die Ehre, mich an Bord kommen zu lassen und mir für die Führung der *Glatton* zu danken‹.

Im folgenden Monat erhielt Bligh das Kommando über ein Schiff mit vierundsiebzig Kanonen, und am 21. Mai wurde ihm von der Royal Society die Ehre zuteil, daß sie ihn mit Rücksicht auf seine ›ausgezeichneten Dienste in der Navigation, der Botanik und dergleichen‹ zum Mitglied ernannte.

Am 2. Mai 1804 stand Bligh im aktiven Dienst als Kommandant von H.M.S. *Warrior*, das England gegen die von Napoleon geplante Invasion zu verteidigen und zu bewachen hatte. Hier mußte er sich wieder einmal vor dem Kriegsgericht verteidigen, weil ihn ein verärgerter Lieutenant namens John Frazier beschuldigt hatte.

Während einer Auseinandersetzung hielt Bligh dem Lieutenant Pflichtvernachlässigung vor; dieser wurde am 23. November wegen Widerspenstigkeit und Ungehorsam vor Gericht gestellt. Frazier mag ein heimtückischer Mann gewesen sein, zumindest gehörte er zu jenen Leuten, die eine angebliche oder echte Kränkung nie verwinden können und lieber ihrer eigenen Karriere schaden, wenn sie nur dem kommandierenden Offizier aus Rache etwas am Zeug flicken können. Er brachte deshalb eine Gegenklage ein und beschuldigte Bligh, er habe ihn Schurke, Spitzbube, Schuft und dergleichen genannt und die Fäuste vor seinem Gesicht geschüttelt. Er behauptete ferner, Bligh habe sich verschiedentlich ihm und anderen Offizieren gegenüber als Tyrann und Unterdrücker benommen, und sein Verhalten sei nicht offiziersmäßig.

Im Februar 1805 stand Bligh vor Gericht. Die Beweise ergaben, daß er sich manchmal zu Zornausbrüchen neigte, fluchte und heftige Gesten machte. Im Kreuzverhör gab Lieutenant Alexander Royack zu, Bligh rede überhaupt viel mit den Händen, doch darin liege keine große Bedeutung. »Ich habe gehört, daß Captain Bligh Mr. Keltie, den Master, einen abscheulichen, schändlichen Kerl nannte und sagte: ›Sie sind eine Schande für die Navy, Sie verdammter Tölpel!‹ Ich habe oft gehört, wie er auf Lieutenant Johnston fluchte und schrie: ›Oh, Sie, Mr. Johnston, verdammter Sir, was ist mit Ihnen los?‹ Und den Bootsmannsmaat nannte er einen berüchtigten Schurken, einen dreisten Schuft, einen Landstreicher und einen elenden Bösewicht.« Lieutenant William Pascoe bestätigte, er habe gehört, daß Bligh den Master ›einen Jesuiten und alten Gauner‹ nannte und sagte: ›Ich will hier nichts von Ihren Tänzeleien sehen.‹

Andererseits bestritt Mr. William Simmons, ein Kanonier, mit allem Nachdruck, daß Bligh ihn, soviel er sich erinnere, jemals ›eine langfellige Hündin‹ genannt habe. Lieutenant George Johnston, der auf anderen Schiffen schon drei Jahre unter Bligh gedient hatte, verteidigte das Benehmen Blighs ganz entschieden. Das Gericht entließ Frazier aus der Navy und verfügte, Bligh solle getadelt und ermahnt werden, sich in Zukunft einer korrekteren Sprache zu bedienen. Damit hatte Bligh für seine aufbrausenden Redensarten einen leichten Schlag auf die Knöchel erhalten, doch er bekam das Kommando über sein Schiff zurück. Um diese Zeit war eine etwas grobe Ausdrucksweise in der britischen Navy, bei Nelson angefangen, durchaus üblich.

Diese Kriegsgerichtsverhandlung hatte kaum Auswirkungen auf Blighs Karriere, denn knappe zwei Monate später wurde er nachdrücklich geehrt durch die Berufung auf einen der besten und schwierigsten Posten, die ein Marineoffizier überhaupt je erreichen konnte – wenn auch einige Zeitgenossen behaupten, er sei mit einem Fußtritt nach oben befördert worden.

Die Ratgeber, die eine Auswahl für diesen Job zu treffen hatten, waren der Meinung, sie brauchten einen Mann, der von unbezweifelbarer Integrität sei, einen Kopf habe, der auch in schwierigen Situationen sich selbst zu helfen wisse, ohne sich auf den Rat anderer zu verlassen, der Disziplin halte, sich menschlich benehme und nicht klage und wimmere, wenn Disziplin und Strenge in besonderen Notfällen geboten seien. Ein Nachteil bei dieser Stellung war der, daß die aktive Verbindung mit der Navy aufzugeben war. In Blighs Fall hieß das, daß er seine Chance opferte, Admiral zu werden.

Trotzdem nahm Bligh, als ihm diese Stellung angeboten wurde, sehr schnell an und kam so zu einem ziemlich gefährlichen Job – und der Gelegenheit zu seiner vierten und ernstesten Meuterei.

Die Aufgabe, die so hohe Anforderungen stellte, war die eines Zivilgouverneurs von Englands schnellwachsender Strafkolonie New South Wales auf dem seit kurzem besiedelten Kontinent Australien. Die Regierung in London war überzeugt, daß ein aufrechter Mann wie Bligh in diesen bestimmenden Jahren klare Muster festlegen konnte, nach denen das ganze künftige Australien aufzubauen war. Viele Historiker sind der Meinung, Bligh wäre dies auch gelungen, hätte sich ihm nicht ein Gegner in den Weg gestellt, der nach Fähigkeit, Entschlossenheit und Bösartigkeit Fletcher Christian als wankelmütigen Dorfvikar mit weichen Knien erscheinen läßt.

William Bligh hatte in der Tat bei seiner neuen Aufgabe zwei tödliche Feinde. Der erste war John Macarthur, der zweite ein außerordentliches Regiment englischer Soldaten. Bligh sah sich niemals einem zäheren Gegner gegenüber, als es das New South Wales Corps war.

Es war in England aufgestellt worden für den Spezialdienst in Australien. Die Leute waren unter einem privaten Kontrakt mit einem Major Francis Grose zusammengeholt worden, der sehr viel Geld daran verdiente, daß er die Offiziersstellen an die verkaufte, die das meiste Geld dafür boten. Diese Männer hatten außerordentliche Privilegien, und am bemerkenswertesten war ihr Monopol auf die Einfuhr von Rum.

Die Offiziere dieses Corps kamen also nicht in erster Linie als Angehörige des Militärs nach Australien, sondern als geschäftliche Abenteurer, die entschlossen waren, schnell ein großes Vermögen zu machen. Ein Zeitgenosse beschreibt sie als Männer, die ›sich bei jeder sich bietenden passenden Gelegenheit zu Banden zusammenschlossen, um Gewalttaten und Ungerechtigkeiten zu begehen und sich das zu erhalten, was sie unter Opferung ihrer Ehre erlangt hatten‹.

Das Schiff, das diese Soldaten 1790 nach Australien brachte, war in der Tat bis zum Rand nicht mit Munition oder Vorräten beladen, sondern mit billigem Zeug, das als Privatgepäck der Offiziere deklariert war und bei den wenigen Siedlern und den vielen Verbannten für teures Geld verramscht werden sollte. Sehr schnell bekamen die Angehörigen des Corps die ganze Wirtschaft in ihren machtvollen Griff; sie wurden intim mit den Verurteilten, die sie bewachen sollten, und verführten die Frauen zu Konkubinaten dadurch, daß sie freigebig kleine Geschenke bei den verurteilten Mädchen verstreuten. Als Bligh ankam, prahlte New South Wales mit 395 gesetzlich verheirateten Frauen und 1035 Konkubinen unter den weiblichen Sträflingen.

Noch wichtiger war vielleicht der Würgegriff der Corpsangehörigen, in dem sie die Wirtschaft der jungen Kolonie hielten, denn Offiziere waren sie ja rein zufällig; in Wirklichkeit waren sie Schafzüchter, Bauern, Kaufleute, Spekulanten, Schiffshandwerker und Besitzer von üblen Grogkneipen.

Gegen 1795 erlangten die Offiziere des Corps ein Monopol auf alle in der Kolonie ankommenden alkoholischen Getränke; die verschoben sie mit einem Profit von vier- oder fünfhundert Prozent an die Siedler und hielten diese damit in ständiger Abhängigkeit und unter Druck. Blighs Vorgänger, Gouverneur P. G. King, hatte herausgefunden, daß die Kolonie trotz all seiner Bemühungen mit importierten Alkoholika verseucht war.

Die Umtriebe eines Linienregimentes im Alkoholgeschäft liefen so: Die Regierung, von älteren Offizieren des Militärs kontrolliert, beanspruchte für sich das Recht, allen in den Häfen ankommenden Alkohol aufkaufen zu können. So konnten die Offiziere zu sehr günstigen Bedingungen alles kaufen, was sie wollten. Sie hatten Verurteilte als Barmädchen zur Verfügung und eröffneten Kneipen. Jeder wußte, daß der Chefkonstabler des Territoriums eine Lizenz hatte und Rum direkt gegenüber vom Gefängnistor verkaufte.

Da es sonst wenig Zerstreuungsmöglichkeiten gab, war die Nachfrage nach Alkohol sehr groß, sowohl bei den Soldaten auf Urlaub – egal, ob kurz oder lang – als auch bei den schwerarbeitenden Siedlern. Ein zu Besuch weilender Arzt berichtete, daß der einzelne unglaublich große Alkoholmengen vertilgen konnte. »Der maßlose Farmer, sein nicht weniger unmäßiger Gefangenen-Diener und ähnliche Leute stürmten das Schiff, gossen den Alkohol in Eimer und tranken so lange, bis sie besinnungslos vor Trunkenheit waren. Andere wieder wurden durch den Alkohol gewalttätig, und dann gab es schnell viel Blutvergießen!« Für Rum verkauften oder beliehen die Siedler sogar ihre Farmen und ihren eigenen Leib. Und den ganzen Profit schoben die Offiziere des Rum-Corps ein. Sie schickten Hausierer in die ländlichen Gebiete, die Alkohol gegen künftige Ernten verkauften und selbst einen recht ordentlichen Gewinn daran hatten. Früher oder später fielen auf diese Art die Farmen in die Hände der Händler in Uniform. Alles Korn und sonstige Erzeugnisse wurden in die königlichen Lagerhäuser gebracht, und die Offiziere stellten stark überhöhte Rechnungen auf das Schatzamt aus. So betrogen sie nicht nur die Siedler, sondern auch die Regierung zu Hause.

Die Offiziere des Rum-Regiments beuteten auch die Männer aus, die sie unter sich hatten. Die untersten Ränge wurden nicht mit Geld bezahlt, sondern mit Waren aus den Lagern, die oft nur die Hälfte von dem wert waren, was ihnen zustand. Wenn ein Soldat sich das nicht gefallen lassen wollte, wurde er in Arrest geschickt, vor Gericht gestellt und zu Gefängnis verurteilt. Der kluge Soldat nahm also alles an, was ihm statt Geld zugeteilt wurde, und verschacherte es gegen das, was er für seinen Lebensunterhalt dringend brauchte. Gewöhnlich war es Rum, der ihm in dieser abgelegenen Kolonie am anderen Ende der Welt als Zahlungsmittel diente.

Unerträglich wurde die Lage besonders deshalb, weil die Corpsangehörigen, die in ihren Reihen zu Blighs Zeit nicht weniger als siebzig ehemalige Sträflinge hatten, auch Polizeiaufgaben in New South Wales erfüllen mußten. Der Gouverneur mußte sich bei der Beaufsichtigung der Sträflingskolonie auf sie verlassen. Bligh waren die oben geschilderten Tatsachen bekannt, als er die Befehle zur Neuordnung der Siedlung übernahm, doch es ist unwahrscheinlich, daß er auch nur im entferntesten ahnte, welchen Ärger ihn erwartete, als er im Februar 1806 aus England abreiste. Er ließ seine Frau und seine Töchter bis auf eine zurück, Mrs. John Putland, die ihren Mann begleitete, der bei der Navy diente.

Blighs Würde zog ihn sofort auf der Reise in einen neuen Streit. Sein Ziviltransporter, die *Lady Sinclair*, befand sich in einem Konvoi unter der Führung von H.M.S. *Porpoise*, die von Captain Joseph Short kommandiert wurde. Dieser Offizier legte seine Instruktionen so aus, daß er den ganzen Konvoi zu befehligen habe, und Bligh müsse nur Kurs und anzulaufende Häfen bestimmen. Bligh als rangältester Offizier sah sich selbst als Oberkommandierenden aller Schiffe, obwohl er kein aktiver Navy-Offizier mehr war. Es gab einigemal heftigen Streit. Einmal ging Bligh, ohne mit Short darüber zu reden, so weit, daß er den Kurs der *Lady Sinclair* änderte. Short mußte zwei Schüsse abgeben, einen vor Blighs Bug, den anderen Achtern. Obwohl Short am Kap eine gewisse Versöhnung versuchte, hatte er sich leider auch mit seinen eigenen Offizieren angelegt. Als die Schiffe Sydney erreichten, rief Bligh ein Schiedsgericht an, und Short wurde für schuldig befunden, gegen die Disziplin der Navy verstoßen zu haben. Daraufhin ließ Bligh kurzerhand Short in Arrest nehmen und schickte ihn nach England zurück. Ein Jahr später verhandelte ein Kriegsgericht darüber. Short wurde ehrenhaft freigesprochen, aber sein Streit mit Bligh hatte seine Karriere beendet.

Blighs neues Kommando war die winzige Ansiedlung Sydney, die damals noch keineswegs die heutige Metropole ahnen ließ. 1806 war sie nur ein Durcheinander von Baracken, Kasernen und Hütten, zwischen denen da und dort eine Windmühle stand. Auf den verwahrlosten Straßen trotteten Banden von Sträflingen zur Arbeit, Seeleute lungerten herum, dazu ein paar freie Siedler und verschiedene Beamte der Strafkolonie. Um die Kanonen an der Ostseite der Bucht befand sich eine Region, für die Blighs Vollmachten nicht galten. The Rocks war ein Slumgebiet, das ein Zeitgenosse als Festung der Unruhe beschrieb, die eher dem Schlupfwinkel einer Horde Wilder glich als dem Wohnviertel einer zivilisierten Gesellschaft. Jede zweite Hütte war eine Kneipe, in der sich Seeleute, Diebe und entlaufene Sträflinge mit Grog vollaufen ließen. Dieser menschliche Dschungel beherbergte auch Spielhöllen und Bordelle, die humorvoll Gockel- und Hühnerklubs genannt wurden.

Den Gegensatz dazu bildete das würdige Government House in der Mitte der Ansiedlung mit Blick auf die Bucht, ein zweistöckiges, weißgestrichenes Gebäude mit einem Hügel dahinter, dessen tröpfelnde Rinnsale in den Räumen eine ungute kalte Feuchtigkeit zur Folge hatten. Hier regierte als Schlüsselbewahrerin Blighs geliebte Tochter Mary, die ihren invaliden Ehemanm pflegte und als Hausdame ihres Vaters fungierte.

Sie war nicht nur die First Lady der Kolonie, sondern auch modebestimmend. Mit jedem Schiff schickte ihre Mutter ihr Kleider aus London. Eines davon war die Ursache der ersten Spannung zwischen Bligh und den Offizieren des New South Wales Corps. Es war nämlich ein sehr enganliegendes, durchscheinendes französisches Modell, das so viel von ihrer Gestalt enthüllte, daß sie es, um jeder Kritik zuvorzukommen, mit langen Hosen statt mit Unterröcken trug. Eines Morgens betrat sie am Arm ihres Vaters die Kirche. Die Soldaten des Corps stießen einander an, kicherten und lachten schließlich laut. Mary wurde rot und weich in den Knien und verließ eiligst die Kirche. Bligh war wütend, als er sich darüber klar war, daß diese Soldatenemporkömmlinge seine Lieblingstochter ausgelacht hatten. Zwar legte sich die Wut bald wieder, doch diese Beleidigung goß später Öl in die Flammen der Feindschaft, die sich bald zwischen dem Corps und dem Gouverneur herausbildete.

Bligh trat seinen Posten am 14. August 1806 in Sydney an. Seine Exzellenz ließ sich im Gouvernment House nieder und machte sich sofort an die beiden schwierigen Reformen, die ihm besonders ans Herz gelegt worden waren. Die erste war die Unterdrückung des berüchtigten Rumhandels in der Kolonie, die zweite galt dem verderblichen System des Schacherns unter Zuhilfenahme von Währungen. Diese beiden Befehle waren notwendigerweise gegen die egoistischen Interessen der profitgierigen Angehörigen des New South Wales Corps gerichtet, und der daraus folgende notwendige scharfe Zusammenprall sollte Blighs größte Meuterei, die sogenannte Rum-Rebellion, nach sich ziehen.

Es waren sehr beträchtliche Kräfte, die sich gegen Bligh stellten. Trotzdem hätte er vermutlich gewonnen, wären seine Feinde nicht angeführt worden von einem der fähigsten und zugleich charakterlosesten Männer in der Geschichte Australiens. In John Macarthur sollte Bligh einen Gegner finden, der so selbstbewußt, unbeirrbar und dickköpfig war wie er selbst. Hier war die unwiderstehliche Kraft, dort das unbewegliche Objekt. Macarthur wird heute in den Schulbüchern Australiens als der große Pionier und Schafzüchter des Landes bezeichnet, der das Merinoschaf durchzüchtete, bis es etwas später die Hauptquelle von Australiens großer Wollindustrie wurde. Zweifellos war er ein tüchtiger und weitblickender Mann, aber seine Persönlichkeit war nicht gerade von der liebenswerten Art, und in den drei Jahren, die Bligh ihn kannte und gegen ihn kämpfte, spielte Macarthur eine alles andere als heroische Rolle.

In England hatte Macarthur Korsettmacher gelernt, und deshalb fand man in Sydney für ihn den Spitznamen Jack Bodice*. Er hatte in der Army gedient, bis er sich dann eine Offiziersstelle im New South Wales Corps kaufte und 1790 damit in der Kolonie ankam. Da war er gerade dreiundzwanzig Jahre alt und heiratete die Tochter eines Landedelmannes. Er war dunkel, hatte ein energisches, eckiges Kinn, stets aufeinandergepreßte Lippen und eine Knopfnase. Dem Wesen nach war er kalt und barsch, eben ein Mann, der sich mit Ellbogen hocharbeitete. Beschrieben wurde er als ›scharf wie ein Rasiermesser und beutegierig wie ein Hai‹. Jeder, der ihm im Weg stand, mußte damit rechnen, seiner Eitelkeit, der Gier nach Reichtum und Vergrößerung seines Landbesitzes und sonstiger Güter zum Opfer zu fallen.

Obwohl er sehr schnell zum Captain befördert wurde, zog sich Jack Bodice nach einem heftigen Streit mit einem früheren Gouverneur vom Regiment zurück; der Gouverneur hatte ihn in Arrest genommen, da er bei einem Duell seinen kommandierenden Offizier verwundet hatte, und schickte ihn nach England zum Prozeß. Als Macarthur zurückkam, nahm er die Verbindung mit dem Regiment wieder auf. Macarthur schwor sich, auf seinem Besitz von fünftausend Morgen Land namens Camden mit Wolle ein Vermögen zu machen.

* etwa Miederjacke

Der Gouverneur bemerkte ziemlich bitter, daß Macarthur für einen vollbeschäftigten Offizier ein mehr als ordentliches Einkommen erzielt habe. »Er kam 1790 hierher mit mehr als fünfhundert Pfund Schulden, und jetzt ist er mindestens zwanzigtausend Pfund wert . . . Seine Beschäftigung während der elf Jahre, die er hier ist, war die, ein großes Vermögen zusammenzuscharren, und seinen Offizierskameraden verhalf er zu kleinen, meistens auf öffentliche Kosten, er säte Hader und Unfrieden . . . Die Erfahrung lehrte jeden Mann in dieser Kolonie, daß es nichts gibt, was er nicht mit Kunst, Schlauheit und Frechheit und mit seinen Basiliskenaugen zuwege bringt, denn all dies wendet er an, um jeden Punkt zu erreichen, den er anpeilt . . . Eine Hälfte der Kolonie gehört ihm schon, und es wird nicht lange dauern, bis er die andere Hälfte auch noch bekommt.«

Eine der Grundlagen zu diesem Vermögen wurde von Joseph Holt bezeugt: »Jeder Soldat bekam fünfundzwanzig Morgen Land. Viele von ihnen verkauften, wenn sie betrunken waren, ihre Anteilscheine für eine Gallone Rum. Mr. Macarthur pflegte sie mit Waren zu beliefern, und so erhielt er von diesen kurzsichtigen und törichten Männern deren Anteilscheine, mit denen er riesige Landmengen für sich erwarb.« Auf eigene Rechnung handelte er mit China und den Inseln der Südsee. Er war der größte Rumhändler von ihnen allen. Sein heftiges Temperament, seine krankhafte Überzeugung, daß jeder, der gegen ihn sei, seinen Ruin suche, seine Gabe, eine persönliche kleine Verfehlung zu einer nationalen Untat zu vergrößern – all dies hatte innerhalb der ganzen Kolonie eine solche Feindseligkeit gegen ihn heraufbeschworen, daß es verwunderlich erscheint, wie er überhaupt noch Parteigänger finden konnte. Aber es gab genug Leute, die ihm aus Kriecherei oder Angst vor Vergeltungsmaßnahmen folgten. Macarhturs Leben war eine Kette von Streitfällen, Duellen, tiefem Groll und fast tödlichen Feindschaften. Er prahlte damit, daß er die Regierung gezwungen habe, die Gouverneure Hunter und King zu entlassen. Er hatte alle örtlichen Verordnungen verhöhnt. Jetzt sollte er aber Bligh kennenlernen.

C. Hartley Grattan schrieb einmal: ›John Macarthur glich Bligh charakterlich sehr. Auch er war von heftigem Temperament, doch es war ›kaltes‹ Temperament, das sich nicht im Fluchen abreagierte, sondern in kalter Beschimpfung, die weiterwirkte. Auch er bestand streng auf Disziplin und verachtete die Schwächen und

Wehleidigkeiten gewöhnlicher Menschen. Auch er war voll Selbstvertrauen und Selbstgerechtigkeit. Niemals brachte auch er ein ernstgemeintes Wort des Selbstzweifels zu Papier. Auch er formulierte seine Ziele und setzte sie durch, indem er die Menschen unter seinen Willen beugte. Doch er unterschied sich von William Bligh, was sich aus seinen Aufzeichnungen ableiten läßt, besonders darin, daß er persönliche Vorteile mit Gerechtigkeit verwechselte, und weil er wußte, wie die ›Narren‹, zu denen er sich selbst zählte, zu manipulieren waren, tat er das für seine eigenen Zwecke. Seine Stellung wurde immer dann gestärkt, wenn seine Ziele sich mindestens teilweise mit denen einer mächtigen Minorität in der Gemeinde deckten‹.

Während Blighs erstem Regierungsjahr reinigten seine energischen Seeleute die Decks und brachten alles auf Hochglanz; da kam er gut mit allen zurecht, sogar mit dem provozierenden John Macarthur. Doch allmählich entwickelten sich die Gegensätze in so verschiedene Richtungen, daß allenthalben Funken sprühten. Captain Charles Walker bestätigte, einmal habe Bligh es für notwendig gehalten, eine Forderung Macarthurs nach etwas aus den Regierungslagern zurückzuweisen; Macarthur habe Walker gesagt: »Gouverneur Bligh gab den Siedlern Regierungseigentum, einer Bande von Schuften, die ihn betrügen werden; es wäre besser, er gäbe dies alles mir und anderen respektablen Gentlemen von der Kolonie. Wenn er das nicht tut, wird er vielleicht noch einmal eine Reise in seiner Barkasse erleben.«

Nun begann eine Flüsterkampagne gegen Bligh. Eine Vorahnung des kommenden Sturmes war ›ein Pfiff‹, eine Schmähschrift, die von Macarthurs Freunden gegen *Bounty*-Bligh in Umlauf gesetzt wurde: ›*O tempora, o mores*! Gibt es denn in ganz New South Wales keinen CHRISTIAN, um der Tyrannei des Gouverneurs Einhalt zu gebieten?‹ Das klang genauso, als wolle sich wieder einmal eine Meuterei zusammenbrauen, und Macarthur werde die Rolle des ewig gekränkten Fletcher Christian spielen.

Macarthurs Besessenheit sollte in dem neuen Land eine ausgesprochene Schafindustrie schaffen, doch Blighs Haltung war unmißverständlich: »Was habe ich mit Ihren Schafen zu tun, Sir?« röhrte er. »Was gehen uns Ihre Kühe an? Müssen Sie unbedingt Schaf- und Rinderherden in einer Größe haben, von der vorher noch nie ein Mensch gehört hat? Nein, Sir, ich habe von Ihren Geschäften gehört. Sie haben fünftausend Morgen Land erhalten,

Sir, in der feinsten Gegend unseres Landes, aber, bei Gott, die werden Sie nicht behalten!«

Eine ganze Reihe kleinerer Episoden um Macarthur ließ die Gemeinde in einen Aufschrei ausbrechen. Über einen bestimmten Schuldschein gab es Meinungsverschiedenheiten, dann auch über einen illegalen kupfernen Destillierapparat, den Macarthur behalten wollte ohne ›Kopf und Schwanz‹. Aber das Kriegsbeil wurde erst ausgegraben, als Macarthurs Handelsschoner *Parramatta* beschlagnahmt wurde.

Dieses Schiff hatte gegen die Hafenordnung verstoßen, als es einem blinden Passagier, einem Lebenslänglichen namens John Hoare, zur Flucht aus Sydney verhalf und ihn dann in Tahiti an Land gehen ließ. Als dieser Fall zur Verhandlung kam, wurden Macarthur und sein Partner verurteilt, und eine Anleihe von neunhundert Pfund wurde für verfallen erklärt. Macarthur entschloß sich, lieber das Schiff aufzugeben als das Geld zu verlieren, und erklärte der Mannschaft am 7. Dezember 1807, daß er sie nicht mehr bezahlen oder mit Lebensmitteln beliefern würde. Als sie, um dagegen zu protestieren, an Land kam, versuchte Macarthur die Verantwortung dafür abzulehnen, indem er sagte, die Regierung sei nun Eigentümerin des Schiffes, das er aufgegeben habe.

Der Rechtsoffizier Richard Atkins handelte im Auftrag Blighs und rief Macarthur auf, in Sydney zu erscheinen, um sich den Klagen zu stellen. Atkins war kein Jurist. Die Anklageschrift, die eine lange Liste von Klagen umfaßte und Macarthur als ›bösartigen, staatsgefährdenden Mann von verworfenem Geist und wahnsinniger, teuflischer Wesensart‹ bezeichnete, wurde unter Mithilfe des einzigen Juristen der Kolonie, eines freigelassenen Fälschers namens George Crossley, abgefaßt.

Zwischen Richter Atkins und Macarthur hatte es schon böses Blut gegeben, und letzterer weigerte sich, der Aufforderung zum Erscheinen Folge zu leisten. Dies begründete er damit, Atkins werde ihm keinen fairen Prozeß machen, obwohl alle verbleibenden sechs Richter der Kammer Offiziere vom New South Wales Corps und offene Parteigänger von Macarthur waren. Macarthurs verächtliche und wütende Antwort auf diesen Aufruf ließ Blutvergießen ahnen und war eine offene Auflehnung gegen die Autorität des Gouverneurs. Bligh, der sich nie um etwas drückte, was eindeutig seine Pflicht war, verfügte seinen Arrest, und Macarthur brannte nun so vor Wut über eine solche Beleidigung, daß er auf der Stelle entschied, Bligh müsse gestürzt werden.

Macarthur war noch frei gegen Kaution und begann sofort auf Ärger für Bligh zu sinnen und die Revolte vorzubereiten. Er forderte die Bezahlung einer fünfzehn Jahre alten Schuld von Richter Atkins, die sich auf 26 Pfund plus 56 Pfund Zinsen belief. Der Richter erklärte sich bereit, zu bezahlen, obwohl die Schuld gesetzlich längst verfallen war, doch Macarthur war damit nicht zufrieden und beklagte sich darüber, es sei unfair, daß er Atkins nicht verklagen könne, der dem einzigen Gericht vorstand, das über diesen Fall verhandeln könnte. Macarthur schürte dann neuen Groll gegen Bligh, der eine illegale Landüberlassung an Macarthur für ungültig erklärt hatte; es handelte sich hier um ein großes Stück Land der Regierungsdomäne neben der Kirche. Macarthur weigerte sich, ein anderes Stück anzunehmen, das Bligh ihm als Ersatz anbot, und heuerte etliche Soldaten an, die einen Zaun um das ursprüngliche Stück Land ziehen mußten, auf dem ein öffentlicher Brunnen stand. Das war wieder ein Akt kalkulierter Widerspenstigkeit.

Am 25. Januar 1808 wurde Macarthur vor Gericht gebracht, das aus Atkins und sechs Corpsoffizieren bestand. Er weigerte sich, seinen persönlichen Feind als Gerichtspräsidenten anzuerkennen und sich von ihm aburteilen zu lassen. Prompt erhoben die Offiziere auch Einspruch, mit Atkins zu Gericht zu sitzen, der sich zurückzog und dann erklärte, ohne ihn gebe es kein verhandlungsfähiges Gericht. Bligh unterstützte diese Haltung. So wurde Gouverneur Bligh in die paradoxe Situation manövriert, sich gegen die militärische Macht der Kolonie zu stellen, die doch allein seine Befehle ausführen konnte. Die sechs Offiziere bestanden auf ihrem Recht, gegen Macarthur ohne die Anwesenheit Atkins' zu verhandeln. Bligh erklärte mit aller Entschiedenheit, das Recht hätten sie nicht.

Vielleicht war der Widerstand der sechs Offiziere die Auswirkung eines tiefreichenden Komplotts, Blighs Position in Frage zu stellen und die gute alt Rum-Zeit mit dem Alkoholschmuggel zu erneuern. Ihr geheimer Anführer war ganz gewiß Macarthur selbst, der Gefangene vor ihnen, den sie geschworen hatten, unparteiisch zu richten.

Am folgenden Tag legte Richter Atkins dem Gouverneur Bligh einen Bericht vor, aus dem hervorging, die sechs Offiziere hätten sich so verhalten, daß es einer Revolte gegen die Regierung gleichkomme. Dieses Verhalten führe unweigerlich zum Aufstand oder zu einem verbrecherischen Verrat. Unter Zugrundelegung dieses

Berichtes berief Bligh die sechs Offiziere zu sich in das Gouvernment House, wo sie ihr Betragen erklären sollten. Gleichzeitig erbat er schriftlich die Hilfe von Major George Johnston, der das Corps kommandierte, und forderte ihn auf, in die Stadt zu kommen und seine rebellischen Offiziere in Empfang zu nehmen. Johnston, der sich auf seinen vier Meilen vor der Kaserne liegenden Besitz zurückgezogen hatte, erklärte, er sei krank und könne nicht einmal ein Antwortschreiben verfassen. Trotzdem erholte er sich auf wunderbare Weise und war sogar in der Lage, mit einer Kutsche in die Stadt zu fahren. Aber Hilfe hatte Bligh von ihm keine.

Später behauptete der Major, als er in der Kaserne ankam, seien Offiziere und Soldaten wie auch Zivilisten in einem Zustand ungeheurer Angst und Aufregung gewesen, und sie hätten ihn überzeugt, es gebe einen blutigen Aufstand, wenn er nicht sofort den unbeliebten Gouverneur Bligh in Arrest nehme. Johnston ging nicht zu Bligh, um mit ihm über die Lage zu sprechen oder auch nur seine Rückkehr zu melden, wie er verpflichtet gewesen wäre, denn Bligh war sein vorgesetzter Offizier. Johnston nahm stattdessen widerrechtlich den Titel eines Lieutenant Governor der Kolonie an. Unter diesem Titel befahl er die sofortige Freilassung von John Macarthur aus der Haft.

Als dieser Feuerbrand auch die Kaserne erfaßte, soll Johnston gesagt haben: »Gottes Fluch, Macarthur, was soll ich jetzt tun? Diese Burschen hier raten mir, ich solle den Gouverneur in Haft nehmen.« Macarthur habe geantwortet: »Das raten sie Ihnen? Dann, Sir, bleibt Ihnen doch nichts anderes übrig, als ihn auch tatsächlich zu verhaften. Solche Dinge zu raten ist gesetzlich ebenso kriminell wie sie zu tun.« Er setzte voraus, daß nun die ganze Gruppe zur Rebellion entschlossen sei.

Macarthur benützte einen Kanonenlauf als Schreibunterlage und verfaßte eine Petition an Johnston, er solle Bligh verhaften. Diese Forderung bildete die Grundlage für die Meuterei, die Johnston anführte gegen die eingesetzte Autorität von New South Wales; wahrscheinlich war sie unterzeichnet von höchstens zwei oder drei Leuten, als sie aufgeschrieben wurde. Später, nachdem die Rebellion vorüber war, muß man dann noch andere Unterschrifen dazugewonnen haben, vermutlich unter Bedrohung mit dem Bajonett. Dokument oder nicht, Bligh mußte sofort gestürzt werden, nachdem Johnston gegen das Gesetz verstoßen und Macarthur aus dem Gefängnis entlassen hatte.

Johnston stellte sich an die Spitze des Regimentes von drei- oder vierhundert Mann, die mit aufgepflanztem Bajonett und mit geladenen Musketen auszogen. Die Rotröcke marschierten zur Melodie von ›The British Grenadiers‹ mit der stolzen Fahne des Rum-Corps, die im Wind knatterte. Macarthur lief nebenher und drängte die Männer vorwärts. Von der Kaserne bis zum Government House war nicht ganz eine halbe Meile. Dort wurden sie dann den Toren gegenüber aufgestellt, einige Kanonen zielten auf das Gebäude. Vier Offiziere und eine Anzahl Mannschaften wurden in das Haus geschickt, um Gouverneur Bligh zu verhaften. Ihr Eindringen in das Government House war der erste und letzte Sieg auf dem Feld in der ganzen Geschichte des New South Wales Corps.

Das Eindringen der Soldaten verzögerte sich eine Weile. Mary Putland, die kürzlich verwitwete Tochter Blighs, schlug sie mit ihrem Sonnenschirm zurück und rief: »Ihr Verräter, ihr Rebellen, ihr seid gerade über meines Mannes Grab gelaufen, und jetzt kommt ihr, meinen Vater zu ermorden!« Mit ihren kleinen Händen klammerte sie sich an den Torpfosten, und als man sie mit Gewalt davonschleppte, nahm sie sofort die Verteidigung auf. Ihre Hand war an jenem Nachmittag die einzige, die sich zu Blighs Verteidigung erhob. Die Soldaten überrannten bald das Haus einschließlich Mrs. Putlands Zimmer und verhafteten eine kleine Gruppe von Stadträten, die in Blighs Arbeitszimmer berieten. Aber wo war der Gouverneur?

Bligh konnte trotz aller vorhergehenden Erfahrungen nicht daran glauben, daß jemand gegen ihn meutern würde. Aber da waren sie, und sie marschierten tatsächlich gegen ihn. Von einem oberen Raum aus beobachtete er die Annäherung der Feinde und war entschlossen, ihnen nicht die Befriedigung zu gewähren, ihn kampflos verhaften zu können. Bligh beschäftigte fast zwei Stunden lang ein ganzes Regiment damit, nach ihm zu suchen. Es war ein grimmiges Versteckspiel. In alle nur denkbaren Verstecke stießen die Soldaten ihre Bajonette, überall im Haus und auf dem ganzen Gelände. Schließlich fanden sie ihn in einem kleinen Abstellraum hinter oder unter einem Bett – hier gehen die Berichte auseinander – und im vollen Schmuck seiner Orden auf seiner Uniform, mit dem Säbel an der Seite.

Natürlich machte der meuternde Teil der Bevölkerung Propaganda gegen den Gouverneur, indem genau beschrieben wurde, wie er unter einem Bett herausgezerrt wurde. Aus seiner ganzen Karriere ist jedoch zu schließen, daß es sehr unwahrscheinlich ist, daß Bligh sich aus Feigheit versteckt hatte. Wenn man die verschiedenen Zeugenaussagen zusammenstellt, ergibt sich mit ziemlicher Sicherheit folgendes Bild: Sein erster Impuls beim Alarm war, sich den Angreifern zu stellen. Er ging nach oben, zog seine Navy-Uniform an und legte seine Camperdown-Medaille um. Dann begann er wertvolle Papiere zu sammeln, um sie zu vernichten oder für späteren Gebrauch zu verstecken. Als er hörte, daß die Suche nach ihm begann, als die Soldaten nach oben rannten, zog er sich in ein Hinterzimmer zurück mit dem Plan, zur Hawkesbury River-Siedlung zu entkommen, damit er um seine Autorität kämpfen könne.

Das erwies sich jedoch als unmöglich. Um diese Zeit verlor er dann den Kopf und versteckte sich wenig ruhmreich unter einem Bett, das hoch genug war, ihm Deckung zu gewähren. Die Soldaten durchsuchten auch tatsächlich zweimal den Raum, ehe sie ihn fanden, und er wäre vielleicht doch noch entkommen, hätten ihn die Corpsangehörigen nicht beim dritten Anlauf gefunden. Seine Freunde blieben bei der Meinung, dieses Versteck sei nicht aus Feigheit aufgesucht worden, denn ein Feigling hätte sich kampflos ergeben. Aber seine Feinde ließen es niemals zu, daß diese Bettgeschichte vergessen wurde.

In der Nacht war also Bligh unter Arrest, und da verkündete Johnston das Kriegsrecht. Er beschlagnahmte die Papiere der Regierung. Der Sturz Blighs wurde mit der Ausgabe von kostenlosem Alkohol gefeiert. Überall loderten Freudenfeuer, Bligh wurde als Puppe verbrannt, die Militärkapellen spielten ein Stück mit dem Namen ›Der dumme alte Mann‹, und John Macarthur wurde auf einem Stuhl durch die Straßen getragen, um die Hochrufe seiner Anhänger entgegenzunehmen.

Johnston übernahm die Regierungsgeschäfte, aber die Macht hinter dem Thron blieb Macarthur, der sich selbst zum neuerfundenen Sekretär der Kolonie ernannte. Sie entsprach etwa dem Rang eines Ministers. Sofort führte die Verräterregierung die alte Zeit des Rums und des Plünderns wieder ein. Sie waren ja so weit von jeder Londoner Autorität entfernt, daß sie zwei Jahre lang ihr korruptes Regime weiterführen konnten.

Macarthurs Prozeß wurde wiederaufgenommen und erwies sich als ein einziger schmutziger Angriff auf Gouverneur Bligh, der noch immer im Gouvernment House unter Arrest war. Die Richter waren dieselben Offiziere, die den Sturz der Regierung angeführt hatten. Das neue Regime verlieh Blighs Feinden hohe

Ämter und verfolgte seine Anhänger und Freunde. So wurden zum Beispiel der Provost Marshal und der freigelassene Fälscher, der die Listen der Klagen gegen Macarthur zusammengestellt hatte, in die Kohlenminen nördlich von Sydney verschleppt, wo sie zu sieben Jahren Schwerarbeit verurteilt waren.

Freunde der regierenden Bande wurden belohnt mit riesigen öffentlichen Ländereien und Rindvieh aus Regierungsbeständen. Sogar die Offiziere der Navy wurden mit Land bestochen. Der Alkohol floß wieder in Strömen. Reverend Samuel Marsden berichtete: »Seit der Gouverneur unter Arrest stand, wurden in der Stadt Sydney neunzig Häuser neu eröffnet, zwanzig in Parramatta und vierzehn in Hawkesbury, und alle waren zum Verkauf von Alkohol bestimmt.« Diebstähle und Raubüberfälle waren an der Tagesordnung. Vierzig Sträflinge überfielen ein Schiff und entkamen damit aus der Kolonie.

Die Rebellen unter den Mannschaften hatten gehofft, es gebe eine Wiederherstellung des alten Beutesystems, aber die neuen Diktatoren, die sie selbst eingesetzt hatten, griffen gierig nach allem und behielten es selbst. Ihre Habsucht kannte keine Grenzen, und sogar Macarthur sagte: »Selbst das ganze öffentliche Eigentum hätte sie nicht zufriedenstellen können.« Die Administration stieß aber auch ihre eigenen Freunde vor den Kopf. Streit brach aus, die Kolonie fiel langsam auseinander.

Die Regierung in London handelte sehr langsam, als endlich die Nachricht von der Meuterei dort einlief. Erst im Dezember 1809 kam Blighs Nachfolger in Sydney an. Bligh reiste im April 1810 nach England ab auf einem Schiff, das mit Haushaltwaren und Papieren beladen war – seine Beweise im bevorstehenden Prozeß –, und wurde von nicht weniger als sechzehn Zeugen begleitet, die für ihn aussagen sollten.

Major Johnston wurde nach England gebracht, wo er sich für die Meuterei gegen Bligh vor dem Kriegsgericht verantworten sollte. Er wurde wegen Meuterei verurteilt und aus dem Dienst ausgestoßen.

Macarthur war ebenfalls nach England gereist, um Johnstons Verteidigung zu organisieren. Es war klar, daß er selbst der Drahtzieher der ganzen Angelegenheit gewesen war, doch ihm wurde nicht der Prozeß gemacht, da er nicht dem Militär angehörte. Er versuchte sich als glorreicher Verteidiger bürgerlicher Freiheiten in den Vordergrund zu spielen, doch er hatte dann nur eine winzige Zeugenrolle. Er wurde gezwungen, acht Jahre lang seinem australischen Besitz in einer Art Verbannung fernzubleiben, da ihm dort die Verhaftung wegen Aufruhr und Verrat drohte, vielleicht sogar der Galgen. Erst 1817 kehrte er dorthin zurück. In seinen letzten Lebensjahren degenerierte er zu einem hoffnungslosen Irren.

Was geschah mit William Bligh, der so seine vierte Meuterei und seinen fünften Kriegsgerichtsprozeß hinter sich gebracht hatte?

Wie üblich wurde er nicht nur freigesprochen, sondern in seinen Rang bei der Navy zurückversetzt und sofort befördert. Am 31. Juli 1811 wurde ihm, einen Tag vor der üblichen allgemeinen Beförderung, die besondere Ehre zuteil, Konteradmiral der Blue Squadron zu werden. Drei Jahre später war er Vizeadmiral und wurde eine hervorragende Gestalt in der britischen Navy.

Im schönen Alter von vierundsechzig Jahren starb Admiral William Bligh, mit Ehren überschüttet und als eine der großen Persönlichkeiten Englands geliebt und verehrt, friedlich in seinem Bett.

Charles I., Kaiser von Ozeanien

Von all den Verbrechern, die den Südpazifik heimgesucht haben, war der brutalste und härteste ein ›Gentleman‹, der diese Region niemals erreichte. Auf unerhört zynische Art betrog er Tausende um ihr Geld, sandte Hunderte in den sicheren Tod und lebte von den Erträgen seiner Gaunereien in Luxus.

Er war ein schöner Mann, ein Edelmann aus ältestem französischen Adel. Charles-Marie Bonaventure du Breil, Marquis de Rays, wartete bis zum Alter von fünfundvierzig Jahren, bis er seinen ungeheuerlichen Plan auszuführen begann. Fotos aus diesem Jahr – 1877 – zeigen ihn so, wie er den Mittelklasseleuten Europas, die er so unbarmherzig ausplünderte, erschienen sein muß.

Er war ein echter Bretone mit blasser Haut, einer hohen, edlen Stirn, einer mächtigen Nase zwischen blaßblauen Augen, reichem, blondem Haar und einem vollen, starken Mund. Zu einem schweren Schnurrbart trug er die Andeutung eines Ziegenbärtchens. Jeder bestätigte, daß seine Manieren außerordentlich liebenswert und aufrichtig erschienen. Und er war ein bekannt frommer Mann.

Mit Vorliebe trug er reiche schwarze Anzüge, makelloses Leinen und volle Halstücher. Bei öffentlichen Gelegenheiten schmückte er seine Brust mit einem breiten Seidenband in vielen Farben und trug einen juwelengeschmückten Stern, irgendeinen vornehmen Orden, dessen Gold- und Silberstrahlen diesen Orden zur Größe eines Kuchentellers steigerten, und diesen Schmuckteller trug er über dem Herzen. Er war Konsul für Bolivien im bretonischen Hafen Brest.

Auf dem Höhepunkt seines Raubzuges rief er sich zum König Charles I. de Nouvelle France aus und verkaufte Herzog-, Grafen- und Barontitel wie auch gewöhnliche Konsularposten um die ganze Welt herum, und niemanden schien das überrascht zu haben, denn der Marquis de Rays sah aus und handelte so königlich wie irgendeiner seiner europäischen königlichen Kollegen.

An den Adelsbriefen des Marquis schien nichts Verdächtiges zu sein. Die Familie de Rays kam aus keltischem Adel, der vermutlich sehr viel älter war als die französische königliche Familie. Charles'

Vorfahren sahen sich gezwungen, während der Französischen Revolution zu fliehen, erhielten aber später ihre Ländereien zurück. Das stolze Wappen zeigte einen gekrönten Löwen mit der Devise des Vergil: ›Schone die Besiegten, besiege die Mächtigen.‹

Bis zur Revolution hatte die Familie in einem der romantischsten Schlösser des nordwestlichen Frankreich gelebt. Quimerc'h mit den gemauerten Türmen, den starken Befestigungen, den tiefen Torbögen und dem steinernen Bergfried schaute auf einen künstlich angelegten See hinab, der die glorreichen Spitztürme des alten Bauwerkes spiegelte. Für edle Träumer war dies eine ruhige Zuflucht, und der junge Charles du Breil, geboren 1832, war zutiefst davon beeindruckt. Erst vier Jahre zuvor war das großartige Schloß wegen der Verwüstungen durch die Revolutionäre abgerissen worden.

Der künftige Marquis de Rays lebte in Wirklichkeit in einem ganz anderen Heim, das auf dem Boden des alten errichtet worden war. Es war ein solides, häßliches, dreistöckiges und recht provinziell wirkendes Wohnhaus mit Mansardenfenstern, sechs Kaminen und einem Flügel, der wie ein zusammengequetschtes Lagerhaus wirkte. Schon als junger Mann fand er diesen nützlichen Ersatz für ein edles Schloß widerlich und begab sich lieber in entfernte Teile der Welt, wo er die Erfüllung der Prophezeiung eines bretonischen Wahrsagers suchte, der ihm, als er noch ein Kind war, erklärte, er werde einmal ein König sein.

Charles reiste zuerst in den fernen Westen der Vereinigten Staaten, wo er als Rancher auf Erfolg hoffte. Dann ging er nach Senegal in Afrika, und weil man ja schließlich irgendwie leben muß, nahm er den niederen Posten eines Erdnußpflückers an. Nicht in Madagaskar, auch nicht in Indochina fand er das Königreich, das ihm versprochen war und das er suchte. Merkwürdig, daß er in den Dschungeln Indochinas kein großes Territorium für sich fand, denn andere taten es und ohne den Rückhalt eines edlen Namens. Sein Mißerfolg in Saigon hatte aber auch etwas Gutes. Er entflammte seinen Geist mit Visionen eines Inselreiches. Danach las er sehr viel und quälte sich selbst mit den Berichten von anderen, die dort Erfolg hatten, wo er ihm versagt geblieben war.

Ein Buch regte seine Fantasie ganz besonders an, und das war der Bericht über eine französische Forschungsreise rund um die Welt von Capitain Louis Isadore Duperrey in der Korvette *Coquile*. Ein Abschnitt dieses Buches sollte sich dem lebhaften Geist des Marquis für Jahre besonders nachdrücklich einprägen. Am 12.

August 1823, so hieß es dort, sei die französische Expedition auf ein wahres Paradies gestoßen, oder besser: darüber gestolpert. Es lag am Rand einer Bucht an der äußersten Südspitze der langen und schmalen Insel New Ireland nordöstlich von Neuguinea und vereinte in sich himmlische Schönheit mit unvorstellbaren und unbeschreiblichen Aussichten auf Reichtum. ›Wir waren ausnehmend vom Wetter begünstigt‹, schrieb Duperrey in seinem offiziellen Bericht. ›Es regnete selten, und Donner hörten wir nur einmal. Der Wind kam vorwiegend aus dem Osten, wirkte sich in der Bucht aber nur als leichte Brise aus. Die Nächte waren in der Regel schön und ruhig.‹

Mehr als ein halbes Jahrhundert war vergangen, seit Duperrey diese Beschreibung von New Ireland abgegeben hatte, aber die Erinnerung an dieses sanfte Paradies verfolgte den Marquis. Er näherte sich schon dem mittleren Alter, und noch immer hatte sich die Weissagung jenes Wahrsagers nicht erfüllt. Wo und wann sollte er nun endlich sein Königreich finden?

Dann, am Ende einer Reihe entsetzlicher Unglücksfälle, die Frankreich erlitt, beschloß der Marquis, die Zeit sei gekommen für einen kühnen Handstreich.

In der Dekade vor 1877 war das französische Volk von einer Krise nach der anderen durchgeschüttelt worden, und alle Sicherheit schien dahin zu sein. Das wackelige Reich von ›Napoleon dem Kleinen‹ hatte Schiffbruch erlitten. Seine Truppen waren aus Mexiko zurückgezogen worden, nachdem die Vereinigten Staaten 1867 ein Ultimatum gestellt hatten. Der französische Stolz hatte durch die Niederlagen des französisch-preußischen Krieges, den Verlust von Elsaß-Lothringen und die Bezahlung einer erdrükkenden Kriegsentschädigung ungeheuer gelitten. Die radikalen Kommunarden hatten im Bürgerkrieg die Macht an sich gerissen, nachdem Napoleon III. eine Niederlage hinnehmen mußte, und ein Teil von Paris war in Flammen aufgegangen. Als sie endlich überwunden wurden, schickte man Tausende von ihnen in die Sträflingskolonie nach Neukaledonien im Pazifik.

Die Revolten zu Beginn der Dritten Republik hatten große Leiden zur Folge. Drei Anwärter kämpften um den nicht vorhandenen französischen Thron. Nach der Wahl von Marschall MacMahon, einem alten Soldaten, zum Präsidenten begann die Kirchenpartei einen Feldzug, der mit dem Fehlschlag eines Staatsstreiches am 16. Mai 1877 endete. Die Komplizenschaft der Kirche in dieser Angelegenheit forderte Vergeltungsmaßnahmen der Antiklerikalen heraus, die an die Macht kamen. Viele Leute in Frankreich und anderswo in Europa waren bereit, einiges oder sogar alles zu tun, um den Unruhen und Verdächtigungen dieser Zeit zu entrinnen.

Zwei Monate nach der Krise vom 16. Mai erschien in einer Pariser Zeitung folgendes bescheidene Inserat: *Freie Kolonie von Port Breton. Land zwei Francs je Morgen. Vermögen schnell und sicher ohne Verlassen des eigenen Landes. Wegen Information wenden Sie sich an M. du Breil de Rays, Château de Quimerc'h, Bannalec, Finistère.* Port Breton war der Name, den dieser vornehme Vermittler erfunden hatte für jene ferne Bucht in New Ireland, die Duperrey beschrieben hatte. Der Marquis startete nun eine ganz ernsthafte Propaganda für eine Kolonie französischer Bürger, die diese Region besiedeln sollten. Er wollte sie unter dem Namen Nouvelle France organisieren, er selbst gedachte den Namen König Charles I. anzunehmen.

Wegen der europäischen Katastrophen warteten viele Menschen in Frankreich und anderswo auf einen Messias mit gutem Namen, der geneigt war, sie zu einem reichen, einfachen Leben in gutem Klima zu führen, und das sogar dann, wenn er selbst noch nie dort gewesen war.

Einer seiner Propagandisten unterstreicht, daß der Marquis de Rays genau der richtige Mann für diese Rolle gewesen sei. Dr. P. de Groote erklärte des großen Mannes Fähigkeiten und Hingabe an dieses Ziel mit folgenden zurückhaltenden Worten: ›Er hat ein schönes Vermögen. Was hindert den Marquis daran, in Frieden seinen riesigen Besitz in der Bretagne zu genießen? Er zieht es aber vor, seine Position und sein administratives Talent dazu einzusetzen, daß er die Gründung einer freien und unabhängigen Kolonie in Ozeanien, auf den Inseln Malaysiens, fördert. Gehärtet auf zahlreichen Reisen, bleibt der Marquis im Angesicht von Gefahren unbewegt; Ruhe und Festigkeit haben seinen Charakter geprägt. Äußerliche Kühle verbirgt ein gutes, mitfühlendes Herz, das eine wohlwollende Einfachheit ausstrahlt. Mit körperlichen Gaben ist er verschwenderisch ausgestattet; seine männlichen, heiteren Züge strahlen vor Intelligenz und drücken die Offenheit und Energie seines Charakters zusammen mit feiner Festigkeit aus. Sie harmonisieren mit einer hohen Gestalt von der Elastizität eines Athleten. Sein Benehmen spiegelt ein ihm angeborenes Machtgefühl, zeugt von Mut und erlesener Herzensgüte; all dies erweckt Respekt und Zutrauen. Der Marquis de Rays ist gewiß zum Befehlen geboren. Er hat die Sicherheit, die Spontaneität, die Entschlossenheit, die Präzision eines einzigen Blickes; er besitzt in hohem Grad die christlichen Tugenden, den militärischen Instinkt, den Genius des Mariners, den Weitblick des Administrators und die unparteiische Klarheit des Richters. Lebhaft an Körper und Geist, erreichte er hohe Reife in noch jugendlichen Jahren; durch Studium und Nachdenken in jener Periode des Lebens erlangte er beträchtliche körperliche und moralische Kräfte. Er hat reiche Erfahrung hinter und die Zukunft vor sich, um mit Gottes Hilfe jenes große Werk zu vollbringen, das ihn sein ganzes bisheriges Leben hindurch beschäftigt hat‹.

Eine solche Aufzählung von ›Tatsachen‹ über seine Fähigkeiten ermutigte den Marquis natürlich, seine Träume auszuweiten, und nun begann er von den ungeheuren Ländereien zu sprechen, von den chinesischen Kulis, die wie Sklaven zur Bereicherung der französischen Landeigentümer schuften würden, besonders natürlich für den Adel, den er dort zu schaffen gedachte. Alle, die zwölf Quadratmeilen in die neue Siedlung einbrächten, würden Adelspatente als Herzog oder Marquis erhalten. Für sechs Quadratmeilen an der Küste gebe es Grafen-, Vicompte- und Barontitel, in diesem Fall abhängig von den Kosten des Landes. Wer jedoch nicht mehr als sechs Quadratmeilen im Inland beisteuern könne, müsse sich mit einem Barontitel zufriedengeben.

Für Leute, die Geld angesammelt hatten, waren diese Vorschläge recht verlockend, besonders dann, wenn sie nicht auf Abenteuer aus waren. Sie konnten Land in Nouvelle France kaufen, sicher zu Hause bleiben und ihre Überseeäcker von geduldigen, fleißigen und ehrlichen Chinesen bestellen lassen, die mit Liniendampfern alle Erträge zurück nach Frankreich schicken würden. Innerhalb weniger Monate vereinnahmte der Marquis de Rays für sich selbst an Subskriptionen viel mehr als eine Million Dollar.

Aber die echte Glorie des ganzen Unternehmens war den Franzosen mit kleinerem Kapital vorbehalten, die tatsächlich in das neue Königreich hinausziehen konnten, denn ihrer wartete ein Leben unter hohen Kokospalmen auf sonnendurchglühten Ländereien; die einfältigen schwarzen Kinder von New Ireland wußten nichts Besseres zu tun, als ihnen eiligst kühle Getränke zu bringen und ihnen frische Luft zuzufächeln, während fromme Priester und Nonnen die Seelen der Wilden für Jesus retteten; und zu all dem plätscherten die warmen Wasser des Pazifik ein Schlummerlied.

Lebensmittel? Nouvelle France bestehe aus Land, das unter seiner Fruchtbarkeit ächze. Ein Mann brauche nur zu rufen, und die Eingeborenen schleppten für ihn die Feldfrüchte heran. Die häßliche Zeit, in der man alles von unfreundlichen Ladenschwengeln kaufen mußte, sei vorüber. Zu essen gebe es dort überall.

Geld? In diesen Gewässern gebe es überreichlich Trepang, eine kriechende Schnecke, die sogar von Kindern leicht zu sammeln sei und sich in China für 750 Dollar je Tonne verkaufen ließe. Das sich an den Strand anschließende sanfte Hügelland quelle über von Mahagoni- und Teakbäumen. Kopra sei überhaupt mühelos zu gewinnen, da die Chinesen alle Arbeit tun würden. Schiffe aller Nationen würden in den Hafen einlaufen, Hotels würden blühen, und die Bürger von Nouvelle France hätten Profit zu erwarten.

Annehmlichkeiten? Wenn die abenteuerlustigen Kolonisten dieses Paradies erreichten, würden sie Schulen, Kirchen, Läden, Fabriken und Werkstätten, eine Eisenbahn, Docks und einen Leuchtturm vorfinden, der europäische Schiffe zum Handel in die Kolonie geleite. Zwischen den einzelnen Gütern gebe es außerdem schöne Straßen, keine schmäler als fünfzehn Fuß.

Geistiges Leben? Die Fanfaren, die in Europa das Neue Frankreich verkündeten, bliesen auch das Versprechen, daß Gott die erste Rolle im Geist eines jeden Menschen spielen würde. Der Marquis verlautbarte sehr demütig, er sei nichts als nur ein Werkzeug in der Hand Gottes und dazu bestimmt, in der Wildnis eine heilige Niederlassung zu gründen, welche die Glorie des Himmels auf die Erde brächte. Jeder Prospekt zeigte in bewegenden Einzelheiten, wie fügsame Eingeborenenkinder zusammengeholt wurden, um von den Priestern belehrt zu werden, deren Blick immer zum Himmel gerichtet war. Kreuz und Kirche beherrschten alle Ansichten des neuen Königreiches. Selten einmal wurde der liebe Gott von einem Abenteurer so sehr strapaziert wie hier. Niemals waren die ›Erfinder‹ eines Unternehmens enger mit Gott verbündet, von Religion durchtränkt.

Die grandiosen Pläne des Marquis de Rays wurden überaus warm aufgenommen, obwohl sie nur auf dem Papier standen. Man stelle sich daher vor, welchen Wirbel diese Ideen verursachten, als der Edelmann am 4. April 1879 persönlich in Marseille erschien; er war über und über mit Medaillen dekoriert, und in deren Glanz verkündete er mit folgenden Worten sein Projekt:

»Die Verbreitung der Ideen einer Nation über die ganze Welt hat immer die Größe eines Landes gezeigt; ein Volk wird groß durch Kolonisation ...

Meine erste Sorge war die, das nötige Kapital für dieses Unternehmen aufzubringen. Eine scheinbar unüberwindliche Schwierigkeit ergab sich da, wie es schien: die Notwendigkeit von Garantien. Überall erhob sich dieser Schrei, einmütig, unüberhörbar, ironisch: ›Welche Sicherheiten können Sie uns geben?‹ Und wirklich, welche Sicherheit kann ich geben für den Erfolg dieses Unternehmens mit Ausnahme der, daß es auch ausgeführt wird? Eine Schlange, die sich in den Schwanz beißt, ein unlösbares Problem.

Die besondere Natur des Unternehmens verpflichtet mich, um dessen Zukunft sicherzustellen, in meinen eigenen Händen die oberste Leitung zu behalten, um es nicht von industriellen und kommerziellen Interessen ersticken zu lassen, denn die Fesseln der Eifersucht würden sehr bald den geheiligten Charakter der religiösen und gesellschaftlichen Taufe zerstören.

Die Macht der Umstände bestimmt mich zum einzigen Vertreter meiner eigenen Idee ohne Teilung von Kontrolle oder Macht ... Aber ich bin nichts. Gott allein ist mächtig, und nur durch Seine Gnade wird meine Stimme vernommen. Ein Strom von Sympathie baut sich unter Menschen auf, die vom gleichen Gedanken geleitet werden; die Apostel zeigen sich; eine Person überlegt, die Idee nimmt Gestalt an, und siehe da, wir werden eine lebende Einheit, heute repräsentiert vom unbeugsamen Willen von fast dreitausend Herzen, die dem gleichen Ziel zustreben ...

Meine Herren, ich hätte es nie gewagt, mit einem so schnellen Erfolg meines Unternehmens zu rechnen; aber nun ist der erste Schritt getan, die Saat ist im fruchtbaren Boden Frankreichs aufgegangen – welche Horizonte können wir sehen für eine französische Idee, die von mehr als dreitausend Aposteln auf heimischem Boden gestützt wird? Es ist Gottes Wille, meine Herren, unser Unternehmen wird groß werden!

Wir bieten also jedem, der sich selbst in unser Unternehmen einreihen will, Land zur Kolonisation an, und wir vergeben Anteilscheine für dieses Land, deren Besitzer drei Francs für den Morgen bezahlen. Der Wert dieser Anteilscheine, der heute schiedsrichterlich festgelegt wurde, kann erst nach der Kolonisation in richtiger Höhe erkannt und benannt werden. Bis dahin, meine Herren, bitte ich um Ihr Vertrauen...

Kein Besitzer von Anteilscheinen muß sich tatsächlich in der Kolonie niederlassen . . . Aber oft kann der ärmste Kolonist in einem tropischen Klima von einem Hektar Land existieren, das er bepflanzt mit Zuckerrohr, Kaffee oder dergleichen. Er kann daraus ein jährliches Einkommen von einigen tausend Francs erzielen . . . Das Einkommen wird zahlbar jährlich nach Aufforderung bei einer der führenden Banken von Paris, oder für eine geringe Gebühr direkt an Sie in Ihr Haus geschickt . . .

Die Stelle haben wir schon gefunden; sie liegt im südöstlichen Teil von New Ireland, in der Nähe von New Britain am St. George Channel, also an der großen Seestraße zwischen Australien und China . . . Von Port Breton aus – im Moment noch Port Praslin genannt – kann sich unser Einfluß ausdehnen über New Britain, zu den Louisiaden, die von unseren Navigatoren entdeckt wurden, zu den Salomoninseln und bis nach Neuguinea, dessen westlicher Teil bereits von den Holländern besiedelt ist, unseren Meistern in dieser neuen Art der Kolonisation. Weite Räume werden sich uns von selbst öffnen.

Wir haben also einen Hafen. Die Temperaturen sind trotz der Nähe des Äquators sehr gemäßigt und schwanken nur um zwei oder drei Grade. Das Land ist sehr gut bewaldet, überaus fruchtbar und wunderbar bewässert; von der Küste aus steigt es schnell an; jeder hat also die Möglichkeit, die ihm genehme Höhenlage zu wählen, damit auch die Temperatur, die am besten seinem eigenen Temperament entspricht. Der Reichtum an Quellen und Wasserläufen gestattet eine wirtschaftliche Errichtung aller Industrien, die eine Energiequelle benötigen. Die natürliche Bewässerung des Landes erleichert auf dem ungewöhnlich fruchtbaren Boden den Anbau aller Kolonialprodukte, die in Australien viel vorteilhafter verkauft werden können als in Europa. Lebensmittel und dergleichen sind im Überfluß vorhanden, auch Fische . . .

Seien Sie versichert, wir werden einen strahlenden Weg zurücklegen, und unser Land wird neue Glorie finden. Mit unseren freien Kolonien werden wir auch an anderen Küsten die zerbrochene Kette unserer kolonialen Tradition erneuern; wir werden zu neuer Größe finden, und ohne neue Lasten für unser eigenes Land werden wir zu unserem eigenen großen Nutzen unsere geliebte Handelsflotte wiederbeleben, so daß die Erinnerung an eine große Vergangenheit die Quelle neuer Glorie wird.

An die Arbeit also, meine Freunde, und möge Gott uns helfen!«

So viel Propaganda fand ein überwältigendes Echo. Innerhalb

weniger Monate hatte eine Schiffsladung mit Freiwilligen dem Marquis alle Ersparnisse übergeben und stand bereit, sich für das große Abenteuer einschiffen zu lassen. Inzwischen hatte er zu seiner Unterstützung einen arbeitslosen Spitzbuben aufgepickt, einen gewissen Paul Titeu de la Croix, den er sofort zum Baron de Villeblanche machte. Der Name klang eindrucksvoll und leistete dem riesigen Betrug, der nun ausgeführt werden sollte, ungeheure Hilfe.

Mitte 1879 hatte der Marquis tatsächlich etwas Subskriptionsgeld investiert, ein dreimastiges Schiff erstanden, die *Chandernagore*, und über neunzig Siedler, Frauen und Kinder mit eingeschlossen, darauf untergebracht. Es herrschte sehr große Aufregung, als sich die Familien zum erstenmal an Deck versammelten, um ihre Kameraden auf der Reise zu großen Reichtümern kennenzulernen. Noch aufgeregter waren die Leute jedoch, als die vernünftige französische Regierung angesichts dieser irren, hirnverbrannten Geschichte dem Schiff die Erlaubnis versagte, aus einem französischen Hafen auszulaufen.

Heimlich ließ der Marquis sein Schiff verschwinden und brachte es die europäsche Küste entlang nach Antwerpen, wo gleichermaßen vernünftige Regierungsvertreter das Abenteuer als selbstmörderisch bezeichneten und das Abheuern der gesamten Mannschaft veranlaßten. Daraufhin schickte der Marquis das Schiff nach Holland, wo eine dritte Mannschaft aufgenommen wurde, jetzt unter dem Kommando eines Kapitäns MacLaughlin aus Alabama, der früher Lieutenant der amerikanischen Navy gewesen war; er durfte also die amerikanische Flagge führen. Im Schutz der Dunkelheit stahl sich die *Chandernagore* auf die See hinaus. Der Marquis, der für sich jene Vernunft bewies, die ihn während des ganzen Unternehmens begleitete, hatte es vorgezogen, an Land zu bleiben.

Auf Madeira gab es weiteren Ärger, denn der amerikanische Konsul bestand darauf, daß dieses Schiff mit dem schlechten Ruf die amerikanische Flagge einholen müsse. Daraufhin zeigte die *Chandernagore* nacheinander vier Flaggen: die amerikanische, die britische, die französische und die belgische. Unter diesen Farben begann dieses dem Untergang geweihte Schiff seine Viermonatsreise ins Paradies.

Wenige Tage später wurde es einigen Passagieren klar, daß es auf diesem Schiff recht viele Unregelmäßigkeiten gab. Das Essen war ungewöhnlich schlecht, faulig und fett, so daß den Hungrigen manchmal allein schon vom Anschauen schlecht wurde. Nur ein einziger Offizier an Bord verstand etwas von Navigation, und der war ständig betrunken, so daß er an den Mast gebunden werden mußte, damit er nicht über Bord ging, wenn er das Besteck aufnahm. Es entwickelte sich eine Meuterei, und der Zahlmeister sollte schon erschossen werden, als die Küste von Australien gesichtet wurde. Da vergaßen die Menschen aus vielen Nationalitäten ihren Streit bei einer Weihnachtsfeier.

Am 16. Januar 1880 erreichten die ersten Siedler von Nouvelle France die Insel New Ireland, und zum erstenmal sahen sie nun, wo sie ein neues Reich gründen sollten. Der Gegensatz zwischen dem, was sich am Strand befand, und der Propaganda in Frankreich war so ungeheuerlich, daß sich viele von diesem Schock nie mehr erholten und die nächsten Monate in einem düsteren Dahinbrüten verbrachten.

Und so sah das Reich des Marquis de Rays im Jahr 1880 tatsächlich aus:

Es gab nicht ein einziges Gebäude, keine Straße, nicht einmal einen Fußweg, keinen Landesteg, nicht den kleinsten Beweis dafür, daß das Land überhaupt bewohnt war. Der Dschungel, der bis zum Strand reichte, war entsetzlich dicht und bestand aus mächtigen Bäumen, deren untere, breiteste Äste bis auf den Boden reichten; armdicke, mit nadelspitzen Dornen besetzte Ranken wanden sich um Stämme und Äste. Diese Vegetationsmassen bildeten eine solide Mauer, die kein Mensch zu durchdringen vermochte, wenn er sich nicht jeden Fußbreit mit einem Dschungelmesser freihackte. Überall lag faulendes, von ununterbrochenem Regen aufgeweichtes Holz auf schlammigem Grund. Dies mußte eine der unwirtlichsten Gegenden der ganzen Welt sein.

Im Dschungel gab es Millionen von Moskitos, die Malariaerreger mit sich herumtrugen. Andere verbreiten das Dengue-Fieber, das einem Mann inerhalb kürzester Zeit in einer Schweißagonie den Tod brachte. Wieder andere waren Träger jener entsetzlichen Parasiten, die Elephantiasis verursachten, die Blutgefäße verrotten ließen und die Lymphdrüsen des menschlichen Körpers mit den Ausscheidungen der Larven verstopften. Diese Ansammlungen unterbanden die Zirkulation; als Folge wurden Arme und Beine so dick wie die Stämme großer Bäume. Bei den Männern sammelte sich dieser Larvendreck sehr oft im Skrotum an, so daß die Hoden eines davon befallenen Mannes oft so riesig und schwer wie große Wassermelonen wurden.

Auf dem Boden krochen und huschten Skorpione und beißende Insekten herum, auch viele giftige Schlangen. Am schlimmsten von diesem ganzen Krabbelzeug waren die Tausendfüßler. Sie waren furchtbar häßlich und sonderten aus ihren Drüsen Gift ab, das überall dort, wo es auf nackte Haut traf, entsetzliche Blasen hervorrief. Und Fliegen gab es. Solche Unmengen von Fliegen, daß ein in der Sonne liegendes Baby im Nu ganz schwarz von ihnen war. Große Fliegen stachen, und kleine, die so winzig waren, daß man sie kaum sehen konnte, krochen durch das Haar, in die Ohren und in die Nase. Als ob dies noch nicht reichte, waren auch noch ganze Bataillone von Kriegerameisen da, brutale Wesen mit roten Freßzangen, die es besonders auf die Augen von Schlafenden abgesehen hatten, durch die sie sich ihren Weg ins Gehirn zu fressen versuchten.

Mit all diesen Dingen hätte man wohl fertigwerden können, aber die Stelle, die Marquis de Rays für sein Reich gewählt hatte, während er in seiner Bibliothek saß und gemütlich Nadeln in seine Landkarte von Ozeanien stach, das er selbst nie gesehen hatte, dieses Land war mit drei tödlichen Schwächen behaftet.

Erstens, die Eingeborenen in der Nähe der vorgesehenen Siedlung waren Kannibalen, und sie lauerten in den Schatten, bis ein unvorsichtiger Weißer sich auch nur ein wenig von seiner Gruppe trennte. Dann schlugen sie ihm den Schädel ein und fraßen ihn auf.

Zweitens, es gab keine Erde. Es war buchstäblich so, daß es in Port Breton keine Erde gab. Ein schmaler Landstreifen bestand vorwiegend aus Sand mit etwas verwesendem Zeug; der klammerte sich an die Wasserlinie, aber hinter ihm begannen sofort die Felsen des Mount Verron, so daß die Siedler buchstäblich am Rand einer unwirtlichen See zusammengepfercht waren, wo es auch keine Fische gab. Hier war also kein Ackerbau möglich, kein Dorf ließ sich errichten, keine Farm anlegen, keine Straße bauen. Die Bergflanken waren zu steil und felsig, der Dschungel zu dicht. Und selbst wenn man den Dschungel hätte roden können, so hätte das Land auch nichts produziert. Das entsetzliche Ergebnis einer so grundfalschen Beurteilung war, daß es hier keine Lebensmittel gab und nie geben konnte. Nicht ein Hektar war vorhanden, auf dem etwas angebaut werden konnte.

Drittens, und am tödlichsten: der endlose Regen. Die ständig wehenden Winde sogen über der See Feuchtigkeit auf; sie konnten den Mount Verron nicht überwinden, und deshalb luden sie ihre Last in oft fürchterlichen Wolkenbrüchen, die sieben oder acht Tage ununterbrochen anhielten, an den zur Bucht abfallenden Hängen ab. Während einiger Monate betrug die Regenmenge, auf den Monat bezogen, bis zu 40 Inches*. An einem Tag fiel oft ein Fuß Regen. Nicht einmal Sterne sahen die Kolonisten, denn es regnete auch die ganze Nacht hindurch.

Selbst heute noch kann trotz aller modernen Bequemlichkeiten und Hilfsmittel eine solche Nässe demoralisierend sein. Ein vergessener Schuh ist innerhalb von zwei Tagen einige Millimeter dick mit Schimmel bewachsen. Eine Messerklinge verrostet innerhalb einer Woche. Gewaschene Kleider trocknen niemals. Lebensmittel, die nicht sofort aufgegessen werden, verfaulen. Zieht man sich einmal ein Fieber zu, wird man es kaum wieder los. Die Brust eines Kranken scheint in Feuchtigkeit zu ertrinken und unter dem Gewicht des Regens, der darauffällt, völlig einzugehen.

Kein Dach kann einem so unaufhörlichen Regen standhalten, kein Fußweg aus Korallenschutt länger begehbar bleiben. Überall lauern Krankheiten: im Blutstrom der Moskitos, in den nässetropfenden Bäumen, im sumpfigen Land. Und der fürchterliche Regen erzeugt ein Leiden, das auch heute noch erschreckend ist: Kratzt oder quetscht man sich die Haut, so ist sie so dünn geworden, daß die Wunde niemals heilt. Das Gewebe kann nicht austrocknen und abheilen. Monate- und jahrelang wird die Wunde langsam größer, bis beispielsweise ein normales Bein *ein unheimliches Ding* wird, das langsam wegfault. Die besondere Qual dieser Krankheit ist, daß jeder weiß, drei Tage Sonnenlicht würden genügen zur Heilung der Wunde, doch diese Sonne scheint ja niemals. Natürlich schmerzt und juckt das Bein, man kratzt und infiziert die Wunde erst recht mit verrottenden tierischen Bestandteilen, einem toten Skorpion, einer Spur fauligem Fisch und dergleichen, und dann kommt der Tod sehr schnell.

An dieser Stelle von New Ireland zu landen, war im Jahr 1880 ziemlich sicherer Selbstmord. Ist man berechtigt, irgendeinem Punkt auf der Erde den Namen ›Hölle auf Erden‹ zu verleihen, so war es diese Bucht. Aber hier mußten die unwilligen Passagiere der *Chandernagore* von Bord gehen, um das Königreich des Marquis de Rays zu suchen.

Als die Siedler vom Schiff aus sahen, was sie erwarteten, als sie sich klar darüber wurden, daß nicht eines der in den Prospekten

* 1 Inch = 2,54 cm, 40 Inches = 1,016 m; 1 Fuß = 12 Inches

gemachten Versprechen eingehalten wurde, da rebellierten sie. Aber sie wurden zur Landung gezwungen, denn der Marquis hatte dem Kapitän den strikten Befehl dazu erteilt. Trotz dieses Befehls blieben einige auf dem Schiff, das jetzt ihr einziges Heim war, zwölftausend Meilen von Frankreich entfernt.

Die Siedler an Land kämpften mit Krankheit und Regen; da hob die *Chandernagore* am 30. Januar plötzlich während eines Sturmes die Anker und ließ ohne jede Erklärung die Siedler im Stich. Sie fand an der anderen Küste der Insel vor Liki-Liki eine Stelle, wo sie ankern konnte.

Drei Tage später brachte ein Eingeborener die Nachricht, das Schiff sei vor Liki-Liki. Es erscheint unglaublich, aber die im Stich gelassenen Siedler hackten sich einen Weg von zwölf Meilen durch den Busch zur *Chandernagore*. Dort flehten sie halbtot vor Hunger und Erschöpfung, man solle sie doch wieder an Bord des Schiffes nehmen und wegbringen.

An der Landestelle wurden sie von einem Handlanger des Marquis mit vorgehaltenem Revolver empfangen, der ihnen barsch erklärte, sie seien ja um die halbe Welt gereist, um in des Marquis Paradies zu leben, und hier würden sie auch bleiben. Kurz danach wurden alle noch verbliebenen Passagiere mit Gewalt von Bord gejagt, und die *Chandernagore* ließ die unglückliche Kolonie nun endgültig im Stich. Captain MacLaughlin war mit den anderen zurückgeblieben, doch er konnte wenig tun, sie vor ihrem Schicksal zu retten.

Für eine Schnur Perlen kauften die Siedler fünfzig Morgen Land von den Eingeborenen, und nun musterten sie traurig den Ort ihrer neuen Kolonie. Liki-Liki war, soweit dies überhaupt möglich erschien, noch trostloser als Port Breton. Es lag mitten in einem Sumpf. Es gab kein Land, auf dem man Eßbares hätte pflanzen können, es gab auch keine Hoffnung. Sie bauten eine äußerst primitive Holzhütte als Hauptquartier und ein paar noch dürftigere Hütten, um wenigstens ein wenig Schutz vor dem Wetter und anderen Feinden zu haben.

Sobald sich jemand ein wenig von der Kolonie entfernte, fiel er Menschenfressern in die Hände, den wildesten, die auf der ganzen Welt bekannt waren, und die bösartigsten Krankheiten überfielen fast alle Angehörigen dieser armseligen Gruppe. Ohne Lebensmittel, ohne Schußwaffen, ohne ausreichenden Schutz vor den Elementen begannen sie langsam wegzusterben. Wenn sich der Tod näherte, kamen auch die Kriegerameisen. Diese gefräßigen Insekten wühlten sich in alle Körperöffnungen des Sterbenden, der vor ungeheuren Qualen unmenschlich zu schreien begann. Die Schreie ließen dann allmählich nach, aber bald gab es keinen Mann mehr, der kräftig genug gewesen wäre, ein Grab zu schaufeln, und es gab auch kein Stück Land, auf dem man noch ein Grab ausheben konnte.

Zweiundvierzig Tage nachdem die *Chandernagore* die Siedler in Liki-Liki ausgesetzt hatte, hörte ein australischer Missionar, der unten am Kanal lebte, von der verzweifelten Lage der Leute und kam ihnen in seinem eigenen kleinen Boot zu Hilfe. Sein Bericht über das, was er vorfand, ist aufgezeichnet:

›Aus dem Süden kam eine riesige Flutwelle, so daß die *Ripple* nicht Anker werfen konnte, sondern immer wieder kommen und wegfahren mußte. Ungefähr zwanzig Männer taumelten zum Strand herab, standen da und warteten auf uns. Einige hatten verbundene Beine, alle waren ausgemergelt, kaum mehr als Skelette mit eingesunkenen Augen, ein spukhafter Anblick. Eifrige Fragen wurden gestellt und beantwortet, und als sie erfuhren, daß sie an Bord unseres Schiffes gehen würden, liefen sie so schnell, wie ihre schwachen Glieder es erlaubten, zu den Hütten, die sie ihre Häuser nannten, und in weniger als fünf Minuten waren sie wieder zurück auf dem Sand mit ihren ärmlichen Habseligkeiten und standen wartend im Regen. Sie konnten ihre Augen nicht von dem Schiff nehmen. Sie rannten wie irr auf das Boot, jeder kämpfte, so schwach er auch war, um einen Platz, und nicht einer konnte überredet werden, wieder an Land zurückzugehen und auf unsere Rückkehr zu warten. Bis zum Bootsrand im Wasser liegend, segelten wir also hinaus, und ich hatte schwere Zweifel, ob wir je den Dampfer erreichen würden.

Zusammen mit Captain MacLaughlin ging ich durch die Siedlung. Sie bestand aus einer Straße von etwa zwanzig Fuß Breite, die mit elenden Hütten eingefaßt war. Allein schon der Gedanke, in einem so miserablen Verschlag schlafen zu sollen, ließ einem Schauder über den Rücken rinnen. Ich sagte: ›Captain Mac Laughlin, Sie sollten Gott danken, daß überhaupt noch einer von euch am Leben ist!‹

Ich ging durch den Lagerraum und prüfte ihre Lebensmittelvorräte nach. Sie bestanden aus Zwieback, der nicht von der besten Sorte war, und Kaffee, noch in Beeren. Der geringe Weinvorrat war sauer geworden, der gesalzene Fisch verfault. Es gab drei Fässer mit eingesalzenem Schweinefleisch, ein paar Säcke mit Bohnen, einen Sack oder zwei mit Erbsen, aber keinen Tee oder Zukker. Das waren die ganzen Vorräte, von denen sechzig Männer auf unabsehbare Zeit leben sollten. Außerdem waren noch ein paar Kleider da, einige Blechschüsseln, ein paar große Flaschen.

Man hatte den Versuch gemacht, etwas Land zu kultivieren. Es gab eine winzige Bananenplantage, auch einen kleinen Fleck mit süßen Kartoffeln, einige Tabakpflanzen und auf jeder Seite der Straße auch ein paar Blumen. Wir kehrten zum Strand zurück, und die armen Burschen, die zur ersten Fahrt nicht hatten mitkommen können, fragten immer wieder: ›Wird das Boot denn zurückkommen?‹ Sie schienen weder ihren Augen noch unseren Worten zu trauen. Als wir ihnen versicherten, das Boot werde zurückkommen, sagten sie: ›Das hoffen wir sehr.‹ Nichts konnte sie dazu bestimmen, in ihren armseligen Hütten vor dem Regen Schutz zu suchen, der auf uns herabströmte, als wir so dastanden, und der trotz meines Regenmantels bis auf die Haut durchnäßte. Es war ein erbarmenswerter Anblick.«

Auf der Barmherzigkeitsfahrt weg von Nouvelle France starben mindestens sieben Männer, und zwei wurden wahnsinnig. Der Rest erreichte die Hauptstelle der Mission auf einer kleinen Insel vor der Küste von New Ireland, aber einige von ihnen waren von ihren Kämpfen gegen Kannibalen, Moskitos, Fliegen, Ameisen und Hunger so geschwächt, daß sie sich niemals mehr ganz erholen konnten. Der Versuch, das Königreich Charles I. in Nouvelle France zu gründen, hatte mit einem verheerenden Unglück geendet.

Warum mußte ein sich – auf dem Papier – so vielversprechend anzuhörendes Abenteuer ein so grausames Ende finden? Der Hauptgrund war der, daß der Marquis de Rays, als er Duperreys Bericht über seinen Aufenthalt auf New Ireland las, von der Idee besessen war, die Südspitze der Insel sei der ideale Platz für eine Ansiedlung. Nie ließ er sich in diesem Urteil beirren, und er berauschte seine Helfer mit dieser Überzeugung geradezu, so daß sie selbst einer vernünftigen Überlegung nicht mehr fähig waren. Wir haben ja gesehen, daß seine Helfer die Siedler praktisch aus dem Schiff warfen, obwohl sie selbst sehen mußten, daß eine Landung in Port Breton den fast sicheren Tod bedeutete.

Aber wie läßt sich erklären, daß Duperrey, ein ehrenwerter Mann, 1823 einen so glühenden Bericht von diesem Höllenloch schrieb? Seine Expedition hatte dort haltgemacht, als die Regenzeit in diesem Teil der Welt kurz vor ihrem Beginn stand. So erlebte die düstere, unheimliche Bucht gerade einmal eine Zeitspanne von neun Tagen ohne Wolkenbruch, was selten genug vorkam.

Die Berge waren schön, die See lag ruhig da, der Strand war warm und einladend. Man konnte unter den Bäumen wandeln, die keine giftigen Flüssigkeiten abregneten, und die Skorpione, verstört über die ungewohnte Trockenheit, blieben in ihren feuchten Verstecken. Nachts schlief Duperrey natürlich auf dem Schiff und entkam so den tödlichen Moskitos. Nach langen Tagen auf See mußten die Forscher New Ireland als geradezu himmlisches Stück Land empfunden haben, und so beschrieben sie es auch. Nicht im Traum wäre ihnen eingefallen, daß ein ruhm- und geldsüchtiger Marquis de Rays von einer solchen Beschreibung so gründlich aus dem Gleichgewicht geworfen werden konnte.

Aber der Marquis hatte den Bericht des Historikers der Duperrey-Expedition nicht sehr aufmerksam gelesen. Die Möglichkeit vieler Wolkenbrüche war nämlich angeführt. Der Kanal, hieß es, sei von einem Gebirge geschützt, das ununterbrochen von dicken schwarzen Wolken bedeckt sei, und herrsche in Port Praslin schö nes Wetter – so nannte sich Port Breton früher –, dann gebe es um die ganze Bucht herum Wolkenbrüche. Und über die Schrecken des Dschungels schrieb Duperrey, einen Schritt vom Strand entfernt sei die Vegetation so aktiv und gefährlich, daß sie erst dort haltmache, wo die See dies gebiete; überall lägen riesige entwurzelte Bäume herum, die von einem ungeheuer reichen Boden sprächen, aber die großen Pflanzen kämpften miteinander erbittert um jeden Krümel Boden und jede Handbreit Raum. Diese Vegetationsmassen ließen nicht den kleinsten lichten Fleck zu, und alles sei mit einem einzigen, ungeheuren Wald bedeckt.

Natürlich ist es möglich, die Blindheit des Marquis unerfreulichen Tatsachen zuzuschreiben, doch nichts rechtfertigt sein grausames Verhalten. Nie gab er in seiner Propaganda zu, daß weder er noch sonst jemand, der dieses Abenteuer organisieren half, dieses angebliche Paradies je gesehen hatte. Niemals erzählte er den Siedlern die Wahrheit über die Häuser, die Kirchen, die Läden und die fünfzehn Fuß breiten Straßen, die es ja gar nicht gab. Und am schlimmsten war, daß er nicht einmal den Versuch machte, Rechte auf dieses Land zu erwerben; es gehörte den Kannibalen, und die lud er geradezu ein, diese abenteuerlichen Fremden aufzuessen.

Der französischen Regierung steht das Verdienst zu, diesen großen Betrug vermutet zu haben, und sie bemühte sich auch redlich, den Kolonisten vom Verlassen Europas abzuraten. Aber die Verlockung schnellen Reichtums war so groß, daß die nichtsahnenden, aber zum Untergang verurteilten Abenteurer auf ihrem Recht bestanden, sich in die pazifische Tragödie zu stürzen.

Bis jetzt ist die Gesichte von Nouvelle France etwas, das überall hätte passieren können: Ein gewisser Werber schwatzt mit schönen Redensarten eine ganze Gruppe von Leichtgläubigen in eine Katastrophe hinein. Das geschah schon früher und wird immer wieder passieren. Was aber diesen Schwindel so besonders entsetzlich erscheinen läßt, ist die erbarmungslose Art, mit der dieser Betrüger vorging und zahlreiche Leben opferte. Und wenn man dann noch die spätere Entwicklung berücksichtigt, kann man nur sagen, daß sich der Marquis de Rays, König Charles I. von Nouvelle France, in Grund und Boden hätte schämen müssen.

Um das ganze Ausmaß dieses Betruges ermessen zu können, muß man bis zu dem Augenblick zurückgehen, als die *Chandernagore* die sterbenden Kolonisten im Stich ließ, die alle umgekommen wären, hätten nicht die Missionare ein paar von ihnen gerettet. Die Handlanger des Marquis eilten nach Sydney, Australien, wo der kürzlich beauftragte Baron de Villeblanche eine Gelegenheit gehabt hätte, die ganze Tragödie zu bekennen. Aber er kabelte an den Marquis wie folgt: ›Liki-Liki besetzt. Freundliche Beziehungen mit den Eingeborenen hergestellt. Schickt Geld und Befehle. Eiligst. Brief folgt.‹

Der Marquis blies diese Nachricht in weitverbreiteten Prospekten wie folgt auf: ›Captain MacLauglin und seine Gefährten haben sich in Liki-Liki seßhaft gemacht und sind mit allem versorgt, das nötig ist, sich in dem neuen Land heimisch zu fühlen. Die Offiziere der *Chandernagore* haben freundschaftliche Beziehungen mit den Eingeborenen aufgenommen... Der Baron hat die australische Brigg *Emily* gechartert und sie mit allen Dingen beladen, die für die Kolonisten in Liki-Liki nötig sind, damit sie in dem neuen, wilden Land eine kleine Stadt gründen können.‹ Diese Broschüre wurde das bekannteste Stück an Südsee-Fiction dieser Zeit; zahllose Europäer hockten gemütlich um ihre Kamine, lasen sie und stellten sich vor, daß sie ganze Morgen von Zuckerrohrpflanzungen, die sich romantisch im Wind wiegten, im pazifischen Eden besaßen.

Um diese Zeit verschleierte jeder um den Marquis den wahren Stand der Angelegenheit. Statt die sterbenden Siedler zu evakuieren, die sich bei den Missionaren am Kanal kaum mehr erholen konnten, befahl der heroische Marquis, daß sie sofort nach Nouvelle France zurückzubringen seien. Statt ein Rettungsschiff loszuschicken, das die paar Unglücklichen vor dem unvermeidlichen Tod hätte retten können, ließ er in Europa eine zweite Schiffsladung mit Kolonisten vom Stapel.

Dieses berüchtigte zweite Schiff, die *Génil*, führte ein Mann, dessen teuflische Tiefen sich auch heute noch nicht erklären lassen. Capitain Gustave Rabardy war ein junger Marineoffizier von Mittelgröße, robustem Charakter und dem Marquis de Rays treu ergeben. Er trug Koteletten, seine Augen standen eng zusammen, und er war ein wortkarger Mann. Er konnte nicht behaupten, er wisse nichts vom Südpazifik, denn er hatte innerhalb der Bismarckgruppe und der Salomoninseln etliche Reisen gemacht. Wenn man heute zurückschaut auf die Tragödie, in deren Mittelpunkt Rabardy steht, ist man zu sagen versucht, daß der Marquis de Rays von allen Seeleuten Europas den einen Offizier ausgesucht hatte, der genauso schlecht und böse war wie er. Aber man muß fair sein und dem Marquis zugestehen, daß vor Rabardys Rückkehr in den Pazifik an Bord der *Génil* nichts darauf hindeutete, daß der Mann am Rande des Wahnsinns stand. Die Tatsache, daß hier zwei Psychopathen zusammenkamen, hat viele vertrauensvolle Emigranten das Leben gekostet.

Der größte Teil Europas mißtraute nun doch dem Marquis, und so wurde Rabardys Schiff, die *Génil*, in Spanien ausgerüstet. Danach wurde die liberianische Regierung bestochen, es unter ihrer Flagge zu registrieren. Infolgedessen geschah alles, was Rabardy später tat, unter der Flagge der Negerrepublik Liberia; er erschoß Neger in großen Mengen, verkaufte andere als Skalven für hundert Dollar pro Stück und verstümmelte Schwarze nur aus dem Grund, weil sie vielleicht seine Feinde werden könnten.

Der Marquis behauptete, Gott habe ihn zu seinem Stellvertreter bestimmt, und so erteilte der Rabardy den geheimen Auftrag, alle jene sofort hinzurichten, die seine Entscheidungen anzweifelten. Offensichtlich las er diesen außerordentlichen Befehl, ehe er aus Spanien absegelte, denn die *Génil* hatte erst eine kurze Strecke zurückgelegt, als der schweineäugige Kapitän einen kompletten Satz mittelalterlicher Folterinstrumente hervorholte, die er zur Erhaltung der Disziplin reichlich einsetzte. Auch uralte Marinestrafen führte er wieder ein und hängte tatsächlich ›ungehorsame‹ Männer an den Daumen so auf, daß ihre Zehen kaum das schaukelnde Deck erreichten. Er peitschte und fluchte und terrorisierte, so daß in Singapur die ganze Mannschaft geschlossen desertierte, bis auf den Koch. Er mußte also eine neue Mannschaft zusammentreiben, und die war von der übelsten Sorte. Sie brachte dann auch den Seelenverkäufer von einem Segler in das Paradies von Nouvelle France.

Als Rabardy an dieser verregneten, trostlosen Bucht ankam, fand er nichts vor als die Gräber seiner Vorgänger. Die *Chandernagore* hatte sich nach Aufgabe der Kolonisten in das angenehmere Klima von Australien zurückgezogen, wo man die Führer der Expedition regelmäßig in den feinsten Restaurants speisen sah, während die Siedler, die der Katastrophe gerade noch entkommen waren, von den Missionaren gepflegt wurden. Um diese Zeit wäre es gut gewesen, hätte man Nouvelle France als bösen Traum aufgegeben, aber Gustave Rabardy war dem Marquis auf so verbohrte Art ergeben, daß er den Anker auswarf, sich ein nettes kleines Eingeborenenmädchen schnappte, das mit ihm schlafen mußte, zwei Pistolen neben seinen Teller legte und seine Mannschaft in aller Öffentlichkeit herausforderte, ihn zu ermorden. Als man ihn fragte, wie lange die *Génil* in dieser gottverlassenen Bucht ankern würde, erklärte er einfach: »Für immer.« Sie versuchten gegen eine solche Entscheidung Einwände zu erheben, und er drohte den Männern, sie auf der Stelle zu erschießen.

Nun beginnt eine ganz neue Entwicklung in dieser grausigen Geschichte, denn der fröhliche Marquis war in der Lage, eine dritte Schiffsladung mit Auswanderern zusammenzustellen und diesen Leuten ihre gesamten Ersparnisse zu stehlen. Das ist deshalb besonders bemerkenswert, weil es in ganz Europa publik gemacht worden war, welches Ausmaß die Tragödie in Nouvelle France angenommen hatte. Deserteure von Rabardys Höllenschiff hatten von Singapur aus die wahre Geschichte gekabelt, während von Australien aus ein paar Flüchtlinge, die Sydney erreichten, einen ausführlichen Bericht über ihre grauenhaften Erlebnisse nach Paris sandten. Geschichten aus beiden Quellen erschienen in allen großen europäischen Zeitungen, aber der Marquis beschuldigte seine Feinde der religiösen Verfolgung und ging aus der Sache stärker hervor als er gewesen war. Er faselte allerhand dummes und frommes Zeug von Gottes Willen, charterte ein drittes Schiff und schickte weitere dreihundert Auswanderer ohne die geringsten Gewissensbisse in diese Hölle. Am 7. Juli 1880 verließen sie Barcelona.

Die *India* war kein hochseetüchtiges Schiff mehr. Trotzdem stopfte er dreihundert Emigranten hinein, vorwiegend Italiener, zu denen die Nachrichten von seinen grausamen Betrügereien offensichtlich noch nicht gedrungen waren. Er entlockte den italienischen Bauern auch noch die letzte Lira; ihre Quartiere waren grauenhaft. Den Profit steckte er ein. Mehr als hundert von ihnen sollten sterben, ehe das Schiff noch Nouvelle France erreichte. Das waren die glücklicheren.

Als sie endlich in ihr Paradies kamen, sahen sie nur Rabardys Schiff. Selbst der schmale Sandstreifen war von den ununterbrochenen Wolkenbrüchen zum Morast geworden, so daß die Italiener verzweifelt baten, man möge sie doch anderswohin bringen.

Sie stießen auf den eisernen Willen von Capitain Rabardy. »Dies ist der Platz. Alles von Bord«, befahl er kalt.

»Aber hier ist doch kein Land!«

»Alles von Bord.«

»Wir wollen es ein Stück weiter an der Küste versuchen.«

»Das hier ist Nouvelle France.«

Die Italiener wurden also gezwungen, an Land zu gehen, und wie bei ihren Vorgängern starben auch von ihnen viele. Ein tapferer Mann meldete sich freiwillig, um nach besserem Land zu suchen, doch er fiel unter die Kannibalen. Andere machten sich daran, ein Haus zu bauen, sie erkrankten an Malaria. Wieder andere wandten sich weinend an die französischen Offiziere, die plötzlich kein Wort mehr verstanden; sie versuchten Pflanzen zu ziehen, doch sie starben am Dengue-Fieber, an Skorpionbissen oder verhungerten.

Einer der Überlebenden war dann der erste weiße Mann, der das Innere der Insel Bougainville vor den Salomonen besuchte. Er war Italiener, der das überaus harte Leben in Port Breton eine Weile ertrug und sich dann entschloß, nach einer anderen Möglichkeit zu suchen. Er stahl ein Boot und machte sich mit einigen Kameraden zu den Salomonen auf, wo bei ihrer Ankunft alle bis auf ihn getötet und aufgegessen wurden. Seine Tränen erweichten das Herz eines wilden Häuptlings. Der Mann wurde an einen Buschstamm verkauft und war bald ein ebenso großer Kannibale wie die Wilden. Er lebte ein Jahr bei ihnen, dann gelang ihm die Flucht zur Küste, wo er für zwei Tomahawks von der Mannschaft eines Sklavenhändlerschiffes gekauft wurde. Sie hatten gedacht, er sei ein Eingeborener und in Queensland etwa fünfundzwanzig Pfund wert; als man entdeckte, daß er Italiener war, konnte man ihn nicht als Sklaven verkaufen, sondern setzte ihn in New Britain aus. Der englische Kommissar konnte nicht viel von dem Mann erfahren, denn er war ein hoffnungsloser Irrer geworden und machte nie mehr den Mund auf, außer er wollte etwas zu essen.

Der Baron de Villeblanche befand sich sicher in Sydney, gab mit vollen Händen jene Summen aus, die für die Ausstattung der Siedler bestimmt waren, und schickte ständig Kabel nach Europa, alles sei in schönster Ordnung. In Spanien hatte der Marquis de Rays nun drei Mätressen und ein riesiges Vermögen, das er sich von vertrauensvollen Leuten in ganz Europa zusammengestohlen hatte. Er zitierte die Kabel in seinen immer neuen Prospekten und sammelte neue Beträge von neuen Träumern ein, die er auch in sein tödliches Paradies zu schicken gedachte.

Inzwischen gelang es den zum Untergang verdammten Italienern mit einer überaus glücklichen Strategie, aus Nouvelle France zu entkommen; das heißt natürlich nur jene, die nicht inzwischen gestorben waren. Es lag nun auf der Hand, daß die gesamte Kolonie zum Sterben verurteilt war, da es wegen der ständigen Wolkenbrüche nicht gelang, Lebensmittel anzubauen. Capitain Rabardy sagte, ihm sei das recht, sollten sie nur verkommen, aber die Kolonisten vertrauten auf seine Eitelkeit, und endlich konnten sie ihn überreden, mit seinem Schiff nach Australien zu segeln, um Lebensmittel zu holen. In seiner Abwesenheit beklagten sich die Italiener so lautstark, daß ihr eigener Kapitän sich bereit erklärte, die ganze Kolonie zu evakuieren. Er wollte sie nach Neukaledonien, in die französische Strafkolonie bringen. Als aber die vorsichtigen französischen Beamten sahen, in welch trostlosem Zustand die *India* war, weigerten sie sich, die Verantwortung dafür zu übernehmen. Also schipperte das Schiff weiter nach Australien mit seiner Ladung sterbender Italiener.

Am Samstag, dem 9. April 1881, berichtete ein Reporter aus Sydney über den Zustand der Kolonisten neun Monate nach ihrer fröhlichen Abreise aus Spanien: ›Soeben komme ich von einem dritten Besuch auf der *India* zürück, und je mehr man an Bord sieht, desto niederschmetternder sind die Schrecken des wahnsinnigen Versuches, der die Ursache dieses Elends ist. Eine ausgedehnte Inspektion enthüllte noch mehr Leiden als bei den beiden vorhergehenden Besuchen. Ein paar arme Frauen, zwei von ihnen junge Mädchen von achtzehn und zwanzig, lagen hilflos an Fieber darnieder. Eine war die Mutter eines Kindes, das sie neben sich hatte und mir zeigte, daß es noch lebte, aber nur noch ein sterbendes Skelett war . . .

Ein paar Zitronen, Zwiebeln und solche Kleinigkeiten, die ein Besucher verteilte, wurden so dankbar aufgenommen, daß man sich wünschte, sie möchten eine Zeitlang auf sie herabregnen. Zwei arme Seelen weniger hatte dieses Elend nun zu erdulden, eine vom Fieber und Leiden geschwächte Frau war letzte Nacht mit ihrem Kind gestorben. Bis heute beträgt die Zahl der Toten, ohne die letzte Mutter mit dem Kind, zweiundvierzig . . .

Jene, die in New Ireland zu krank zum Arbeiten waren, bekamen überhaupt keinen Wein. Man forderte von ihnen, sie sollten wie Sklaven arbeiten, und das bei feuchter, tropischer Hitze. In diesem malariaverseuchten Land wurde die Fleischration pro Mann auf 82 Gramm täglich herabgesetzt. Kein Wunder also, daß in sehr kurzer Zeit achtzig fieberkrank waren, dreißig davon völlig hilflos, die Hälfte der Kolonie also bei denkbar schlechter Gesundheit. Aber dem Arzt wird gesagt, er solle sich um seine eigenen Angelegenheiten kümmern, wenn er auf die sich ständig erhöhende Gefahr und die hohe Sterblichkeit hinweist.«

Nun begann die Schlußtragödie, und man kann es nach allem, was bisher gesagt wurde, kaum glauben, daß europäische Regierungen ein solches Unglück zulassen konnten. Aber der Marquis stellte in Barcelona eine vierte Schiffsladung von Kolonisten zusammen. Sie waren im Innern bis an die Luken zusammengepfercht, und so wurden sie mit völlig unzureichenden Lebensmitteln, noch weniger Medikamenten und völlig ohne Überlebenschancen in Nouvelle France auf den Ozean hinausgeschickt.

Eigentlich braucht man die tragischen Ereignisse unterwegs gar nicht zu schildern. Viele starben, und als die Überlebenden Nouvelle France erreichten, fanden sie einen mißmutigen und nahezu wahnsinnigen Capitain Rabardy vor, den das Entwischen der Italiener völlig verbittert hatte. Er war daher entschlossen, nicht einen einzigen Passagier dieses vierten Schiffes entkommen zu lassen.

»Ihr Unglücklichen!« schrie er sie an, als er an Bord kam. »Was bringt euch hierher?«

Er kommandierte sie an Land, genau an jener Stelle, wo schon andere freiwillige gestorben waren, als sie versuchten, ohne Essen, ohne Land, ohne Haus zu leben. Er stellte Wachen auf, damit keiner fliehen oder mit den Missionaren an der anderen Küste Verbindung aufnehmen konnte, denn die hatten ja einige aus den früheren Gruppen gerettet.

Nach ein paar Tagen war die Aussichtslosigkeit der Lage allen klar, und eine Delegation versuchte Capitain Rabardy zu überreden, sie doch an einer anderen Stelle der Küste einen Versuch machen zu lassen, doch er antwortete ihnen mit schußbereiten Revolvern, hier sei ihre neue Heimat, wo sie leben oder verderben müßten. Er wies ihnen nun seine Geheimbefehle, unterzeichnet vom Marquis, vor, in denen es hieß, wenn jemand Kritik übe, solle man ihn ausstoßen und den Kannibalen überlassen. Zum Schluß stand da: ›Sie können jeden, der Ihre oder meine Autorität anzweifelt, zum Tod verurteilen. Das heißt, das können Sie nicht nur, es ist sogar Ihre absolute Pflicht, so zu handeln, sollte auch nur die geringste Widersetzlichkeit aufflammen. Nach göttlichem Recht befehle ich Ihnen, dies in meinem Namen zu tun.‹

Rabardy röhrte dann zufrieden in seiner Kabine, wo er sich mit Tani, dem fünfzehnjährigen schwarzen Mädchen, vergnügte; sie war jetzt sein einziger Freund. Er bestand darauf, daß alle dem König Charles I. treu ergebenen Offiziere bei ihm an Bord des Schiffes blieben, und mit der Zeit warteten auch sie nur noch darauf, daß die Siedler an Land wegstarben.

Das alles spielte sich ab, als schon die meisten Teile der Welt, zumindest die wichtigsten Häfen, per Kabel untereinander verbunden waren. Leute, die dieses erstaunliche Kabel der Geschichte des Pazifik studierten, sind der Meinung, daß Capitain Rabardy möglicherweise immer wieder weitere Befehle des Marquis erhielt, der seine bisherige Handlungsweise ausdrücklich guthieß. Andere glauben, Rabardy habe Angst vor Bestrafung gehabt, falls eines der Opfer entkam und ein Gerichtsverfahren gegen ihn einleitete; und daß die unerträgliche Situation in Port Breton ihn ebenso sehr niederdrückte wie die Siedler und seinen Geist in Unordnung brachte. Wir wissen nicht, was diesen unglückseligen Mann antrieb, aber wir wissen, daß er sich verpflichtet hatte, die Siedler an Land zu halten ohne Rücksicht auf die Folgen.

Handelsschiffe kamen; ihnen wurde die Erlaubnis verweigert, hier zu landen. Ein britisches Kriegsschiff stand in Bereitschaft, um zu sehen, ob seine Mannschaft helfen könne, aber allen wurde befohlen, die Kolonisten in Ruhe zu lassen. Die Siedler wagten es, heimlich in Kanus in die gefährlichen Gewässer hinauszufahren, aber sie wurden aufgehalten, ihre Insassen mit dem Tod bedroht. Capitain Rabardy hielt sein kleines Schiff vor dem Eingang zur Bucht, aß ausgezeichnet an Bord, lachte die Siedler aus und riet ihnen, entweder Ernten aus dem Boden zu stampfen oder zu sterben.

Eine Reise machte er, nämlich über den Kanal zu der äußerst wilden Insel Buka vor der Nordspitze von Bougainville, wo er eine Ladung Sklaven kaperte. Diese brachte er unter liberianischer Flagge zurück und bot sie für je einhundert Dollar den verzweifelten Kolonisten zum Kauf an, ausgerechnet ihnen, die doch nicht einmal genug Essen für sich selbst hatten.

Eine Hoffnung hielt die Kolonisten in diesen schrecklichen Tagen aufrecht. Der Kapitän des vierten Schiffes war ein ehrenhafter Mann. Unter großen Gefahren für sich selbst hatte er Rabardys Blockade umgangen und war mit seinem Schiff nach Manila geflohen, wo er dem Marquis kabelte, er brauche Geld, um die Siedler zu retten. Es kam aber außer Versprechen nichts, und Capitain Henry belud sein Schiff aufgrund dieser Versprechen mit Lebensmitteln und Rettungsmaterial. Die Tage vergingen, kein Geld kam, und da wurde es dem Kapitän und seinen spanischen Gläubigern klar, daß der Marquis die Untertanen seines Königsreiches endgültig aufgegeben hatte.

In seiner Verzweiflung schickte Capitain Henry ein dringendes Kabel ab und erhielt die herzlose Antwort: »Wir haben keine Gelder vom Marquis. Verkaufen Sie alles, was Sie eingekauft haben, oder geben Sie es zurück, und wenn nötig verkaufen Sie auch das Schiff. Unter gar keinen Umständen erklären wir uns verantwortlich für Ihre Auslagen.«

Als dieses Kabel in Manila bekannt wurde, ließ sich die Regierung vom Kapitän sein Ehrenwort geben, daß er nicht auslaufen würde, ehe die Waren ausgeladen seien. Nun sah sich Capitain Henry einer ungeheuer schwierigen moralischen Entscheidung gegenüber. Er konnte sein Schiff ausliefern und die verbliebenen Siedler dem sicheren Tod überantworten, oder er konnte sein Ehrenwort brechen, die an Bord befindlichen Lebensmittel stehlen und heimlich aus Manila auslaufen. Er wählte die letztere Möglichkeit, und dies war das einzige Mal, die Missionare ausgenommen, daß jemand in dieser traurigen Geschichte den sterbenden Kolonisten half. Capitain Henry wurde so zum Piraten, um Lebensmittel nach Port Breton zurückzubringen.

Kaum hatte er sie verteilt, als ein spanisches Kriegsschiff im Hafen erschien und ihn verhaftete, sein Schiff in Beschlag nahm. Aber er flehte den spanischen Kommandanten so herzzerreißend an, daß das Kriegsschiff trotz der lautstarken Proteste Rabardys die schwächsten Kranken mitnahm, so daß die Überlebenden in Manila ihren Lebensunterhalt auf jede ihnen mögliche Art verdienen konnten. Nach monatelangen Vernehmungen sprach ein mitfühlender Richter Capitain Henry frei von allen gegen ihn erhobenen Anklagen.

Von Behörden, deren Ehrlichkeit nicht anzuzweifeln ist, wurde festgehalten, was in Manila ausgeladen wurde, als das Schiff verkauft war. Kiste nach Kiste mit Waren, die der Marquis für den Unterhalt seines pazifischen Königreiches persönlich bestellt hatte, kam zum Vorschein. Sie enthielten eine Ladung Punsch; etliche hundert rosa und weiße Seidenpantoffeln, die von eingeborenen Schönen getragen werden sollten, wenn sie den Hof von König Charles I. zierten; zweiundzwanzig Kisten Kanzleipapier mit dem eingeprägten königlichen Wappen. Noch ungeheuerlicher war ein Teil der Ladung der *India*, nämlich dreitausend Hundehalsbänder. Eine von Baron de Villeblanche aus Australien auf den Weg gebrachte Schiffsladung enthielt ein paar Pfund Lebensmittel und eine vollständige Ladung Ziegel.

Als das spanische Kriegsschiff von Nouvelle France nach Manila segelte, blieben vierzig energische Siedler am Strand zurück, die letzte tragische Flutwelle des Reiches von König Charles I. Sie hätten wohl eine Chance gehabt, hätten sie sich von diesem unmöglichen Landstreifen entfernen können, um zu einem anderen Teil der Insel zu gelangen, aber vor der Bucht lag Capitain Rabardys Schiff, nun von der gesamten Mannschaft verlassen, aber befehligt von seinem wahnsinnigen Kapitän.

Rabardy blieb mit seinem Eingeborenenmädchen Tani allein, und nun erst machte er den Kolonisten am Strand das Leben zur wahren Hölle. Lebensmittel gab er nicht aus, er sprach mit niemandem, erlaubte keine Bewegung am Strand; einmal waren drei- jßig der letzten vierzig Siedler fieberkrank und konnten nicht aufstehen, und es schien, als müßten nun alle sterben, wenn sie nicht wegkamen. Aber Capitain Rabardy war allein auf seinem Schiff und hatte seine Kanonen auf die Kolonie ausgerichtet mit der Ankündigung, Nouvelle France werde weiterbestehen. Für ihn war dies wohl eine heilige Verpflichtung. Er weigerte sich sogar zu glauben, daß der Marquis ihn aufgegeben hatte. Bis zum letzten Tag rechnete er fest damit, daß ein neues Schiff mit neuen Kolonisten ankommen werde. In irrer Großartigkeit hielt er treu zum Marquis, der ihn mit Ehren, mit Rängen und einem Versprechen ungeheurer Reichtümer überschüttet hatte.

Nun, da die letzten Kolonisten dem Verderben preisgegeben waren, ist es wohl angebracht, darüber nachzudenken, was gewesen wäre, hätte der Marquis de Rays in seinem Arbeitszimmer auf Quimerc'h eine andere Gegend als Port Breton gewählt.

Etwa die nahe Blanche Bay auf der Insel New Britain. Hier machte ein Ring von Vulkanen den Boden überaus fruchtbar. Es gab einen der feinsten Sandstrände des Pazifik und Kokospalmen mit einer Unmenge von Nüssen. Große Schiffe konnten anlaufen, das Hinterland lieferte genug Güter, um diese Schiffe zu füllen, und Straßen, um sie darauf zu transportieren. In den Jahren nach der unglückseligen Kolonisation durch den Marquis kamen ganze Scharen von Siedlern aus England und Deutschland an diese liebliche Bucht, und allen ging es gut; alle wurden wohlhabend. In der Stadt Rabaul wurden sogar bemerkenswerte Vermögen erworben, und jedes vom Marquis gegebene Versprechen erfüllte sich dort. Diese blühende, reiche Siedlung liegt nur sechzig Meilen von Port Breton entfernt. Wären die Siedler dort abgesetzt worden, hätten sich ihre Träume erfüllt. So aber hielt der irre Capitain Rabardy die Kolonisten auf diesem verwünschten Landstreifen mit Waffengewalt fest.

Auf der Hauptstraße von Rabaul steht heute ein riesiger Mühlstein, der vom Marquis de Rays verschifft wurde, damit die Kolonisten ihr nicht vorhandenes Korn mahlen konnten. In den dreißiger Jahren unseres Jahrhunderts fand der Hafenmeister von Rabaul diesen Stein auf einer Forschungsreise nach Port Breton und zog ihn auf einem Fluß über den Kanal. Rabaul wurde im Zweiten Weltkrieg nahezu dem Erdboden gleichgemacht, doch der Stein blieb stehen, gleichsam ein Mahnmal für den Wahnsinn des Königs Charles I.

Noch näher an Port Breton liegt der weniger spektakuläre, aber gleichermaßen lohnende Strand von Kokopo, ebenfalls auf New Britain, doch in sicherer Entfernung von Rabauls Vulkanen. Hier gibt es heute einige der großartigsten Plantagen von ganz Ozeanien, das Klima ist sehr gut, der Hafen an der Bucht recht ordentlich. Wegen der sauberen Winde und des mäßigen Regens bekam man die Tropenkrankheiten auch bald in den Griff. Dort läßt sich die brennende Mittagshitze genießen, ebenso auch die von einer angenehmen Brise gekühlte Nacht. Heute leben in Kokopo ungefähr so viele Familien, wie sie der Marquis wenige Meilen weiter südöstlich ansiedeln wollte.

Um zu zeigen, was hätte erreicht werden können, wenn der

Marquis Rabaul und nicht Port Breton gewählt hätte: Ein Kabinenjunge von einem der Schiffe entkam und gelangte zufällig nach Rabaul, bekam bei einem Plantagenbesitzer Arbeit und kaufte später eigenes Land nahe Kokopo, das in den dreißiger Jahren für eine beträchtliche Summe verkauft wurde. Das hätten auch die Siedler des Marquis tun können, wären sie nicht an einem so gottverlassenen Flecken auf den nassen Sand geprügelt worden.

Am Nordende von New Ireland bauten später deutsche Kolonisten eine sehr schöne Hauptstadt bei Kavieng mit Sportklubs, einem Hafen für große Schiffe und Geschäften, die Waren aus Europa verkauften. Im Ersten Weltkrieg wurde die Insel von den Briten übernommen, die einen Flugplatz bauten. An der Westküste bewiesen an die hundert ertragreiche Plantagen, daß begabtere und klügere Menschen als jene, die so viele Kolonisten an der unwirtlichsten Stelle an Land setzten, mit ordentlichen Plänen sich ein Heim aus dem Dschungel schlagen und wohlhabend werden konnten. Die Händler von New Ireland wurden außerdem reich mit Schildkröten, Haifischen, mit Trepang, Paradiesvogelfedern und anderen Produkten des Bismarck-Archipels.

Verstehen läßt sich die Tragödie von Nouvelle France leichter, wenn man eine Karte zur Hand nimmt. Markiert man die deutschen und englischen Siedlerstellen und Plantagen rot, so ergibt sich ein einleuchtendes Muster. Die roten Punkte verteilen sich fast regelmäßig auf die ganze Küste. Das heißt, ein Spieler könnte nahezu auf jeden Punkt gezeigt haben, um zu sagen: Hier siedeln wir. Eine Verschiebung von zehn Meilen, egal in welche Richtung von Port Breton, wäre ein fast hundertprozentiger Erfolg gewesen.

Auch heute noch ist diese eine unglückliche Stelle von New Ireland nicht besiedelt, weil dort niemals eine Überlebensmöglichkeit existierte. Dort gibt es auch heute noch kein Benzin, kein Penicillin, keinen Flugplatz, keine Kopra, keine Funkstation, keine Missionsschule, nichts von all den Hilfen, die diesen gottverlassenen Platz bewohnbar machen würden. Selbst die Japaner wollten im Zweiten Weltkrieg nichts von dieser Gegend wissen, denn ihnen war bekannt, daß hier keine Armee landen und am Leben bleiben konnte.

Hätte der Marquis de Rays seine Schiffe nur ein wenig herumsuchen lassen, ein paar Meilen in diese oder die andere Richtung, wäre alles gut gewesen. In Blanche Bay hätten sie, wie schon erwähnt, alle zu Wohlhabenheit gelangen können, ebenso in Kavieng. Eine Woche des Suchens hätte vollauf genügt, und vielleicht würde dann noch heute die Nachkommenschaft von Charles I. über seine schwarzen Untertanen herrschen. Es wären nur ein wenig Vernunft und Menschlichkeit nötig gewesen.

Im Februar 1882, als sich die letzte Gruppe von Kolonisten an diesem regentriefenden Sandstück zusammenkauerte, waren fünfunddreißig schwer fieberkrank und dem Tod nahe, und nur fünfen ging es einigermaßen gut. Diese fünf suchten verzweifelt nach einer Fluchtmöglichkeit. Sie wurden jedoch dauernd von Capitain Gustave Rabardy beobachtet, der entschlossener denn je war, daß sie zu bleiben und umzukommen hatten.

Schließlich fanden die Siedler einen ausgesprochen französischen Ausweg. Sie erklärten sich selbst zur Republik von Port Breton. So endete das Königreich von Nouvelle France. Nun boten sie Rabardy und seinem kleinen schwarzen Mädchen Trotz und stellten Kontakt mit einem Pflanzer jenseits der Bucht auf der Insel Duke of York her. Als er ankam, wurden die Kolonisten evakuiert. Am Strand von Port Breton wäre auch kein Platz für ein weiteres Grab gewesen, und niemand hatte noch genug Kraft, eines in den Fels des steilen Berghanges zu hauen.

Nun war der Widerstand von Capitain Rabardy zusammengebrochen, er unterwarf sich auf recht unvornehme Art, rief seine Mannschaft an Bord zurück und segelte zur Plantage der Insel Duke of York. Dort hörte er, daß die überlebenden Kolonisten die *Génil* nehmen und nach Australien segeln wollten. Er wurde krank und brütete in seiner Hängematte vor sich hin. Dann ereignete sich etwas, das nie ganz erklärt werden konnte. Eine Tochter eines überlebenden Siedlers schrieb darüber:

»Am 15. Februar 1882 kam etwa um Viertel nach zehn abends Mr. Farrell, der Pflanzer, an Bord und versuchte mit allen Mitteln, den Kapitän zu überreden, er solle in sein Huas kommen und es sich dort gemütlich machen, denn dort finde er auch angemessene Pflege. Rabardy widersetzte sich jedem Argument Farrells. Der Arzt war von Farrells nachdrücklichen Bemühungen erstaunt und wollte es Rabardy nicht erlauben, das Schiff zu verlassen, denn er kannte die Gemütsverfassung der Kolonisten, denen so ungeheures Unrecht angetan worden war.

Am nächsten Morgen verließ der Arzt die *Génil*, um seine Patienten an Bord des Kielleichters zu besuchen. Als er zurückkam, fand er zu seinem Staunen die Hängematte des Kapitäns leer.

›Wo ist Capitain Rabardy?‹ fragte er Dessus.

›An Land; Mr. Farrell kam diesen Morgen und erneuerte seine Einladung. Er wollte keine Weigerung hören, so ergab sich also der Kapitän seinem Drängen . . .‹

Dem Arzt war dies nicht ganz geheuer, weil er sich den Grund dafür nicht erklären konnte. So beschloß er, bis nach der Mittagsmahlzeit an Bord zu bleiben. Er war noch beim Essen, als er von weither eine Stimme nach ihm rufen hörte. Er eilte an Deck und sah ein Kanu mit Chambaud an Bord, das mit höchster Geschwindigkeit heranjagte.

›Rabardy ist tot!‹ rief der Aufseher.

›Gott sei Dank!‹ antwortete ein Kolonist, der bei einer Gruppe auf dem Deck stand.

Ohne Zeit zu verlieren, sprang der Arzt sofort in das Kanu, und zehn Minuten später betrat er Farrells Wohnzimmer, wo der Exgouverneur von Port Breton ausgestreckt auf einer Couch lag; die Hände hingen seitlich schlaff herab. Eine leere Tasse, die offensichtlich vor kurzem gespült und getrocknet worden war, stand auf einem kleinen Tisch neben ihm.

Der Doktor nahm die nötige Untersuchung vor. Rabardy war wirklich tot. Er wandte sich an Mr. Farrell, der aufmerksam jede Bewegung beobachtete, und der Doktor sagte: ›Ich muß eine Obduktion durchführen.‹

›Unmöglich in diesem Klima‹, erwiderte ihm Mr. Farrell. ›Sie verstehen, die Beerdigung kann nicht hinausgeschoben werden und muß vor Einbruch der Nacht stattfinden.‹

Gegen des Doktors Willen wurde sofort die Beerdigung vorbereitet. Um drei Uhr war alles soweit, der Pastor, die Bahre, die Kerzen und drei Kanus, die den Leichenzug zum benachbarten Inselfriedhof bringen sollten.

Es war ein strahlender Nachmittag, die Wellen tanzten in der Sonne, und die Schlußszene der Geschichte von Rabardy wird nun gespielt. Gegen drei Uhr ist auf dem Sand zwischen Mr. Farrells Haus und der See ein Katafalk errichtet. Auf einer offenen Bahre, gestützt von vier Bambusstöcken, liegt Rabardy in seiner Uniform, die Hände gekreuzt auf dem Knauf seines Degens. Der Doktor schiebt die Beerdigung hinaus, bis unübersehbar die Zersetzung beginnt, und das geschieht unter tropischer Sonne sehr schnell. Offiziere von der *Génil*, ebenfalls in Uniform, kommen in ihren Booten und stehen in Habachtstellung am offenen Sarg. Die kleine Tani weint sich vor Kummer fast das Herz aus dem Leib.

Fidschi-Pastoren singen ihre Hymnen. Rabardy liegt da, hat endlich seinen Frieden gefunden und ist frei von der ständigen Angst, ermordet zu werden . . .

Tani weinte zwei Tage lang, dann spielte sie wieder mit der Leichtherzigkeit junger Mädchen auf Samoa.

›Wo ist Dein Capi?‹ fragte der Arzt sie.

›Tot, tot‹, antwortete sie und setzte ihr Spiel fort.«

Der Marquis de Rays machte sich inzwischen in Spanien und Frankreich eine wundervolle Zeit. Er hatte mehr als zwei Millionen Dollar zusammengeschwindelt, und für die Kolonisation hatte er, die Schiffe mit eingeschlossen, höchstens ein Viertel davon ausgegeben. Selbst als seine ganze Kolonie im Sterben lag, schickte er nicht einen einzigen Franc nach Manila, um jemanden zu retten.

Was tat er mit dem Geld? Er unterhielt etliche kostspielige Häuser und drei berüchtigte Mätressen, eine davon eine Spanierin, überschüttete sie alle mit Luxus und faselte noch immer von Gott, der es ihm ermöglicht hatte, ein Reich religiöser und aufrechter Männer im Pazifik zu gründen, wo edle Wilde, die nichts von Gottes Wegen wußten, für das Himmelreich gewonnen werden konnten.

Es spielte keine Rolle, welch grausame Geschichten bis nach Europa durchsickerten, sein Ruf litt nicht darunter. Mindestens 610 europäische Männer und Frauen schickte er in den drei größeren Schiffen nach Port Breton. Es ist unmöglich, die einzelnen Schicksale zu klären. Die Passagierliste der *Chandernagore* gibt aber ein Beispiel: Von 90 Menschen starben nicht weniger als 27, 21 verschwanden. Wir wissen, daß mindestens 200 Überlebende, ein großer Teil davon Italiener, Sydney erreichten; 65, vorwiegend Spanier, kamen nach Manila und nach Capitain Rabardys Tod noch 36 nach Australien. Natürlich starben viele der an sich Geretteten sehr schnell; das trifft auch für die Mannschaften zu, die in diesen Zahlen nicht enthalten sind. Von mehr als 300 Passagieren ist also nichts bekannt.

Wäre auch nur ein einziger wegen des Wahnsinns des Marquis gestorben, so wäre dieser merkwürdige Edelmann einer kriminellen Vernachlässigung schuldig gewesen. Da es ausreichende und überzeugende Gründe dafür gibt, daß er seinen Kapitänen Befehl gab, die Kolonisten zu mißhandeln oder ihnen noch schlimmer mitzuspielen, machte er sich eines Massenmordes schuldig. Es kann einem übel werden, wenn man bedenkt, daß er diese Verbrechen unter dem Deckmantel der Christlichkeit beging. Es war glatter Irrsinn, wenn er brutal behauptete, er und seine Komplizen unterlägen keinem irdischen Recht, weil sie in Gottes Auftrag handelten. Und das geschah im Jahre 1881.

Die französische Regierung, die sich immer gegen die Pläne des Marquis gestemmt hatte, kam etwas verspätet zum gleichen Schluß. 1882 wurde er wegen Schwindels aus Spanien ausgewiesen, wegen Verstoßes gegen die Auswanderungsgesetze und wegen Mordes durch kriminelle Nachlässigkeit. Bei seinem Prozeß ließ man aus legalen Gründen die beiden letzten Anschuldigungen fallen, aber schon seine Schwindeleien wurden von mehr als zwölftausend Dokumenten bewiesen.

Unglaublich war, das selbst während des Prozesses, als die Zeitungen seine Grausamkeit ans Licht der Öffentlichkeit brachten, noch einige seiner Anhänger sich weigerten, an seine Schuld zu glauben. Hier die Übersetzung einer an ihn gerichteten Adresse vom Neujahrstag 1883:

›Sire:

Je mehr Eure rasenden Verfolger Euch an Körper und Seele quälen, je mehr sie Euren Charakter in den Augen Eurer Mitbürger anzuschwärzen versuchen, um so mehr ist es unsere Pflicht, unsere Bewunderung für Eure geschätzte Persönlichkeit zum Ausdruck zu bringen. Wir bitten in aller Demut, uns zu gestatten, Euch den Grund für unsere Liebe, unsere Treue und unsere Verehrung zu erklären.

(1) Verehrung. Ihr seid ein echter Märtyrer; Ihr leidet Verfolgung, da Ihr für Gott kolonisieren wolltet.

(2) Treue. Wie enttäuscht Eure Beschuldiger sein würden, könnten sie nur den Schleier vor der Zukunft lüften; könnte ihr verblüffter Blick Euch auf einem Thron in Melanesien sehen. Aber wenn Eure Feinde nur durch Euren Tod zufriedengestellt werden können, werden wir sofort aufschreien: Der König ist tot – lang lebe der König! Und Euer ältester Sohn würde sofort von uns zu Charles II. von Nouvelle France ausgerufen werden.‹

Als im März 1883 der Prozeß begann, machte der Marquis einen großartigen Eindruck; seine edle Haltung und seine träumerischen blauen Augen, die vage an Napoleon III. erinnerten, nahmen die Zuhörer gefangen. Sie weinten, wenn er weinte. Aber der öffentliche Ankläger ersparte ihm nichts, und die entsetzliche Geschichte wurde aufgerollt.

Für seine treuen Verteidiger schien nur ein einziger Beweis schockierend zu sein und dem Ruf de Rays' zu schaden, wenn auch nicht sehr: Der Ankläger bewies, daß der angebliche Marquis gar keiner war, sondern nur ein Vicomte.*

Ungefähr ein Jahr später wurde er nach einem sensationellen Prozeß verurteilt zur Zahlung einer Summe, die dem damaligen Wert von 600 Dollar entsprach; für sechs Jahre wurde er zwar ins Gefängnis geschickt, doch er saß nur zwei davon ab. Das Gefängnis beeindruckte den entthronten Charles I. sehr wenig. Kurz nach seiner Entlassung bot er Europa eine Medizin an, die garantiert alle Krankheiten heilen sollte. Sie bestand aus pulverisiertem Granit von seinem Besitz Quimerc'h. Die Pariser Polizei unterband bald den Verkauf. Seine Beute aus dem Nouvelle France-Abenteuer hatte er sicher verstaut.

Die Gefängnisstrafe schadete seinem Ansehen nicht, denn wir sehen diesen Edelmann gegen Ende seines ereignisreichen Lebens noch immer als Charles I. Unter diesem Titel organisierte er eine Gala-Weltkreuzfahrt, vielleicht die erste dieser Art, auf dem Luxusdampfer *Tyburnia*. Voll gemessener Herablassung erklärte er, nur englische und französische Passagiere mit Titeln seien zugelassen, denn er wolle, daß die Reise frei von jeglicher Ungehobeltheit oder Unannehmlichkeiten aller Art verlaufe.

Auf seiner Triumphtour besuchte er Port Breton allerdings nicht.

* Marquis liegt rangmäßig zwischen Herzog und Graf, Vicomte = Vizegraf.

Gibson, des Königs böser Engel

Einer der interessantesten Spitzbuben, die je den Pazifik durchpflügten, war ein ganz erstaunlicher Gentleman aus South Carolina. Groß, gutaussehend, schwarz gekleidet, mit scharfen, tiefsitzenden Augen und einem Patriarchenbart, hatte er eine näselnde Sprechweise, die sich recht gut zum Zitieren der Bibel eignete wie auch dazu, sich selbst als Erlöser aller Eingeborenenvölker des Pazifik darzustellen.

»Mein Herz gehört den ozeanischen Rassen!« rief er einmal mit jener Dramatik aus, die seine einfachsten Feststellungen kennzeichnete. »Ich bin auf dem Ozean geboren, und ich habe mich immer als Bruder der Inselbewohner gefühlt.« Ständig träumte er davon, den gesamten Pazifik zu vereinen, und so unglaublich dies auch erscheinen mag, er kam diesem Ziel sogar ziemlich nahe.

Man stelle sich einmal vor, was er allein durch die Geschicklichkeit seiner glatten Zunge erreicht hatte. Er plante einen Krieg Sumatras gegen Holland, in dem es um Unabhängigkeit ging; er rettete sich nach einem Jahr trübseligster Einkerkerung aus einem Gefängnis in Java. Er brachte fast ganz allein die Vereinigten Staaten und Holland bis an den Rand des Krieges. Dann wechselte er sein Arbeitsgebiet und wurde zu einem der fähigsten Missionare im Pazifik, doch aus diesem Aufgabengebiet wurde er verbannt wegen eines öffentlichen Skandals. Daraufhin wurde er ein außerordentlich wohlhabender Mann, und erst danach begann er sein größtes Abenteuer.

Er besaß wenig mehr als seinen Charme und seine Schläue, als er Premierminister eines unabhängigen polynesischen Königreiches wurde; immer wieder einmal hatte er sämtliche Kabinettsposten inne, und an diesem Ausgangspunkt startete er seinen grandiosen Plan zur Einigung des ganzen Pazifik. Länger als ein Jahrzehnt war er die Macht hinter dem Thron, und da war er in der Tat der böse Engel des hawaiischen Königs, der sich im Glanz des Titels eines ›fröhlichen Monarchen‹ sonnte. Dann forderte Gibson frech die bewaffneten Kräfte Deutschlands, Englands und der Vereinigten Staaten heraus und war der Zündfunke für eine der ungeheuerlichsten Episoden der Marinegeschichte, die jemals weltweit bekannt wurde.

Selbst in seinen späten Jahren war er aufsehenerregend und be schwor gegen sich einen berüchtigten Prozeß wegen Bruchs eines Heiratsversprechens herauf. Dabei war er ein sehr produktiver Schriftsteller, Philosoph, Träumer, selbsternannter Experte in tropischer Medizin, tatkräftiger Seekapitän, geschickter Verleger, ein wunderbarer Farmer, ein hervorragender Geschäftsmann, ein überzeugender Redner und ein sehr geschätzter Linguist.

Wirklich, Walter Murray Gibson war einer der würdigsten, köstlichsten und hochsinnigsten Abenteurer der Geschichte. Hätte er nicht nacheinander zwei Bestechungssummen für Opiummonopole im Gesamtwert von 151000 Dollar angenommen, könnte er bis zu seinem Tod über einen großen Teil des Pazifik geherrscht haben.

Er brüstete sich damit, daß er ein Kind des Ozeans war. Wirklich begann er auch sein Abenteurerleben auf See, denn er kam in einem tobenden Sturm in der Bucht von Biscaya am 16. Janaur 1822 zur Welt. Er war der dritte Sohn englischer Emigranten, die von Northumberland in die Vereinigten Staaten auswanderten.

Er wuchs in New York und New Jersey auf. Angefeuert wurde der junge Walter von den Geschichten seines Onkels, der auf geheimnisvolle Weise von langen Reisen nach Malaysia zurückgekehrt war. Damals stand er im Dienst eines arabischen Muskat händlers. Dieser romantische Verwandte kündigte an, daß der Junge sein Erbe sein sollte. Gibson erinnert sich später: »Und dann sprach er von einer großen Stadt im Mittelpunkt der Insel (Sumatra). Diese Stadt sei einst sehr groß und menschenreich gewesen. Die Sultane hätten den übrigen malayischen Nationen Gesetze erteilt. Aber die große Stadt sei dann verkommen, das Reich in zu viele kleine und schwache Länder aufgeteilt worden. Nun sehnten sich die Menschen dort nach dem Wiederaufbau ihrer heiligen Stadt, und ihre Tradition spreche von hellhäutigen Männern aus dem Westen, die mit großer Macht und Weisheit kommen sollten, um die Räuber des Islams und die bösen Geister der Wälder zu vernichten vor allem den Plünderer namens Jan Company.«

Natürlich war es klar, daß Walter Murray Gibson der hellhäutige Mann sein wollte, der diese romantische Stadt wieder errichten und Sumatra retten wollte.

Als sei ein solcher Onkel nicht ausreichend, um die Fantasie eines Jungen zu beflügeln, hatte der junge Gibson auch noch einen

Lehrer, der früher bei den Indianern Nordwestamerikas als Missionar gearbeitet hatte, und dieses Mannes leuchtende Geschichten verführten den Burschen schließlich zu einem Leben der großen Abenteuer.

Als seine Eltern weiterzogen in die abgelegenen Wälder von South Carolina, führte Walter ein wildes Leben im Freien. Dort erwarb er sich die ›Unabhängigkeit des Geistes und die Ungeduld des Eingesperrtseins‹. Mit vierzehn Jahren lief er von zu Hause weg und lebte eine Weile bei den Indianern. Er ging nach New York, kehrte nach South Carolina zurück, wo er eine Miß Lewig, Tochter eines Pflanzers, kennenlernte. Um ein Beispiel von Gibsons bester Prosa zu bringen, lassen wir ihn selbst von seiner Werbung erzählen:

»Ich war noch ein Junge, als ich auf meinen Wanderungen durch die Wälder von South Carolina ein hübsches, edles Mädchen meines eigenen Alters kennenlernte, das sich von der Plantage des Vaters nie mehr als einen halben Tagesritt entfernt hatte.

An schönen Sommertagen liefen wir oft in den stillen Wäldern von Milwee herum; barfuß wateten wir durch die seichten, kiesigen Wasserläufe; wir durchquerten auch die tiefen, reißenden Wildbäche und stützten einander mit den Händen bei unseren unsicheren Schritten, wenn wir über die schwingenden Baumstämme liefen, die sie überbrückten. Hand in Hand schweiften wir herum, sammelten wilde Beeren und Muskatellertrauben, und dann rasteten wir im tiefen Schatten am Fuß eines hohen Baumes und sprachen von unseren jungen- und mädchenhaften Träumen; wir dachten nicht an den Geschmack, den Charakter oder die Tüchtigkeit des anderen oder an sonstige Dinge, die mit der Zukunft zu tun hatten, wir lauschten nur der Musik unserer jungen Stimmen, den verlockenden Lauten der uns umgebenden Natur, und wir hatten nur unsere jungen Gesichter zu bewundern; wir liebten. Und lange ehe ich ein Mann war, heirateten wir.«

Der frühe Tod seiner Frau machte ihn schon mit einundzwanzig Jahren zum Witwer. Er hatte drei Kinder, ein Mädchen namens Talula und die beiden Jungen John und Henry. Der Vater dieser Nachkommenschaft ging zur See, wie berichtet wird, als Master des ersten eisernen Dampfschiffes, das in den Vereinigten Staaten gebaut wurde und die Strecke von Savannah nach Florida befuhr. Nach etwa einem Jahr tauchte er als Provisionskaufmann in New York auf, dann machte er beim Goldrausch in Kalifornien mit.

Anschließend reiste er in Mexiko, und dort schien er mit dem

Charme seine Persönlichkeit viele einflußreiche Freunde gewonnen zu haben. Da er noch immer nach seinem Weg suchte, reiste er nach Zentralamerika weiter, wo sich sein Pulsschlag beschleunigte, denn hier mischte er mit bei den Intrigen der Bananenländer. Auf einer Geheimmission, die er ja so sehr liebte, kehrte er in die Vereinigten Staaten zurück. 1851 kaufte er den Kutter *Flirt*, einen Schoner von 96 Fuß und weniger als 100 Tonnen. Ehe er sein Schiff aber aus dem Hafen schmuggeln konnte, wurde es vom Zolldienst aufgebracht, und man entdeckte, daß es bis zum Rand beladen war mit Waffen und Munition für General Carrera von Guatemala.

Damit war seine Chance, Admiral in der Flotte von Guatemala zu werden, dahin. Trotzdem schmuggelte Gibson seine *Flirt* mit einer achtköpfigen Mannschaft und einer Ballastladung von achtzig Tonnen Eis aus dem Hafen hinaus. Nach ein paar Wochen Atlantikwetter zwang ihn eine Meuterei an Bord, in den Hafen Porto Praia der kapverdischen Insel São Tiago einzulaufen, die Portugal gehörte. Dort entging er der Beschlagnahme seines Schiffes als Eigentum eines Freibeuters nur mit einer Einladung einiger hoher Persönlichkeiten, die er mit ›äußerster Zuvorkommenheit und rarem alten Wein‹ traktierte.

Nach dem Verlassen von Porto Praia fand Captain Gibson heraus, daß seine Eisladung im wärmeren Meer schnell schmolz und daß ihm jemand seinen Chronometer und andere nautische Instrumente zerstört hatte. Blind segelte er weiter in Richtung Brasilien, um sich neue zu beschaffen. Dort verkaufte er, um Geld in die Hand zu bekommen, ein paar Tonnen Eis, was eben von seiner schmelzenden Ladung erhalten geblieben war. Für den Rest der unglaublichen Reise segelte die *Flirt* ganz ohne Ladung. Im Hafen von Maceió kamen zwei Mitglieder der Mannschaft bei einer Rauferei unter Betrunkenen um, was fast die Beschlagnahme des Schiffes zur Folge gehabt hätte. Gibson wandte sich um Hilfe an den britischen Vizekonsul, der die Konfiskation verhinderte.

Gibson segelte leer weiter nach Osten, um das Kap der Guten Hoffnung herum. Er sagte, die magischen Inseln im Indischen Ozean, die er nun passierte – Madagaskar, Mauritius, Kokos-Keeling –, seien keine Verlockung für ihn. Wie von einem Magneten wurde er von der großen Insel Sumatra angezogen, von der er seit seiner Jugend geträumt hatte. Auch jetzt noch ist seine Erzählung vom ersten Anblick seiner Trauminsel rührend:

»Am Weihnachtsabend segelten wir vor sanftem Wind über

eine glatte See. Wir näherten uns dicken Massen von Landwolken, und die Brise brachte einen feinen, süßen Holzduft mit. Wir flogen durch die sich ständig verändernden Dunstbänke, und die würzige Luft kam uns stark und angenehm entgegen wie Stücke fernen Gesanges. Dann traten die Wolken zurück, und unseren Blicken bot sich ein dunkelblauer Gipfel, der in den blauen Himmel stieß. Die holz-, blüten- und gummiduftende Brise kam stärker und noch viel erregender und rivalisierte mit der süßen Melodie auf den Gewässern. Der Gipfel und die duftbeladenen Winde waren der erste Anblick und der erste Willkommensatem des Landes langjähriger Träume, der Insel Sumatra.«

Aber er war versucht, Sumatra zu verlassen, um nach Singapur zu reisen, wo sein geschichtenerzählender Onkel, der jetzt tot war, ihm angeblich ein Vermögen hinterlassen hatte. Die Holländer ließen jedoch sein Schiff nicht aus dem Hafen, und so machte er sich voll Begeisterung daran, Sumatra von der holländischen Herrschaft zu befreien. Das betrachtete er als seine Hauptaufgabe. So steuerte er also seine *Flirt* in den neuigkeitenträchtigsten und mit Spionen durchsetzten Hafen des Zinnlagers Muntok auf der erzreichen Insel Bangka.

Hier folgte ein ungeheuerliches Zwischenspiel. Ein holländischer Beamter nach dem anderen versuchte herauszubekommen, was ein leeres Schiff, das nicht einmal eine Ladung suchte, in Ostindien zu tun hatte. Kamen Mijnheer halbwegs um die Welt, um Zinn zu laden? Nein? Dann vielleicht Kaffee? Nein? Dann etwa Pfeffer? Auch nein? Zimt? Nein? Aber dann möchte der Kapitän doch sicher Stamm- oder Schnittholz nehmen? Wie schade! Darf es vielleicht Arrak sein? Oder Tabak für den Handel mit China? Ah, natürlich! Mijnherr war gekommen, um sein Schiff mit wilden Tieren für die amerikanischen Zoos zu beladen. Darf es der große Elefant sein? Ein wilder Tiger? Das Rhinozeros? Oder sucht er den merkwürdigen Tapir? Oder Moschustiere?

Solche Fragen gingen endlose Tage weiter, und man kann sich vorstellen, welch enttäuschende Berichte die holländische Geheimpolizei schrieb. Einmal vermutete man auch, Gibson sei hinter einer nicht leicht zu bekommenden und überaus lukrativen Ladung von Vogelnestern für den chinesischen Suppenhandel her. Nach einem halben Dutzend ähnlich exotischer Vorschläge, die alle keinen Anklang fanden, begannen die geduldigen Holländer mit ihrer Litanei von vorn. Möchten Mijnherr Zinn, Kaffee oder Pfeffer kaufen?

Captain Gibson schrieb darüber: ›Ich streckte meine Hand aus über das Geländer der Veranda, auf der wir saßen, und zog einen Zweig des Jasminbusches zu mir heran, der auf diesen Inseln zu einem Baum von zwanzig oder dreißig Fuß Höhe wird. Ich atmete tief den süßen Duft der Blüten ein. Dann deutete ich auf einige Bananen- und Kokosnußbäume, die mit Früchten beladen waren, auf ein zahmes Moschustier, das im Hof herumlief, auf einen Vogel mit schönen, bunten Federn ...‹ Das seien die Dinge, bemerkte er großartig, um deretwillen und um sie zu sehen er mit einem leeren Schiff um die halbe Welt gefahren sei.

Da gaben die Holländer auf und waren überzeugt, Gibson müsse ein reicher Sportsegler sein, der nur zum Vergnügen reise.

Ein lokaler Führer, ein Eingeborener von Bali, bot Gibson nun an, ihn nach Palembang, der größten Stadt Sumatras, zu führen, einer schwimmenden Stadt, die auch das Venedig des Ostens genannt wird. Das war ein recht heikler Vorschlag, denn die Engländer schürten die Revolte der Eingeborenen gegen die holländische Herrschaft. Als Gibson andeutete, er wolle vielleicht ins Inland reisen, schlossen die Holländer daraus, daß er ein überschlauer Geheimagent sein müsse. Sie hielten ihn für einen amerikanischen Spion oder Deserteur und paßten auf jeden seiner Schritte auf.

Mittlerweile dachte Gibson über den Erfolg von James Brooke nach, über den er in den Vereinigten Staaten gelesen hatte. Auf der Insel Borneo, östlich von Sumatra, war es Brooke gelungen, als Radschah von Sarawak ein persönliches Königreich zu errichten. Gibson meinte, was Brooke konnte, könne er leicht, und er sah sich nach einer ähnlichen Gelegenheit auf Sumatra um.

Er versuchte mit dem Sultan von Djambi Verbindung aufzunehmen. Es war dies ein Eingeborenenprinz der Region, und Gibson machte den Fehler, seinen Brief an diesen Herrscher in malaiischer Sprache abzufassen, ihm Waffen und Schiffe anzubieten, damit die Eingeborenen von der holländischen Herrschaft befreit werden könnten. Der von ihm gewählte Übersetzer war aber unglücklicherweise ein malaiischer Spion, den die holländische Polizei auf ihn angesetzt hatte. Graham, Gibsons Segelmeister, wurde mit diesem Brief ausgeschickt, um ihn abzuliefern; man fand ihn bei ihm, als er von den wachsamen Holländern gefaßt wurde.

Gibson wurde in das holländische Gefängnis von Weltevreden in Batavia, Java, geworfen. Man beschuldigte ihn, eine Revolution anzetteln zu wollen. Er behauptete jedoch immer, sein völlig unschuldiger Begrüßungsbrief, den er diktiert habe, sei durch dieses belastende Dokument ersetzt worden. Er bekam mehrere Fluchtchancen, die er alle nicht benützte, denn er hoffte, von der amerikanischen Regierung gerettet zu werden, obwohl weit und breit um diese Zeit kein amerikanischer Konsul zur Hand war. Sein Prozeß wurde unendlich lange hinausgeschoben, denn man hätte ihn ja zum Tod verurteilen müssen. Seine Hinrichtung hätte dann vermutlich zu Schwierigkeiten mit den Vereinigten Staaten geführt.

Gibson überstand kraftvoll sechzehn Monate Gefängnis. Er lernte Holländisch und die javanesischen Sprachen, erfand eine Maschine zur Herstellung von Ziegeln und studierte mit Sahyeepah, die ›Beschwingte‹ genannt, stundenlang; dies war eine Eingeborenenprinzessin, die ihn sehr oft in diesem recht freizügigen holländischen Gefängnis besuchte.

Am 14. Februar 1852 wurde er endlich vor Gericht gestellt und des Hochverrates für schuldig erklärt, aber er mußte zwei Stunden lang am Pranger stehen; anschließend kam er für zwölf Jahre ins Gefängnis. Während dieser Gefängniszeit mußte er seinen Lebensunterhalt selbst bezahlen. Andere holländische Behörden, die sich darauf verließen, Amerika werde seinen irrenden Sohn aufgeben, kümmerten sich nicht um das vorige Urteil und verurteilten ihn im April 1853 durch ein Geheimtribunal zum Tod.

Aber die praktischen Holländer hoffte, er würde entkommen und so alle unangenehmen Probleme lösen, und schließlich wurde mit Hilfe der Prinzessin, die sich sehr in ihn verliebt hatte, ein komplizierter Plan ausgeheckt.

Ein amerikanische Schoner, die *N. B. Palmer*, wurde zum Glück in der Nähe repariert, und es wurde arrangiert, vielleicht sogar von den Holländern selbst, daß Captain C. P. Low den Flüchtling an Bord nehmen sollte. Dies geschah am 24. April 1853. Gibson berichtete später über seine Flucht: Die *Palmer* sei, als sie die Reede verlassen habe, von dem holländischen Kreuzer *Boreas* beschossen worden, habe sich aber dafür gerächt und sei den Verfolgern entkommen. Das erscheint zweifelhaft, da das Schiff leicht am nächsten Morgen durch die Straße von Sunda kam und die konfiszierte *Flirt* wie auch Gibsons Hoffnungen zurückließ, der zweite Radschah Brooke zu werden.

Zwei Jahre später veröffentlichte Gibson einen ausgezeichnet geschriebenen Bericht über seinen Versuch der Befreiung Sumatras, *The Prison of Weltevreden*, in dem er den Passagieren seines

Rettungsschiffes, der *Palmer*, ausführlich alle Einzelheiten seiner verwickelten Rettung erzählt. Wie eine männliche Scheherazade unterhält er die Passagiere über die vierundfünfzig Tage seiner Flucht aus Java, und wenn einer der Leser eine besondere Vorliebe hat für den etwas hochtrabenden Stil, die übersteigerten Gefühle und die ausführlichen Beschreibungen jener Zeit, so kann diese Erzählung nur empfohlen werden.

Seine Zelle im staatlichen Gefängnis beschreibt er wie folgt: »Eine schmale Kammer, ein stinkender, rauchender Ofen; zehn Fuß lang, acht breit, halb mit einer groben Plattform, dem einzigen Möbelstück, angefüllt. Kein Licht, keine Luft – außer von einer doppelt vergitterten Öffnung. Die Zelle stank, die Luft war tot und unbewegt. Ich setzte mich auf die Plattform und fühlte mich elend. Der Gestank und die Hitze dieses Ortes waren erschreckend . . . Die Tür war geschlossen, die tote Luft wurde, wenn möglich, noch toter, und ich betete jeden Morgen um einen Atemzug der köstlichen Brise. Niemand dachte an das Wasser, wenn der Wärter in der Zelle war. Wasser, Wasser! rief ich durch die Gitterstäbe, aber der brutale Wächter gab nicht acht darauf. Ein wenig Wasser und ein wenig Luft waren die größten Sehnsüchte einer entsetzlichen Nacht, die ich im Stadt-Gefängnis von Batavia verbrachte.«

Als die *Palmer* in England ankam, suchte Gibson den amerikanischen Konsul in Liverpool auf und bat um ein Darlehen, damit er in die Vereinigten Staaten zurückreisen könne. Er erklärte großartig, er werde von der holländischen Regierung einen beträchtlichen Schadenersatz für seine Mißhandlungen in Batavia fordern.

Der Konsul, dessen Name der Gibson-Legende noch einigen Glanz verleiht, hörte sich die Geschichte an, die des Konsuls eigenes romantisches Erlebnisbedürfnis in den Schatten zu stellen drohte. Nach dem Interview erklärte er, in Gibson habe er einen Gentleman von feinen Manieren, ansehnlicher Gestalt und bemerkenswert intellektuellen Aspekten gefunden. »Buchstäblich von seiner ersten Stunde an war er in die Strömungen einer überaus abwechslungsreichen und tumulthaften Existenz geworfen worden; er war auf See von amerikanischen Eltern geboren, doch an Bord eines spanischen Schiffes, und die folgenden Jahre verbrachte er zum größten Teil auf Reisen, Wanderungen, mit merkwürdigen Vorfällen und Schicksalsschlägen, die, wir mir dünkt, keine Parellele haben seit den Tagen Gullivers oder Defoes.

Als er endlich seine würdige Zurückhaltung aufgegeben hatte, berichtete er von seinen Abenteuern mit einer wundervollen Beredsamkeit und bewies in seinen Skizzen eine so intuitive Wahrnehmungskraft, die alle malerischen Punkte der Geschichte voll erfaßt, so daß man davon so sehr gepackt war, als sei man selbst dabei gewesen, habe selbst alles gesehen und erlebt. Die Beschreibungen waren so wundervoll und packend, daß ich sie kaum zur Hälfte glauben konnte, denn das Leben selbst kann sich etwas so Kunstvolles nicht ausdenken.

Viele seiner Berichte waren im Osten angelegt, sogar zwischen den selten besuchten Archipelen des Indischen Ozeans spielten sie sich ab, so daß seine ganzen Gespräche voll orientalischer Würze waren. In seinen Kleidern hing noch immer der Duft der Gewürzinseln. Er konnte viel erzählen von den köstlichen Eigenschaften der malaiischen Piraten, die in der Tat einen Beutekrieg gegen die Schiffe aller zivilisierten Nationen führen und jedem ihrer christlichen Gefangenen die Kehle durchschneiden. Diese Taten gehören zu ihrem Leben, sind bei ihnen eine Sache der Religion und des Gewissens, aber sonst sind sie Leute von sanfter Natur, primitiver Unschuld und Integrität.«

Das war die Meinung von Nathaniel Hawthorne, beschrieben in seinem Buch über Beobachtungen in England, *Our Old Home*.

Dann beschreibt Hawthorne kurz eine der typischsten Erzählungen Gibsons. ›Inzwischen hatte er, da er ja in England auf seinem Weg in die Vereinigten Staaten Station machte, auch eine ihm von der Vorsehung gebotene Gelegenheit, sich nach den Umständen seiner Geburt an Bord eines Schiffes zu erkundigen. Dabei entdeckte er, daß bei dieser Reise nicht nur er, sondern noch ein weiteres Baby auf dem gebrechlichen Fahrzeug das Licht der Welt erblickte. Es gibt überzeugende Gründe für seine Annahme, daß diese beiden Kinder den falschen Müttern zugeschrieben wurden. Viele Erinnerungen aus seiner frühesten Zeit ließen ihn vermuten, seine Eltern hätten von dieser Verwechslung gewußt. Die Familie, deren Abkömmling er zu sein glaubt, war die eines Edelmannes. In der Bildergalerie seines Landsitzes, von dem unser abenteuernder Freund, wie ich glaube, soeben zurückkehrte, hatte er ein Porträt entdeckt, das eine auffallende Ähnlichkeit mit ihm selbst hat. Sobald er Präsidenten Pierce und dem Staatssekretär berichtet und sein beschlagnahmtes Eigentum freibekommen hat, beabsichtigt er, nach England zurückzukehren und seine Ansprüche an des Edelmannes Titel und Besitz anzumelden . . .‹

Die englische Romanze gehörte zu den letzten Mitteilungen, die er meinem privaten Ohr anvertraute. Als ich das erste Kapitel vernommen hatte, das dem so wundervoll verwandt ist, was ich selbst in meinem Kopf hätte ausdenken können, denn in solchen Dingen bin ich geübt, begann ich zu bedauern, daß ich für die Heimreise des künftigen Edelmannes auf dem nächsten Collins-Dampfer gesorgt hatte.«

Trotzdem streckte Hawthorne seinem Helden hundertfünfzig Dollar vor, mit denen Gibson nach Washington, D.C., reisen konnte.

Dort überredete er die Vereinigten Staaten, gegen Holland eine Klage auf hunderttausend Dollar Schadenersatz einzubringen. Als Holland sich zu zahlen weigerte, drohten die Vereinigten Staaten mit Krieg, und der Konflikt schien unvermeidlich zu sein. Gibson hatte inzwischen einen Posten als Attaché der amerikanischen Legation in Paris bekommen. Während er in Europa herumschweifte, las er Berichte von glorreichen Abenteuern und träumte von weiterem Wagemut. Sein Lieblingsheld war Prinz Henry, der Navigator. Kaiser Napoleon III. hörte von seinen Forschungen und bot Gibson einen Platz in der Expedition nach Neukaledonien an, die damals zusammengestellt wurde, aber der Abenteurer lehnte ab. Er wollte gegen die Holländer kämpfen.

Gibson kehrte in die Vereinigten Staaten zurück und fand in Vorträgen und durch die Veröffentlichung seines Buches *The Prison of Weltevreden* die Sympathie der Öfffentlichkeit für seine Ansprüche. Als jedoch sein Fall vor den Kongreß kam, fehlte ein wichtiger Brief des State Department in den Akten seines Falles. Da Gibson selbst, der Zugang zu der Akte hatte, die einzige Person gewesen sein konnte, die diesen Brief verschwinden ließ, fiel natürlich der Verdacht auf ihn.

Zufällig hatten die holländischen Diplomaten ein Duplikat des verschwundenen Briefes, und den veröffentlichten sie nun. Geschrieben hatte ihn Gibson in Batavia am 25. Februar 1852, und gerichtet war er an den Gouverneur von Niederländisch-Indien. In dem Brief wurde um die Entlassung des Schreibers gebeten und zugegeben, er habe großsprecherische Bemerkungen gegenüber den Eingeborenen von Sumatra gemacht, als er unter dem Einfluß von Alkohol gestanden habe. Auch bekannte Gibson: ›Ich habe mich zu oft im Leben mitreißen lassen von bunten, romantischen Ideen‹ und gab weiter zu, er habe sich in der heroischen Idee gesonnt, ein Potentat im Osten zu werden. Da er vorher diesen Brief geschrieben und ihn nachher hatte verschwinden lassen, entwertete er selbst in den Augen des Kongresses seine Ansprüche. Auf die Art wurde der Krieg zwischen den Vereinigten Staaten und Holland zum Glück vermieden.

Für den Rest seines Lebens trauerte Gibson um Sumatra als um sein verlorenes Reich, und wir können ihm gern glauben, daß der Name dieser Insel in seinem Herzen tief eingegraben war. Da nun sein Radschahtum endgültig verloren war, hielt er nach anderen Eroberungen Ausschau.

In Washington lernte er die Mormonen kennen und interessierte sich für sie; die Heiligen der Letzten Tage hatten Schwierigkeiten mit der Regierung der Vereinigten Staaten, und er sprach sich dafür aus, man solle sie auf einer paradiesischen Pazifikinsel ansiedeln. Aber sein Plan wurde von den Beamten zurückgewiesen, da er fünf Millionen Dollar erfordert hätte, und das war viel zu teuer. Später wies er oft darauf hin, daß der überflüssige Mormonenkrieg die Vereinigten Staaten dreimal soviel gekostet hatte.

Doch in seinem immer wachen Gehirn hatte sich eine Idee festgesetzt. Er begab sich nach Salt Lake City und riet am 29. Oktober 1859 Brigham Young, er solle Utah an die Vereinigten Staaten verkaufen und den Mormonenstaat mit Kind und Kegel nach Papua oder Neuguinea verlegen. Er sagte dem Bruder Brigham, sein Bestreben sei es, den Eingeborenen dieser Länder Gutes zu tun, denn er habe allen Grund zu glauben, daß dies die ›Verlorenen Stämme Israels‹ seien. Aber Young nahm diesen bizarren Plan nicht an und machte den Gegenvorschlag, Gibson solle Mormone werden und vielleicht zu den pazifischen Inseln gehen, um die Eingeborenen zu dieser Sekte zu bekehren.

Nachdem er sein Herz gründlich geprüft hatte, wurde Walter Murray Gibson am 15. Januar 1860 ein Mitglied der Heiligen der Letzten Tage. Eine Weile lehrte er in Utah und ging dann auf einen Besitz im Osten, um dort Bekehrungen vorzunehmen. Bald wurde er dessen müde und beschaffte sich Geld, um nach Utah zurückzukehren, und er nahm auch seine drei Kinder mit. Bei seiner Ankunft vernahm er fröhliche Nachrichten. Sein großer Wunsch war in Erfüllung gegangen, man hatte ihn als Prediger bestätigt, und nun sollte er das Evangelium der Mormonen zu allen pazifischen Inseln bringen.

Seine Tochter Talula begleitete ihn, die beiden Söhne blieben noch einige Zeit in Salt Lake; Gibson reiste nach dem Westen und lehrte in Kalifornien, wo er es für geraten hielt, wegen der großen Spannung zu leugnen, daß er Mormone war. Auch als er am 4. Juli 1861 in der hawaiischen Hauptstadt Honolulu nach einer Resie mit der *Yankee* landete, bekannte er sich nicht zu ihnen. Dort hielt er dann Vorlesungen über Malaysia und nannte sich einen Weltreisenden, der auf dem Weg nach Ostindien sei.

In den Staaten war nun der Bürgerkrieg ausgebrochen, und der König des unabhängigen Hawaii, Kamehameha IV., hatte die Neutralität seines Landes ausgerufen. Sympathisanten der Union in Hawaii faßten schnell Verdacht gegen diesen geheimnisvollen, energischen, wortgewandten und glattzüngigen Captain Gibson aus South Carolina. Sie vermuteten, er plane eine Kaperfahrt. Am 2. September besuchte Gibson die US-Legation; bei dieser Gelegenheit lockte man ihn in eine heftige Verteidigung von Jeff Davis, und Spione der Union waren überzeugt, sie hätten nun ihren Mann. Zwei Stunden später verwirrte er aber alle, als er mit seiner Tochter auf dem Dampfer *Kilauea* nach der Insel Maui abreiste.

Der Konsul der Vereinigten Staaten auf Maui war wegen dieses verdächtigen Südstaatlers schon alarmiert worden und ließ ihn beschatten. Er entdeckte einige sehr verblüffende Dinge, denn Gibson wurde von zwei ehrenwerten Männern begleitet; der eine war ein früherer Schankwirt, den er auf dem Schiff von Kalifornien her kennengelernt hatte. Diese beiden wanderten nun in Maui herum und versuchten ein Handbuch zu verhökern, genannt *Dr. Warren's Household Physician*, also ein Arztbuch für den Haushalt. Die Spione der Union waren darüber recht verwirrt, und jetzt wußte erst recht niemand mehr, was man mit Gibson anfangen sollte. Plötzlich bekannte er sich dann als vollerblühter Mormonen-Missionar. Charakteristisch für ihn war, daß er sofort eine Mormonenflagge mit acht Sternen, je einen für die acht Hawaii-Inseln, entwarf. Die Spione und Anhänger der Union zogen sich von der Szene zurück und schnieften, dies sei eine Sezessionsflagge.

Gibson begann seine Missionstätigkeit unter den eingeborenen Anhängern der Mormonenkirche, die seit drei Jahren keinen weißen Führer mehr gehabt hatten. Innerhalb weniger Wochen übernahm er den Vorsitz bei einer Mormonenkonferenz auf Maui. Aber nun wurde die Regierung von Hawaii mißtrauisch. Im Tagebuch des Kabinettsrates ist verzeichnet, daß fünfzig Dollar bereitgestellt wurden, um Informationen zu erlangen, was Bruder Walter wirklich vorhatte. Aber die Missionare kamen dem zuvor und gaben das feierliche Versprechen ab, daß sie niemals einen Bürger von Hawaii nach Neuguinea bringen würden. Damit schien alles in Ordnung zu sein.

Inzwischen hatte Gibson im Walboot eines Eingeborenen die kleine Insel Lanai besucht. Hier hatten die Apostel der Mormonenkirche 1853 beschlossen, eine Mormonenfestung zu errichten. Man erwarb fünftausend Morgen Land, man machte Pläne für eine Stadt, baute Häuser und begann Farmen anzulegen, und langsam wuchs die Stadt Joseph. Gibson sah sich die Basis seiner künftigen großartigen Operationen an und bemerkte voll Überzeugungskraft: »Hier will ich meinen Stab in den Boden stecken und mir für den Rest meines Lebens ein Heim schaffen.«

Er arbeitete am Aufbau der Mormonensiedlungen auf Lanai, und am 5. November wohnten Talula und er in Palawai auf dieser Insel. Er war jetzt der Kopf einer Kolonie von ungefähr 180 Hawaiianern, über die er unter dem Titel ›Priester von Melchisedek und Hauptpräsident der Inseln der See‹ regierte. Sein hochtönender Titel schien wieder einmal die Träume seiner Jugend aus dem Schlaf geholt zu haben, denn am 31. Januar 1862 schrieb er in sein Tagebuch: ›O lächelndes Palawai, du Kindheitshoffnung auf mein glorreiches Königreich! Gesegnet sei Lanai unter den Inseln der See.‹ Von diesem Augenblick an war er auf dem Weg zu seinem Reich.

Zur Förderung seiner Pläne unternahm der Priester des Melchisedek ein Studium der Geschichte von Hawaii, der Kostüme und Sprachen und wurde darin bald so beschlagen, daß er von den Eingeborenen ehrfürchtig bestaunt wurde. Sein Stil wurde womöglich noch blumiger: ›Nun ist die Zeit, da die Heiden Amerikas vom Angesicht der Erde hinweggeschwemmt werden, wie es in den Prophezeiungen des Propheten Joseph Smith steht. Und es ist auch die Zeit gekommen, da Zion frei sein wird und der Prophet Brigham Young der König aller Könige wird . . . Ihr, die rothäutigen Kinder Abrahams, habt die Freude erworben, die Gründung Neu-Jerusalems vorzubereiten.‹

Um Zion auf Lanai zu gründen und die Farmprojekte dort voranzutreiben, spendeten die treuen Kinder Abrahams Ziegen, Geflügel, Esel, Möbel und Bargeld. Gibson vergrößerte diese Mittel noch, indem er Kirchenämter verkaufte: Für einen Preis von 150 Dollar konnte man unter ihm einer der zwölf Apostel werden, doch andere Pöstchen waren schon sehr billig zu haben, bis zu 50 Cents. Um diese Zeit scheint Gibson schon viel interessierter an Reichtum und politischer Macht gewesen zu sein als an der Errichtung eines religiösen Utopia, denn in einer Mitteilung an die Regierung verriet er, daß er im Königreich 2500 Stimmen beeinflussen könne.

Gibson hatte Sorgen. Die zwei alten Krähen, die er auf dem Schiff aufgepickt hatte, waren so undankbar, ihn zu denunzieren; sie nannten ihn einen schwarzherzigen Intriganten und beschuldigten ihn der Sympathie mit den Konföderierten. Noch schlimmer, eine Dürre und Wurmpest bedrohten im März 1862 die Ernte; aber Gibson befahl entschlossen, Eingeborene seien an die Pflüge zu treiben, um neues Land zu erschließen, und unter Bedingungen, die einer Sklaverei verdächtig nahe kamen, wurde der größte Teil der Ernte gerettet. Nun sprach Gibsons Tagebuch von dem ›windigen, trostlosen Lanai‹, aber Rinder und Schafe gediehen, die Kolonie blühte.

Ein paar zweifelnde Eingeborene begannen allerdings darüber nachzudenken, ob es wirklich die Wege des Herrn waren, die sie zu erdulden hatten, und ein Komitee beklagte sich in Salt Lake City über die Methoden ihres Pastors. Im April kam mit grimmigen Gesichtern eine Ältestenabordnung der Mormonen in Lahaina, Maui, an, wo ihre Untersuchungen schlüssig bewiesen, daß ihre Kirche betrogen worden war. Gibson hatte ihre Gelder dazu benützt, etwa die halbe Insel Lanai aufzukaufen, und das ganze Kircheneigentum war auf seinen Namen geschrieben.

Die Ältesten traf fast der Schlag, und Robert Louis Stevenson behauptete einige Jahre später: »Es gibt einen dahingehenden Beweis, daß ihm Meuchelmörder der Mormonen auf die Insel gefolgt waren.« Aber kein Racheengel schlug Gibson für Diebstahl und Sakrileg nieder. Es scheint jedoch sicher zu sein, daß der Älteste Joseph F. Smith ihm erklärte: »Gibson, du wirst noch in der Gosse sterben!«

Innerhalb eines Monats exkommunizierte die Mormonenkirche Gibson, und er selbst nahm davon Abstand, sich einen Mormonen zu nennen. Die meisten der Siedler verließen Lanai und machten sich daran, ihr Neues Jerusalem anderswo zu bauen. In Laie, Oahu, fanden sie einen vielversprechenden Grund, und nach einigen Jahren harter Arbeit hatte die Gemeinde eine blühende Zuckerrohrplantage vorzuweisen. Sie brachte sogar noch so viel Geld auf, daß sie einen imposanten Mormonentempel bauen konnte, der heute noch in den sich wiegenden Zuckerrohrfeldern glänzt.

Gibson blieb jedoch bei seinen durch Betrug erworbenen Äkkern auf Lanai. 1864 kamen seine beiden Söhne zu ihm, und danach kaufte er noch mehr Land auf, und er hatte mit diesen Erwerbungen einen großen Erfolg.

Zur Verblüffung seiner Feinde schienen sich die Früchte seiner Verruchtheit zu vervielfältigen, und in bewegenden Sätzen zeichnet er seine Reaktionen auf sein neues Heim und seine Bewohner auf:

»Sie sind Material für ein sehr kleines Königreich. Sie werden weder den Handel beeinflussen noch das Gleichgewicht der Machtverteilung auf der Erde verändern. Sie sind kein Material für einen Caesar, auch nicht für einen Baumwollkönig oder einen Eisenbahnunternehmer. Sie wären nicht einmal tüchtige Sezessionisten, und ganz gewiß sind sie nur sehr geringes Material für mich nach all dem Hoffen und Sehnen meines Herzens. Aber das, was sie sind, das sind sie gründlich. Bei den Kanaken gibt es keine Heuchelei. Sie bringen ein Huhn oder ein paar Yamswurzeln, um mich zu entschädigen, wenn sie es mir gegenüber einmal an Höflichkeit fehlen ließen . . . Ich hoffe die Regierung dahingehend beeinflussen zu können, daß sie uns das ganze Tal und den größten Teil der Insel zur Entwicklung überlassen, und dann werden wir einen Tunnel graben, bauen und pflanzen und aus einem Abfallhaufen Heime für Tausende machen, die zu uns stoßen. Ich könnte daraus oder aus einer ähnlichen Chance und mit diesen Leuten ein glorreiches kleines Königreich machen, denn sie sind so liebevoll und gehorsam. Ich würde einen Hafen bauen, einen Handel entwickeln, einen Staat und eine Zivilisation errichten. Ich würde viele Millionen an Früchten verdienen, woran hier früher niemand gedacht hat. Ich würde diesen lieblichen Krater mit Korn und Wein und Öl und Kindern, mit Liebe und Gesundheit und brüderlicher Verbundenheit füllen, mit schwesterlichen Küssen und den ewigen Erinnerungen an mich.«

Gibson war sich natürlich darüber klar, daß er da eine gute Sache hatte, und wurde am 26. März 1866 naturalisierter Bürger von Hawaii. Im Herbst 1868 reiste er nach New York, wo er sich als ›Handelsagent der Kolonie Singapur‹ bezeichnete. Er versuchte dort den Leuten die Idee schmackhaft zu machen, man solle aus Malaysia Arbeitskräfte nach Hawaii holen, wo sie auf den blühenden Zuckerplantagen dringend benötigt wurden. Auf eigene Rechnung reiste er auch nach Washington, wo er für einen Gegenseitigkeitsvertrag zwischen den Vereinigten Staaten und Hawaii war, der die hohen Zölle auf Zucker und andere zwischen den beiden Ländern gehandelte Waren reduzieren würde. Seine hawaiische Staatsangehörigkeit vergessend, bewarb er sich um einen Job bei einer amerikanischen Kommission, die sich mit orientalischen Einwanderern in die Vereinigten Staaten befaßte. In seiner knappen Zeit hielt er auch nach guten Festlandfarmern Ausschau, die er mit auf die Inseln nehmen konnte, aber die wenigen Familien, die er mit nach Lanai brachte, hatten kaum Lust zu harter Arbeit, und die Idee war ein Fehlschlag.

Im September 1872 reiste Gibson nach Honolulu und ging, gestützt von seinem ausgezeichneten Einkommen aus Lanai, in die Politik. Seine erste Tat war die dringende Empfehlung eines Planes zur Bevölkerungsauffüllung von Hawaii. Er riet, Leute aus dem Orient oder aus Malaysia zu importieren, und empfahl besonders Sumatra, um die immer weniger werdenden Hawaiianer zu ersetzen und Arbeitskräfte für die Felder zu bekommen. Er gründete eine Einwanderungsgesellschaft für Hawaii, die in diesen Fragen die Regierung beraten sollte; daß Hawaii heute weitgehend mit Orientalen durchsetzt ist, läßt sich zum Teil auf seine Tätigkeit zurückführen.

Aber unter Politik verstand er etwas anders, als Denkschriften für die Regierung auszuarbeiten. Er hatte ein sehr viel größeres Operationsfeld im Sinn, doch wollte er das erreichen, was er vorhatte, mußte der Thron von Hawaii mit einem König besetzt sein, der in seine grandiosen Pläne paßte. Der gegenwärtige König Kamehameha V. war nicht vom Format des großen Herrschers, dessen Namen er trug, doch trotzdem kam Gibson bei ihm nicht weiter. Zum Glück für Gibson starb Kamehameha V., ohne einen Nachfolger ernannt zu haben, so daß Hawaii in dessen Wahl frei war.

Gibson besah sich die beiden Kandidaten, Prinz William C. Lunalilo, einen hochgeborenen Häuptling mit liberalen Ansichten, und Colonel David Kalakaua, einen Politiker und Zeitungsverleger. Er schien von beiden nicht viel zu halten, denn es sind Beweise dafür vorhanden, daß er vor der Wahl eine Revolution zu organisieren versuchte, die eine Republik mit Gibson als Präsidenten anstrebte; sein Plan schlug jedoch fehl, deshalb unterstützte er recht kräftig Lunalilo, und sein Kandidat siegte mit überwältigender Mehrheit.

Aber Gibson hatte eine schlechte Wahl getroffen, denn Lunalilo erwies sich in der Folgezeit als ziemlich guter König, vor allem als einer, der nicht gerade voll Begeisterung Gibsons Ratschlägen zu folgen gedachte. Gibson, jetzt zweiundfünfzig Jahre, wohlhabend und einflußreich, ein schöner Mann mit schwarzem Bart und befehlsgewohntem Benehmen, beschloß, ohne die Hilfe des Königs Macht zu gewinnen. Seine Redegabe und besonders der Umstand, daß er die Sprache Hawaiis beherrschte, gaben ihm weitgehend Macht über die Vorstellungskraft der Bevölkerung, und er wurde darin durch seine Zeitung, *Nuhou* (Klatsch) genannt, wesentlich unterstützt. Er bediente sich der Angst der Eingeborenen vor Fremden und Missionaren, und aus eigennützigen Gründen schürte er einen Rassenhaß. Sein Schlachtruf: ›Hawaii den Hawaiianern!‹ war bei ihm, dem Kaukasier, eine Ironie, und seine demagogischen Artikel und Vorlesungen gossen Hohn über ›die habgierigen und skrupellosen Weißen‹ aus. Mit aller Energie steuerte er sein Ziel ›Hawai für Gibson‹ an, schürte den Haß auf alle Nicht-Hawaiianer und besonders auf jene, die schon lange auf den Inseln wohnten und im geschäftlichen und gesellschaftlichen Leben eine Rolle spielten.

Nach einer Regierungszeit von kaum dreizehn Monaten starb Lunalilo, und Gibson bekam eine neue Chance, sich selbst zum König ausrufen zu lassen. Diesmal machte er keine Fehler. Er stellte sich entschieden hinter David Kalakaua und war erklärter Gegner des logischeren Kandidaten, der Königin Emma, einer brillanten Frau und Witwe von Kamehameha IV. Frömmelnd rief Gibson über sie aus, sie sollte von einer solchen Bewerbung Abstand nehmen, denn ›das hawaiische Volk wird sie als Wohltäterin lieben, doch als Politikerin hassen‹. Als die Wahlmänner zusammentraten, stimmten neununddreißig für Kalakaua und nur sechs für Emma. Die Anhänger der Königin griffen das Gerichtsgebäude an; ein Aufstand brach aus, der nur unterdrückt werden konnte von den starken Landetruppen der in den Hafen einlaufenden englischen und amerikanischen Kriegsschiffe.

Endlich hatte Gibson den König, den er wollte. Kalakaua sollte der letzte männliche Monarch des hawaiischen Königreiches sein. Er war ein richtiger ›fröhlicher Monarch‹, aber auch ein visionärer, der an die hohe Sendung Hawaiis glaubte. Geboren am 16. November 1836 – also war er vierzehn Jahre jünger als Gibson –, zwar in Honolulu, entstammte er doch einer der prominenten Familien der großen Insel Hawaii und konnte seine Vorfahren bis in legendäre Zeiten zurückverfolgen, als einige Häuptlinge aus Tahiti hier ankamen. Er war ein erfahrener Redner vor der Öffentlichkeit, schrieb Englisch und in der Sprache Hawaiis und hatte früher eine Zeitung, *Star of the Pacific*, herausgegeben. 1888 erschien sein Name als Autor von *Legends and Myths of Hawaii*, Verlag R.M.

Daggett; es war dies das erste wichtige Buch in englischer Sprache, das diese alten Geschichten erzählte. Er liebte auch die Musik, und von ihm stammen die Worte der Nationalhymne *Hawaii Ponoi*.

Kalakaua begann seine Regierungszeit unter günstigen Voraussetzungen und errang große Beliebtheit, als er den Gegenseitigkeitsvertrag mit den Vereinigten Staaten abschloß. Im Interesse dieses Vertrages besuchte er das Land und war der erste König überhaupt, der dies getan hatte. Die Amerikaner wurden ja von jeher leicht verrückt, wenn es um königliche Hoheiten ging, und König Kalakaua wurde als demokratischer König erst recht stürmisch begrüßt. Aber er träumte vom starken Herrschertum der frühen hawaiischen Monarchen, und seine Regierung nahm immer mehr die Züge einer Autokratie an.

Er war ein stämmiger Mann mit üppigem Backenbart, und da sich Kalakaua gern in glitzernde Uniformen kleidete, sah er recht imposant aus. Er war ein lebender Widerspruch, zugleich königlich und demokratisch. Stevenson, der 1889 sechs Monate auf den Inseln verbrachte, nannte Kalakaua den ›feinsten Gentleman, den ich je kennenlernte‹, und einen ›sehr intelligenten Burschen‹, doch er fügte auch hinzu, nachdem der König auf der Yacht *Casco* des Schriftstellers gespeist hatte: »Welch ein Kropf für den Drink! Er trägt ihn wie einen Berg mit einem Sperling auf den Schultern.«

Henry Adams, dessen Bildung durch einen Besuch in Hawaii 1890 stark vorangetrieben wurde, bemerkte, Kalakaua habe ›von hawaiischer Archäologie und Künsten so gut gesprochen, als sei er ein Professor‹. Charles Warren Stoddard, ein anderer Autor, stellte fest: ›Oh, welch ein König war er doch! Ein König, von dem man in Märchen liest. Für alle Menschen war er alles, eine sehr gesellige Person. Besessen von seltener Verfeinerung, war er aber mit einer Gesellschaft übermütiger Weltenbummler in seinem Thronsaal ebenso glücklich.‹

John Cameron kam als Master eines Dampfers häufig nach Kauai und fand oft Seine Majestät zwischen seinen Anhängern auf dem Achterdeck auf Matten sitzend vor. Er schreibt, es sei einfach gewesen, sich ihm zu nähern, schwierig dagegen, ihn zu verlassen; und er sei immer von unfehlbarer Freundlichkeit gewesen, gütig zu Hohen und Niederen gleichermaßen, daher von seinen Untertanen sehr geliebt... »Ich glaube, es war daher nicht sonderbar, daß viele Abenteurer seine Liberalität und Jovialität ausnützten und für ihre eigenen elenden Ziele intrigierten.« Und der größte Intrigant war Walter Murray Gibson.

Unter Kalakaua setzte Gibson seine Intrigen wie unter Lunalilo fort, um auf Lanai besonders günstig Land pachten oder kaufen zu können. 1878 wurde er von Lahaina in das Parlament gewählt; er unterstützte aktiv den König und war gleichzeitig Champion der Eingeborenen, arbeitete für das Gesundheitswesen und eine bessere Fürsorge für Leprakranke.

Dann unterstützte Gibson auch die Absicht, einen geräumigeren Palast zu bauen. In seiner blumigen Prosa bemerkte er, es sei ›unerläßlich für die Würde und Sicherheit eines Thrones, daß er gestützt werde von einer geeigneten Umgebung, was Gelände und Baulichkeiten angeht‹.

Ferner übernahm er die Führung in der Organisation einer passenden Jahrhundertfeier der Entdeckung der Inseln durch Captain James Cook. 10000 Dollar wurden angefordert für eine Statue von Kamehameha I., die in Honolulu errichtet werden sollte. Einige Leute unterstützten Gibsons Bemühungen in dieser Hinsicht, aber die *Hawaiian Gazette* schrieb säuerlich: ›Er stellte noch mehr Spezialkomitees auf, machte mehr Berichte und hielt durch seine Geschäftigkeit und Eitelkeit die Legislative in einem Zustand ständiger Aufregung, nur damit er seinem überzüchteten Ehrgeiz frönen konnte, als Führer des Parlaments zu erscheinen und natürlich auch als großartiger, ganz besonderer Freund und Generalprotektor der Überreste der hawaiischen Rasse.‹

Die Statue erwies sich als typisches Gibson-Projekt. Als Leiter des Komitees glaubte er in die Vereinigten Staaten gehen zu müssen. Dort beauftragte er in Boston den Bildhauer Thomas R. Gould, eine idealisierte Statue von Kamehameha dem Großen zu entwerfen, die gegenüber vom neuen Palast in der Stadtmitte von Honolulu aufgestellt werden sollte. Die Statue wurde recht teuer. Allein das Podest kostete 4500 Dollar, und die Statue selbst ging mit dem Schiff vor Südamerika unter, als ein Brand ausbrach.

Nun begab sich einer jener Zufälle, die eines Politikers Seele recht belasten können. Und Gibson muß sehr oft betrübt darüber nachgedacht haben, aus welcher Ironie der Lage heraus er seinen eigenen schlimmsten Feind nach Hawaii gebracht hatte.

Einige Jahre vorher hatte er, während er in Washington herumschnüffelte, einen recht einnehmenden italienischen Abenteurer namens Celso Caesar Moreno kennengelernt, den er gelegentlich einmal nach Hawaii eingeladen hatte. Diese Einladung hatte er längst vergessen, als Moreno strahlend und vergnügt in Honolulu auftauchte. Sofort bezauberte er den König Kalakaua, und mit

Gibsons Unterstützung holte er aus ihm 24000 Dollar für eine von ihm zu führende Dampfschifflinie heraus; er bewies, was eine Opiumkonzession Hawaii an Millionen einbringen würde, versuchte eine Million Dollar zu borgen, damit ein transpazifisches Kabel nach China gelegt werden könne, und schmiedete Pläne für die Ausbildung hawaiischer Jungen an Universitäten in Übersee auf Regierungskosten.

Das war die Art des großen Denkens, die König Kalakaua zusagte. So erstaunlich es klingen mag, aber genau 274 Tage nach der Landung des unternehmenden Celso Caesar Moreno in Hawaii rief der König das Parlament zusammen und zwang sein gesamtes Kabinett zum Rücktritt. Moreno wurde zum Premierminister von Hawaii ernannt!

Sofort erhob sich ein Protestorkan gegen diesen Eindringling. Verschiedene Leute forderten die Krönung von Emma, die Absetzung von Kalakaua; Moreno sollte gelyncht werden, und die Vereinigten Staaten wollte man auffordern, sofort das Königreich zu annektieren. Unter diesem Ansturm von Empörung entließ der König, wenn auch nur sehr zögernd, Moreno wieder, doch um sein Gesicht zu wahren, schickte er ihn mit einigen jungen Männern aus Hawaii nach Italien zum Studium. Moreno schied, und hinter seiner Abreise vermutete man eine sehr düstere Mission.

Gibson muß einen enormen Seufzer der Erleichterung ausgestoßen haben, als der galante Italiener verschwand, denn Moreno hatte genau das getan, was Gibson immer hatte tun wollen, und nur die allgemeine Rebellion gegen dessen Ernennung machte es Gibson möglich, nun doch selbst Premier zu werden. Seine Wahl ging jedoch sehr viel langsamer vor sich als Morenos meteorhafter Aufstieg.

Nun gab sich Gibson als Retter der degenerierenden hawaiischen Rasse, doch in Wirklichkeit trug er mit seinem medizinischen Rat erst noch dazu bei. Er erklärte, eine Rasse, ›der nichts an der Keuschheit ihrer Frauen liegt, kann nicht auf Unabhängigkeit oder Langlebigkeit zählen‹. Vollständig ohne die Hilfe von Ärzten schrieb er ein Buch mit hygienischen Anweisungen für die Hawaiianer, um Malaria, Pocken und Lepra zu vermeiden. Die Hauptquelle seiner Erkenntnisse war, wie er einem Verleger schrieb, ›der erste und berühmteste uns bekannte Schriftsteller für sanitäre Fragen, und das ist Moses‹. Gibson verdiente an diesem Buch sehr viel Geld und erhielt einen Posten im Gesundheitsministerium.

Gibsons Macht vergrößerte sich zusehends, als er die einflußreiche Zeitung *Pacific Commercial Advertiser* erwarb, in deren Spalten er wieder den Champion des hawaiischen Volkes, den Feind der kaukasischen Habgierigen und den einzig möglichen Retter der Inseln spielte. Er hatte ja jede Menge Raum, seine Ansichten und sich selbst anzupreisen, denn alle respektablen Geschäftsleute hatten der Zeitung ihre Inserataufträge entzogen.

Im Januar 1881 begab sich Kalakaua Rex auf eine Weltreise. Er war der erste König, der eine solche Tour machte. Begleitet wurde er von seinem Kammerherrn Colonel C.H. Judd und seinem Generalanwalt W.N. Armstrong. Sein Kammerdiener Robert, ein heruntergekommener deutscher Baron, der ein äußerst tüchtiger Linguist war, ging als Dolmetscher mit. Angeblich reiste der König herum, um Einwanderungsprobleme zu studieren, doch einer seiner Minister sagte, sein einziges Ziel sei gewesen, seine Neugier zu befriedigen, und es sei ›reiner gibonesischer Quatsch, etwas anderes zu behaupten‹. Kalakaua reiste zuerst nach San Franzisko, dann besuchte er Japan, China, Siam, Indien, Ägypten und die Hauptstädte Europas. Überall wurde er mit königlichen Ehren aufgenommen und gut unterhalten. In Tokio wäre es ihm um ein Haar gelungen, eine Heirat zwischen seiner entzückenden Nichte, der Prinzessin Kaiulani, und einem der kaiserlichen Prinzen von Japan zu arrangieren.

Während der Abwesenheit des Königs baute Gibson seine politische Macht aus und wurde nun allmählich als Volksführer angesehen. Er wurde in den Kronrat berufen, und als Kalakaua zurückkehrte, fuhr er fort, seine Liebe zu pomphafter Größe anzuheizen, denn der König ließ sich durch Gepränge leicht blenden.

In England hatte der König zwei goldene Kronen in Auftrag gegeben, beide mit kostbaren Edelsteinen verziert. Am 12. Februar, dem neunten Jahrestag von Kalakauas Erhebung auf den Thron, fand in einem Pavillon auf dem Gelände des neuen Iolani-Palastes die feierliche Krönung statt. Achttausend Leute sahen zu, als der gewählte König im Stil Napoleons sich selbst und seiner Königin die Krone aufsetzte. Jahre später, so lauten einige Berichte, fand ein Offizier seine Männer in der Nacht, als die Monarchie auf Hawaii gestürzt wurde, in einem Palastkeller, wo sie um die aus diesen königlichen Diademen gebrochenen Edelsteine würfelten. Der größte Diamant wurde von einem irischen Sergeanten an sein Mädchen in Indiana geschickt, die ihn nur für einen Glasbrocken hielt.

Während der Wahl von 1882 versuchten Gibsons Gegner ihn damit zu schlagen, daß sie einen satirischen Abriß unter dem Titel *The Shepherd Saint of Lanai* veröffentlichten. Genüßlich wurden hier die Einzelheiten seiner zwielichtigen früheren Karriere ausgewalzt und eine Revolution vorausgesagt, falls Gibson damit fortfahre, immer nur Haß zu säen. Dieses Pamphlet ruinierte ihn jedoch nicht, weil es in englischer Sprache abgefaßt war und die meisten seiner Eingeborenenanhänger es nicht lesen konnten. Wieder brachten ihn seine politische Schläue und seine Rednergabe dazu, von einer großen Mehrheit gewählt zu werden.

Die Sitzung der Legislative des Jahres 1882 war eine der korruptesten, die es in Honolulu jemals gegeben hatte. Eine ihrer ersten Taten war es, Claus Spreckels, einem Zuckermagnaten aus Kalifornien, riesige Teile Kronlandes in Wailuku, Maui, zuzusprechen, um einen Anspruch zu erfüllen, den er einer lokalen Prinzessin für 10000 Dollar abgekauft hatte. Gibson stützte ein Gesetz für eine Opiumlizenz und ein Gesetz für den Verkauf von Spirituosen an Eingeborene und ein weiteres für die Nichtabsonderung Lepröser. Ein weiteres Gesetz führte zur Prägung der Silbermünzen, die 1884 in Umlauf gesetzt wurden und die Büste Kalakauas trugen. Bei diesem Münzgeschäft machte Spreckels einen Profit von 150000 Dollar, und die Schwemme an Silbermünzen bedrohte für einige Zeit die gesamte Wirtschaft von Hawaii.

Eine solche Mißwirtschaft konnte von vernünftigen Leuten natürlich nicht geduldet werden, und Kalakauas ganzes Kabinett trat zurück. Das war nun Gibsons große Chance, und er lag dem König dauernd in den Ohren, ihn zum Premier und zum Minister für auswärtige Angelegenheiten zu ernennen. Danach gelang Gibson alles, was er wollte – bis zu seinem plötzlichen Sturz fünf Jahre später. Er bewies sich als geschickter Politiker und hatte nacheinander sämtliche Kabinettsposten inne, gelegentlich sogar alle auf einmal. Sobald die konservativen Elemente im Königreich ihn zu stürzen versuchten, drohte er ihnen mit seinen getreuen Anhängern und sicherte seine Position immer noch besser ab mit Schmeicheleien, für die der hulaliebende, pokerspielende König besonders empfänglich war.

Die Regierung Gibson war von größter Konfusion gekennzeichnet, aber langsam bildete sich eine solide organisierte Reformpartei, der es gelang, einige der gewagtesten Gibsonschen Maßnahmen zu unterbinden, obwohl der Premier schamlos Regierungs- und sonstige ihm zugängliche Gelder zur Stützung seiner Programme heranzog. Seinen Schwiegersohn bedachte er mit Ämtern und ließ auf des jungen Mannes Vater einen wahren Schauer von Baukontrakten herabregnen. Daß er öffentliche Ämter verkaufte und den Zivildienst durch Geldabzug, Mißbrauch königlicher Vorrechte zur Steuerhinterziehung, illegale Landvergabe an den König, Vernachlässigung der Straßen des Königreiches und den Verkauf von Sonderrechten an Lepröse, die damit nach den Molukken entkommen konnten, gründlich ruinierte, waren nur kleinere Skandale.

Gibson war aber jetzt in der Lage, seine Kindheitsträume zu verwirklichen. Er startete ein systematisches Programm zur Korrumpierung von Kalakauas Urteilsvermögen, um sein eigenes großes Schema durchzuführen. Hawaii mußte zahlreiche Inselstaaten anführen wie Tahiti, Samoa, Tonga, die Neuen Hebriden, die Salomonen, die Gilbert- und alle dazwischenliegenden Inseln, und der König von Hawaii wurde dann der Kaiser des Pazifik.

Seine Beobachtungen und Untersuchungen hatten ihm in der Vergangenheit bewiesen, daß die Hawaii-Inseln nicht nur nach ihrer Unabhängigkeit gestrebt, sondern zeitweise auch eine größere Rolle in der pazifischen Politik und bei der Annektion anderer Gebiete gespielt hatten. Kamehameha der Große, der Napoleon des Pazifik, hatte davon geträumt, weit über die Einigung der von Adelskriegen zerrissenen hawaiischen Inseln hinaus als mächtiger Monarch zu regieren. Während der letzten Regierungsjahre dieses angesehenen Königs, der 1819 starb, hatte er angeblich offene Verhandlungen mit König Pomare II. von Tahiti geführt, um einen seiner Söhne und eine Tochter mit Nachkommen von Pomare zu verheiraten. Eine darartige Allianz wäre der erste Schritt zur Organisation einer weite Gebiete umfassenden Polynesischen Liga im Pazifik gewesen, ehe zu viele Inseln von europäischen Staaten beansprucht wurden.

Gibson erinnerte sich auch der unheilvollen Expedition des Gouverneurs Boki und seiner beiden hawaiischen Boote, die 1830 auf den Neuen Hebriden Sandelholz suchten. Boki hatte versucht, ein verlorenes Vermögen wiederzugewinnen, und dabei verschwanden nahezu fünfhundert seiner Leute auf geheimnisvolle Weise in der Südsee. Gibson schloß daraus, daß Boki möglicherweise einen Geheimauftrag hatte, einige dieser Inseln für das Königreich Hawaii zu annektieren. Sollte Bokis tragische Reise etwa als Ausrede für eine Annektion herhalten müssen?

Gibson war vor allem auch vertraut mit den Abenteuern eines

der merkwürdigsten Männer der Geschichte Hawaiis. Charles St. Julian sah niemals die Inseln, vermutlich auch nie einen Eingeborenen aus Hawaii. Er war ein unterbezahlter Gerichtsreporter in Sydney, Australien, hatte wenig Bildung und nur eine sehr große persönliche Eitelkeit. Er schrieb unzählige Briefe an verschiedene Regierungen und durfte dann schließlich als Konsularagent für Hawaii in Sydney tätig werden.

Mehr brauchte er nicht, denn nun begann ein wahrer Sturm von Berichten, fantastischen Plänen, Verhandlungen darüber und hirnverbrannte Versuche, die meisten Inseln der Gruppe im Pazifik unter der Führung Hawaiis zu vereinigen. Mit seinem eigenen Geld kaufte er ein entzückendes Atoll östlich der Salomonen namens Sikaiana und versuchte es Hawaii zu schenken. Es ist unwahrscheinlich, daß je ein Königreich einen treueren Diener als Charles St. Julian hatte. Zwanzig Jahre lang versuchte er die hawaiischen Könige dazu zu überreden, ›den Primat des Pazifik‹ anzunehmen und Protektorate über Inseln zu errichten, die noch nicht von den Großmächten beansprucht worden waren.

Aber Hawaii, das noch keinen Walter Murray Gibson zur Hand hatte, der die Energie des Australiers zu würdigen gewußt hätte, behandelte St. Julian schlecht. Er bekam wenig oder kein Geld und keine Hilfe. Nicht einmal sein Atoll wurde angenommen, doch er erlebte trotzdem Momente der Größe. Man erlaubte ihm, seine eigenen Uniformen zu entwerfen, und er war allen Berichten nach einer der schönsten und glitzerndsten Konsul, die je in der südlichen Hemisphäre tätig gewesen waren. Er erfand auch ganz auf eigene Rechnung einen großartigen, edelsteinbesetzten Schmuck, den Orden von Arossi, den er sich selbst für außerordentliche Dienste an den Völkern Polynesiens verlieh.

Solche Träumer nehmen gewöhnlich ein schlechtes Ende, aber Charles St. Julian war herzerfrischend. Da er daran zweifelte, mit seinem mit so wenig Vorstellungskraft begabten Königreich Hawaii voranzukommen, widmete er seine zyklonischen Talente Fidschi, wo er großartig auftrat als Charles, Muara von Arossi und herrschender Häuptling von Sikaiana. Er blendete die Inselgruppe so sehr, daß man ihm das Amt des Lord Hoch-Häuptlings der Justiz verlieh. Als er gerade aus Sydney zu seinem neuen Job abreisen wollte, erhielt er die Nachricht, Hawaii, wo er verzweifelt nach Ehren gesucht hatte, habe ihm mit einem Kreuz und Diplom als Knight Commander of the Order of Kamehameha I ausgezeichnet. Tränen der Dankbarkeit tropften auf das Papier, als er antwortete, er werde diese Ehre annehmen, denn nun sei er in der Lage, auf Fidschi als Sir Charles aufzutreten, was viel besser und passender aussähe.

Zum letztenmal sehen wir St. Julian, als er die Gerichtsräume von Fidschi betrat. Man sagte, dieser bombastische Mann, der keinerlei Rechtsschulung hatte, sei in einem scharlachroten Talar und großer Perücke erschienen und mit allen übrigen Zutaten, die einen englischen Richter auszeichnen.

Walter Murray Gibson, der acht Jahre nach St. Julians Tod in Fidschi Premier wurde, schien von dem australischen Konzept eines von einem Hawaiianer angeführten vereinten Polynesiens fasziniert zu sein. Dieser Führer wollte er sein. Er impfte also König Kalakaua mit der Idee eines Reiches, und 1880 berichtete der erstaunte Vertreter der Vereinigten Staaten in Honolulu seinen Vorgesetzten, Kalakauas Fantasie sei entflammt von der Idee, alle verwandten Rassen der Inseln des Pazifik in eine große Polynesische Konföderation zusammenzuschließen, über die er regieren werde. Am 28. Juni wurde von der Legislative auf Gibsons Weisung hin verlautbart, ›das hawaiische Königreich ist durch seine geographische Lage und seinen politischen Status berechtigt, den Primat in der Familie der polynesischen Staaten zu beanspruchen‹. Aber die Presse berichtete gar nicht über diese Verlautbarung; es geschah auch nichts mehr, bis Gibson an der Spitze des Kabinetts 1882 an die Macht kam.

In diesem Jahr erhielt Gibson eine Anfrage des Häuptlings von Makin, das ist eine der Gilbert-Inseln, wegen eines möglichen Protektorates. Er antwortete günstig, und dieser Häuptling und der von Abiang wurden zu Kalakauas Krönung eingeladen; sie konnten aber leider nicht kommen.

Wie man nicht anders erwarten konnte: Gibsons erste ›Reichshandlung‹ wurde ein Fiasko. Er hörte, ein Captain A.N. Tripp des Sklavenschiffes *Julia* sei dabei, Honolulu zu verlassen, um Eingeborene aus den Neuen Hebriden fortzuschleppen; diesen Mann ernannte er zum Spezialkommisar für Zentral- und Westpolynesien mit der Aufgabe, überall nachzufragen, ob irgendein König der Gilbert-Inseln wünsche, sich mit Hawaii zusammenzutun.

Auf einer der Gilbert-Insel erlitt die *Julia* Schiffbruch, während der Kapitän die Aussicht prüfte, und das Schiff hing als Totalverlust an einem Riff. Spezialkommissar Tripp kehrte auf einem anderen Schiff nach Hawaii zurück und war sehr aufgeregt über die

Aussichten für Vereinigte Gilbert-Inseln unter dem Schutz Hawaiis. Das einzige Dauerergebnis dieser Reise war jedoch nur die Einführung von Grasröckchen von den Gilbert-Inseln nach Hawaii, um die Hulatänzerinnen des Palastes zu schmükken.

Tripp war noch nicht lange in seiner Mission abgereist, da tat Gibson die ersten Schritte dem Reich entgegen. In der Form eines Protestes erließ er am 23. August 1883 an die Vertreter von sechsundzwanzig Nationen eine Art Monroe-Doktrin für Ozeanien. Hawaii, hieß es darin, solle als freier polynesischer Staat die Führung seiner weniger glücklichen Nachbarn übernehmen. Nur acht Nationen würdigten ihn einer Antwort. Das Dokument hatte keine sofortige Wirkung, aber es gab seinen Feinden die Möglichkeit, ihn und seine Idee eines ›Melonen-Reiches‹ ins Lächerliche zu ziehen. In Hawaii nennt man nämlich eine nichtverwandtschaftliche Beziehung einen Calabash-Cousin, also einen Melonenvetter.

1886 hatte es Gibson satt, mit Maßnahmen auf dem Papier herumzuspielen, und beschloß, daß die südlich von Hawaii gelegenen, von Kriegen zerrissenen Samoa-Inseln ein geeignetes Objekt seien, um unter König Kalakauas Schutz genommen zu werden. Er forderte 30000 Dollar, um eine Regierungsmission nach Samoa zu senden und damit Hawaiis Führungsrechte zu demonstrieren. Gegner meinten dazu, das sei eine Politik aus Sentiment, Show und Unsinn und eine lächerliche Farce für dieses Einpferdkönigreich, Konsulate in allen Teilen der Welt zu unterhalten. Gibson antwortete darauf: »Was war Rom am Anfang anderes als ein Einpferdstaat? . . . Die Großmächte halten uns niemals für einen Einpferdstaat.« Mit einer Dampfwalzentaktik peitschte er schließlich für diesen Zweck 35000 Dollar durch, und in einer Geste, die er später zweifellos bedauerte, fügte er 100000 Dollar für den Kauf eines Dampfers hinzu, der die anderen Polynesier Ehrfurcht lehren sollte, und weitere 50000 Dollar für dessen laufenden Unterhalt.

Diese Mission, die blindlings in den Weg von Fürst Otto von Bismarck, Kanzler des Deutschen Reiches, rannte, machte sich am 22. Dezember 1886 auf den Weg. John Edward Bush, ein kaukasischer Hawaii-Mischling, war ihr völlig unfähiger Führer, doch er wurde zum Envoy Extraordinary and Minister Plenipotentiary to the King of Tonga und High Commissioner to the Sovereign

Chiefs and Peoples of Polynesia* ernannt. Begleitet war er von Frau und Tochter, einigen Dienern, von denen mindestens einer Gitarre spielen können mußte, seinem Sekretär Henry Poor und dem Künstler Joseph D. Strong, Ehemann von Robert Louis Stevensons Stieftochter. Strong sollte polynesische Porträts und Landschaften malen. Die Gruppe Reise am Weihnachtstag auf der S. S. *Zeelandia* ab. Leider ließ man die Prunkkutsche, ein Geschenk für Malietoa, den führenden Häuptling von Samoa, am Kai von Honolulu stehen.

Selten einmal hat sich eine Mission so voller Hoffnungen auf einen Weg gemacht, aber auch Großbritannien, die Vereinigten Staaten und das Deutsche Reich schacherten hier. Der letzte Nachzügler auf der imperialen Szene war entschlossen, es den anderen schon zu zeigen. Samoa müsse deutsch werden, oder es gebe einen Krieg. John Bush und seine ungeschickte Gruppe kann einem jetzt noch leid tun, wenn man sich vorstellt, wie sie sich in den deutschen Rasenmäher hineinmanövrierten.

Samoa war für eine solche Mission von allen pazifischen Inseln am besten geeignet, denn ständig gab es da Intrigen, Romanzen, Mordanschläge und Betrug, und das alles gedieh in diesem tropischen Klima besonders prächtig. Stevensons Frau schrieb darüber: ›Gesellschaftlich war Samoa ganz gewiß nicht langweilig. Diplomaten und Beamte, viele begleitet von ihren Familien, mieteten Häuser in der Nähe von Apia und luden ein, wie sie es zu Hause auch getan hätten. Apia wurde, wie ich gut weiß, von einer Frage des Vorranges zwischen zwei Beamten aus dem gleichen Land geschüttelt, von denen jeder bei öffentlichen Funktionen den Ehrenplatz forderte. Flammende Depeschen wurden darüber geschrieben, und beide wandten sich hilfesuchend an ihre Regierung. Man nannte Apia zutreffend den ›Kindergarten der Diplomatie‹.‹ Mit der Ankuft der Gruppe Bush begannen die Kindergartenspiele ziemlich grob zu werden.

Sofort nach seiner Ankunft in Apia begann Bush mit dem Bau eines geräumigen Hauses, das als dauernder Sitz der hawaiischen Legation dienen sollte. Er schmückte Malietoa, den kriegführenden Häuptling, den er zu unterstützen gedachte, mit funkelnden Orden, besonders mit dem Großkreuz des Königlichen Ordens

* Außerordentlicher Gesandter und generalbevollmächtigter Minister für den König von Tonga und Hochkommissar für die souveränen Häuptlinge und Völker Polynesiens

vom Stern von Ozeanien, einem Ritterorden, den Gibson in Anlehnung an St. Julians Orden von Arossi durchgepeitscht hatte. Dann vertraute Bush Malietoa seinen atemberaubenden Plan an: Samoa und Hawaii sollten unter König Kalakaua eine Föderation bilden. Tonga und die Cook-Inseln würden dazukommen, Tahiti würde zweifellos folgen, und die Gilberts könnten schließlich völlig legal annektiert werden. Während der Vorfeier erhielten Malietoa und seine Häuptlingsanhänger einen Vorgeschmack von Bushs Geheimwaffe: großen Ginflaschen. Die Party dauerte bis fünf Uhr morgens.

Der Konföderationsvertrag zwischen Hawaii und Samoa wurde tatsächlich am 17. Februar 1887 von Malietoa unterzeichnet, und Bush feierte wieder die ganze Nacht hindurch. Stevenson kam zwei Jahre später nach Samoa und schrieb in *A Footnote to History*, Malietoa habe sich zu früher Stunde zurückgezogen, aber jene, die blieben, hätten jeden Anstand vergessen. Hohe Häuptlinge tanzten, und am Tag danach lagen überall auf dem Boden die schlafenden Größen herum, die mit Kaffee aufgemuntert und nach Hause geschickt werden mußten. Das war kein sehr erhebendes erstes Kapitel der Geschichte der Polynesischen Konförderation, und Laupepe (Malietoa) bemerkte dem Gesandten gegenüber: »Wenn du nur hergekommen bist, um meinem Volk das Trinken beizubringen, wäre mir lieber, du wärest weggeblieben«.

Bush machte sich daran, ein Protektorat über die naiven Somoaner zu errichten. Einer von Malietoas verfeindeten Häuptlingen, der Schwiegervater des Rivalen Tamasese, lief über. Poor schrieb, er sei ›ein großmütiger Bewunderer unseres billigen Gins gewesen und hat mir oft seine jungfräuliche Tochter angeboten‹. Tamaseses Position wurde sehr geschwächt, als seine Frau ihn verließ, weil sie sich zu sehr von der Gitarrenmusik und den Liedern eines von Bushs Hawaii-Dienern bezaubern ließ; mit ihm lebte sie dann zusammen. Im März machte Malietoa Bush einen Heiratsantrag für dessen Tochter Molly, die er zur Königin von Samoa machen wollte, aber leider lehnte diese junge Dame die hohe Ehre ab.

Über all diese Geschehnisse wurden die Deutschen allmählich wütend, denn sie waren insgeheim entschlossen, Tamasese zu unterstützen und Samoa unter ihm als Oberhäuptling direkt dem Deutschen Reich einzuverleiben. Aber im Moment hatte Kapitän Brandeis, der Führer der deutschen Delegation, noch keine genauen Weisungen von Bismarck vorliegen, so daß er mit Schläue der Mission Bushs begegnen mußte. Er hatte jedoch allen Grund anzunehmen, daß sich die Dinge von Grund auf änderten, sobald die Kaiserliche Flotte nach Apia käme.

Gesandter Bush hatte aber noch eine schreckliche Trumpfkarte im Ärmel. Die Flotte Hawaiis sollte in den Gewässern Samoas erscheinen, und Bush war überzeugt, daß diese etwas zweifelhafte Streitmacht die Waagschale der Macht nach Hawaii neigen müsse.

Die Flotte bestand aus einem wurmstichigen Schiff, der *Explorer*, einem britischen Dampfer von 171 Tonnen, den Gibson für 20000 Dollar gekauft hatte. Er war 1871 in Schottland von Stapel gelaufen und hatte bisher im Guanohandel gute Dienste geleistet. Die Regierung kaufte dieses Schiff am 21. Januar 1887 und wandte weitere 14000 Dollar zum Umbau als Flottenübungsschiff auf. Gibsons Gegner sprachen von einem hirnverbrannten Unsinn, ›ein Land mit einem Spielzeugschiff zu belasten, für das es so wenig Verwendung habe wie eine Kuh für ein Diamanthalsband‹.

Das Schiff hatte den hawaiischen Namen *Kaimiloa* bekommen und war mit vier Salutkanonen bewaffnet, die vorher vor der Iolani-Kaserne gestanden hatten, und mit zwei Gatling-Kanönchen. Bei den Salutkanonen mußte das Kanonenrohr mit der Ladung von der Mündung her gestopft werden. Von den dreiundsechzig Mann Besatzung kamen vierundzwanzig Jungen von der Reformschule Oahu, und einundzwanzig davon sollten die Eingeborenen kriegerisch beeindrucken. Über den Kapitän des Kanonenbootes, George E. Gresley Jackson, ist wenig bekannt. Man weiß nur, daß er britischer Navy-Offizier und später der Leiter der Reformschule war, ganz bestimmt aber einer der berüchtigsten Trunkenbolde von ganz Hawaii.

Nach vielen Verzögerungen lief die *Kaimiloa* am 18. Mai aus Honolulu aus. Am 28. März war sie von Gibson als ›Flotte‹ des Königreiches in Dienst genommen worden. Viele kritisierten den Einsatz der Reformschüler und dieses Schiffes, und die Kritiker sagten ironisch voraus, daß sie bald die Herzen der Eingeborenen mit Angst und Schrecken erfüllen und den Pygmäenschiffen Frankreichs, Deutschlands und Großbritanniens sicher eine notwendige Lektion erteilen würden.

Schon vor der Ausreise gab es an Bord ernstliche Störungen der Disziplin, und drei Offiziere wurden entlassen. Ein Marineoffizier trank mit Seeleuten; er weigerte sich, in seine Kabine zurückzukehren, und rief seine Männer zu Hilfe. Das war die erste Meuterei auf der *Kaimiloa*.

Daß dieses Schiffchen jemals Apia erreichte, um das Kaiserreich Deutschland herauszufordern, ist ein Wunder, denn während der ersten elf Tage auf See kam Captain Jackson nicht aus seiner Kabine heraus, so betrunken war er. Keiner der anderen Offiziere verstand etwas von Navigation, aber sie hielten das Schiff in einer Richtung, die sie für südlich hielten, so daß der Kapitän, als er endlich dahergetorkelt kam, um das Besteck zu nehmen, feststellen konnte, sie hätten nicht mehr als eine Woche verloren. Ein Journaleintrag lautet so: ›Der Kapitän besah sich gelegentlich den Himmel, machte sich jedoch nie die Mühe, seine Länge auszurechnen.‹

Es war wirklich ein Wunder, daß er mit seiner Crew am 15. Juni 1887 Apia sichtete. Neunundzwanzig Tage hatte die Überfahrt gedauert. Sie fanden das deutsche Kanonenboot *Adler* vor Anker liegen; es signalisierte dem Schiff aus Hawaii um dessen Identität, doch die *Kaimiloa* hatte keine Ahnung von den bei den Flotten üblichen Sitten und dampfte fröhlich weiter, worauf sie mit einem Schuß vor den Bug ein wenig erschreckt wurde.

Die erste Funktion der *Kaimiloa* war die Präsentation einer großartigen Uniform an Malietoa, die er trug, als er das Schiff inspizierte; man begrüßte ihn mit einem Salut von einundzwanzig Schuß. Zum allgemeinen Erstaunen gingen die Kanonen sogar los.

Dann folgten Verwicklungen höchsten Grades. Die deutsche Korvette *Adler*, die man ja schon bei der Einfahrt in den Hafen kennengelernt hatte, wurde abgestellt, das hawaiische Kanonenboot zu überwachen, bis das deutsche Geschwader ankommen und die Sache in die Hand nehmen konnte. Gesandter Bush spielte mit seinem Schiffchen Verstecken und brachte es zur Insel Tutuila, wohin die mißtrauische *Adler* natürlich folgte. Auf halbem Weg nach Pago Pago drehte die *Kaimiloa* plötzlich bei und gab Notsignal. Hier hatten nun die Deutschen die Möglichkeit, an Bord des Schiffes zu gehen und die fürchterliche Drohung zu inspizieren.

Die *Kaimiloa* wollte aber nur einen Arzt. Captain Jackson hatte sich nun wochenlang ausschließlich von Gin ernährt, endlich doch einmal etwas gegessen und promt einen entsetzlichen Durchfall bekommen. Ein deutscher Arzt wurde also zum hawaiischen Kriegsschiff gerudert, um dessen Absichten auszuspionieren, fand aber nur den zusammengekrümmten Kapitän in seiner Koje. Für den Rest der Kreuzfahrt übernahm mehr oder weniger ein deutscher Offizier das Kommando.

Anfang Juli fand die zweite Meuterei an Bord der *Kaimiloa* statt.

Ein betrunken zurückkommender Kanonier beschloß, das Magazin zu leeren und das Schiff in die Luft zu sprengen, nur so zum Vergnügen. Da unweigerlich Schwierigkeiten zu erwarten waren, gingen drei Offiziere an Land und reichten Captain Jackson, der wieder beim Gin saß oder lümmelte, ihren Rücktritt ein. Gesandter Bush überzeugte sie aber, es sei ihre Pflicht, im Dienst zu bleiben und die Meuterei zu unterdrücken. Aber zur Vorsicht schickte er Poor und Jackson an Bord, um zu sehen, was sich tun ließe. Anscheinend wurden die Friedensstifter ziemlich unfreundlich behandelt. Stevenson schrieb: ›Für einen großen Teil der Nacht war das Schiff in den Händen der Meuterer, und der Sekretär lag gefesselt auf dem Deck.‹

Drei Stunden blieb Poor angekettet, und da die Gefahr bestand, daß das Schiff tatsächlich in die Luft gesprengt wurde, griffen die Deutschen ein. Die *Adler* kam längsseits und stellte die Ordnung wieder her. Ihr Kapitän warnte die Hawaiianer, er werde das Schiff übernehmen und nach Honolulu zurückbringen, selbstverständlich mit den Meuterern in Eisen, falls nicht sofort Ruhe einkehre. Das half, und das Schiff, das ausgesandt war, um den deutschen Kanonenbooten in den Gewässern von Samoa die Hölle heiß zu machen, gab klein bei.

Später nahm Bush sein Kriegsschiff auf eine Kreuzfahrt zur Insel Savaii, um die dortigen Häuptlinge zu beeindrucken. Er brauchte dazu sieben Kisten Gin, und einer der Beobachter meldete das Ergebnis wie folgt: »Etliche Häuptlinge durften das Schiff besichtigen, und die Musikkapelle wurde zur Unterhaltung der Leute an Land geschickt.«

Nun begann für die Bush-Expedition jene Zeit des Herzwehs, die auch besser vorbereiteten Operationen nicht immer erspart bleibt. Man entdeckte, daß der Gesandte sein imposantes Legationsgebäude auf dem verkehrten Grundstück erbaut hatte und es ihm nicht gehörte. Eine folgende Klage machte ihm großen Kummer und brachte ihn noch mehr in Verlegenheit. Einer seiner Feinde meldete Gibson insgeheim, Bush sei der liederlichste Kerl, der seit langer Zeit dort eine hohe Position eingenommen habe, und seine Anhänger seien von der niedrigsten Art Halblütiger und Weißer . . . Später kam Bush darauf, daß der Absender sein eigener Sekretär Poor war; er erklärte dann alles damit, Poor lebe mit seiner Tochter Molly zusammen, habe sie schwanger gemacht und sich den Zorn ihres Vaters, des Gesandten, zugezogen.

Als sei dieser Ärger noch nicht genug, entwickelte sich auf der

Kaimiloa eine dritte Meuterei, denn am 22. Juli weigerten sich die Marinesoldaten, Kohle zu laden, wenn sie keinen Bonus bekämen. Sekretär Poor nannte das Schiff eine Schande für seine Flagge, niemand halte sich an Ordnung und Disziplin, und ständig herrsche Ungehorsam. Mit ein paar Ausnahmen benähmen sich die weißen Offiziere und die Marinesoldaten sehr schlecht, die Soldaten würden ständig heimlich an Land schwimmen und die Stadt mit ihrer Trunkenheit belästigen.

Unparteiische Beobachter berichteten, wenn man das Benehmen des Kapitäns berücksichtige, auch das der Offiziere und Soldaten, so müsse man sagen, daß die einzigen ordentlichen Leute an Bord der *Kaimiloa* die Reformschüler seien. Aber vielleicht ist das darauf zurückzuführen, daß zu Beginn des Besuches in Samoa sehr viele der Jungen desertierten und nie wieder von sich hören ließen.

Der Leidensbecher des Gesandten Bush lief nun über, denn er entdeckte, daß seine Leute viel mehr Geld ausgegeben hatten, als ihm zur Verfügung stand, und die Kaufleute von Apia weigerten sich, mit ihnen Kreditgeschäfte zu machen. Die Deutschen wurden immer stärker und arroganter, und es schien nur noch eine Zeitfrage zu sein, daß der Freund Hawaiis, Malietoa, gestürzt wurde. Es war daher eine ziemlich kleinlaute Delegation, die Bush am letzten Abend an Land zur Verabschiedung zu Häuptling Malietoa führte. Captain Jackson brachte mit einem Anfall von Delirium tremens etwas Leben in die Sache.

Jetzt reichte es aber. Angewidert befahl Gesandter Bush, der Kapitän solle sein Kriegsschiff nach Honolulu zurückbringen, und das sei vermutlich das Ende der *Kaimiloa*. Henry Poor schrieb am 8. August in sein Tagebuch: ›Ich fühlte mich unendlich erleichtert, als ich sie verschwinden sah.‹

Aber ein paar Tage später entdeckte Bush, der für sich und seine Gruppe genügend Geld für die Dampferfahrt nach Honolulu zusammengekratzt hatte, daß die *Kaimiloa* vergnügt in Pago Pago auf den Wellen schaukelte. Die Schiffsbesatzung fürchtete, daß sie für die Heimreise nicht genug zu essen habe, wenn der Kapitän wieder zu trinken anfange, daß er sich vielleicht sogar verirre; sie verscheuerten alle Handfeuerwaffen des Schiffes gegen Schweine, und Captain Jackson, der auch um seine Bequemlichkeit fürchtete, weil die Reise lang werden könne, verschacherte das Silberzeug des Schiffes gegen Bananen und andere Lebensmittel.

Wenige Jahre später war die *Kaimiloa*, die einst die drei größten

Nationen der Welt herausgefordert hatte, nur noch ein schäbiger Rumpf, der im Hafen von Honolulu langsam vor sich hin rostete. Captain George E. Gresley Jackson tauchte in verschiedenen amerikanischen Häfen auf, kleidete sich wie ein Admiral und gebrauchte auch diesen Titel. Die Seeleute von Hawaii bedachte er mit Verachtung. »Sie mögen«, so schniefte er voll Bitterkeit, »den Gin viel zu sehr.«

So endete der Kindheitstraum von Walter Murray Gibson und seinem Südseereich. Bush und seine Mission, die ›Gin-Diplomatie‹, wurden gerade noch rechtzeitig zurückgerufen, denn Otto von Bismarck hatte sich nun genug gefallen lassen. Gegen Ende Juli vertraute der Eiserne Kanzler einem Freund an: »Wir hätten uns die Frechheit der Hawaiianer nicht mehr länger gefallen lassen. Hätte ein deutsches Geschwader vor Samoa gelegen, so wäre es geradewegs nach Honolulu gesegelt, um dem König Kalakaua das selbst zu sagen, falls er seine unverschämten Intrigen auf Samoa nicht sofort einstelle; trotz der amerikanischen Protektion hätten wir ihm seine Beine mitten auseinandergeschossen.«

Am 19. August, elf Tage nach der Abreise der *Kaimiloa*, kamen in Apia vier deutsche Kriegsschiffe an. Der amerikanische Konsul meinte, es wäre durchaus möglich gewesen, daß das hawaiische Schiff aus dem Wasser geblasen worden wäre, hätte es nicht vorher das Weite gesucht. Und selbst Hawaii hätte angegriffen werden können, wie Bismarck gedroht hatte. Am 25. August rief das Geschwader Tamasese als König von Samoa aus, und der unglückliche Malietoa wurde deportiert. Die Deutschen verhängten das Kriegsrecht und bedrohten Hawaii mit Krieg, falls es der Partei Malietoas helfen sollte. So war Gibsons Vision von einem hawaiischen Reich zu einer großen Gefahr für die Insel geworden.

Aber Gibson war nicht in der Nähe, als es zum letzten Debakel kam. Schon Wochen vor dem Zusammenbruch des Empiretraumes waren die Dummheiten des Mannes auf ihn selbst zurückgefallen, so daß jetzt sein eigener Kopf in Gefahr war. Wäre Deutschland der wahre Stand der Angelegenheit bekannt gewesen, so hätte sich ein Krieg nicht ausschließen lassen, aber in Hawaii brodelte sowieso schon eine Revolution auf kleinem Feuer. Gibsons Versuche, Kalakaua für seine eigenen selbstsüchtigen Zwecke zu benutzen, die Machenschaften seines Kabinetts und die Schürung von Rassenhaß ließen ziemlichen Ärger erwarten

Der Wahlkampf von 1886 hatte die Gegensätze natürlich noch

verschärft. Gibsons Royalisten konnten sich der Vorrechte des Königs bedienen und zollfrei Alkoholika einführen. Ihre Handlanger versorgten lange Schlangen durstiger Wähler aus Waschwannen mit purem Gin, der mit einem Kokosnußschöpfer ausgegeben wurde. Der Preis für eine Stimme betrug fünf Dollar. Gibson gewann.

Während der Legislatur 1886 fand Gibson, daß die Regierung bei Spreckels schwer verschuldet war und ihre Steuern an den Mann verpfänden mußte, der als ›zweiter König von Hawaii‹ bezeichnet wurde. Öffentliche Gelder versickerten im Gully. Ein 1886 erlassenes Gesetz überstieg viereinhalb Millionen. Die *Gazette* schrieb: ›Das geborgte Geld wurde für jede Narretei hinausgeworfen, die sich das Gehirn eines eitlen, wahnsinnigen Menschen nur ausdenken konnte.‹

Ein noch viel schlimmerer Skandal drohte nun loszubrechen. Seit vielen Jahren hatte Gibson dem König zugesetzt, er solle nationale Kostüme und Gebräuche wiederbeleben, was zu den Vorwürfen führte, er ›lizenziere die Zauberei, den Hula und die Opferung schwarzer Schweine‹. Es war eine Gesellschaft gegründet worden, der man vorwarf, Götzendienerei und Zauberei zu betreiben. Da war Hale Naua oder das Haus der Alten Wissenschaften, eine Geheimgesellschaft, die Ziele der Freimaurer mit den Riten heidnischer Häuptlinge verband. Angeblich sei diese Gesellschaft vor vierzig Quadrillionen Jahren nach der Erschaffung der Welt gegründet worden und 24750 Jahre nach Lailai, der Eva Hawaiis. Ein Historiker glaubte, die Gesellschaft diene teils der Wiedererweckung des Heidentums, teilweise der Ausbreitung des Lasters, indirekt jedoch der politischen Maschinerie.

Der König pfuschte mit ›wissenschaftlichen‹ Theorien herum wie etwa der, Hawaii sei ein Überrest eines riesigen Kontinents ähnlich Atlantis, dessen Rasse einmal geherrscht habe – eine Theorie, die Enthusiasten unserer Zeit gefallen würde, doch damals nur laut belacht wurde. Kalakaua gründete auch ein Gesundheitskomitee aus Medizinmännern, das heftig kritisiert wurde. Der Klatsch berichtete von Palastorgien, bei denen alte heidnische Sitten aufgefrischt wurden; so rollten zum Beispiel die Teilnehmer einer solchen Orgie ein Zwirnknäuel in die Richtung des gewählten Charmeurs.

Auch über das Privatleben Gibsons wurde viel geklatscht. Der vierundsechzigjährige Premier machte einer achtundzwanzigjährigen Witwe, Flora Howard St. Clair, den Hof, die mit ihrer

Schwester im Februar 1886 aus Kalifornien gekommen war. Sie war eine Bücheragentin und lernte in diesem Geschäft Gibson kennen. Sofort stellte sich ein gemeinsames Interesse an britischen Malern heraus. Er sei sehr einsam, sagte er ihr, und es gebe nichts Schöneres als ein wirklich liebendes Herz. Ein paar Tage nach Weihnachten machte er ihr auf der Veranda seines Hauses einen Heiratsantrag, wie sie vor Gericht aussagte, aber später leugnete er die Verlobung ab, und im Mai 1887 brachten ihre Anwälte, als er gerade mit der Politik alle Hände voll zu tun hatte, eine Klage wegen Bruch eines Heiratsversprechens ein und forderten von ihm 25000 Dollar für entstandene Schäden. Zum Prozeß kam es erst nach Gibsons Sturz, und im Oktober 1887 sprach eine Jury Mrs. St. Clair die Summe von 10000 Dollar als Herzensbalsam zu.

Am 16. November 1886 feierte Gibson mit König Kalakaua dessen fünfzigsten Geburstag so, als stehe keinerlei Zusammenbruch bevor. Es gab Unmengen von Geschenken. Jeder Gast brachte etwas Passendes mit; Premier Gibson führte die Liste mit einem Paar Elefantenstoßzähnen an, die auf ein Podest aus Koaholz montiert waren. Das praktischere Polizeiministerium überreichte einen Bankscheck über 570 Dollar, und die Feiern und Hulavorführungen dauerten länger als eine Woche.

Skandale und die Verschleuderung öffentlicher Gelder hatten die meisten weißen und viele farbige Einwohner gegen Gibson aufgebracht. Zu Beginn des Jahres 1887 wurde eine Geheimgesellschaft gegründet, die für eine weniger autokratische Verfassung kämpfte. Sehr viele Inselbewohner kamen dazu, und ihr letztes Ziel war, wenn nötig, den König zu stürzen, eine Republik auszurufen und die Annektion durch die Vereinigten Staaten zu erbitten. Man beschaffte Waffen, drillte regelmäßig, und alle waren bereit, für ihre Rechte zu kämpfen.

Die unmittelbare Gelegenheit zu der Rebellion von 1887 war ein Akt nackter Korruption. Ein sehr gekränkter Reiskaufmann namens Tong Kee, auch Aki genannt, gab bekannt, daß er eine Bestechungssumme von 71000 Dollar an Kabinettsbeamte für ein Opiummonopol im Königreich bezahlt hatte, aber die Lizenz habe Chun Lungs Syndikat bekommen, das 80000 Dollar bezahlte. Gibson und der König waren ganz ohne Zweifel in die Sache verwikkelt. Als dies bekannt wurde, hielt am 30. Juni eine aufgebrachte Bürgerschaft eine Massendemonstration ab. Es wurde nachdrücklich gefordert, der König solle sein ganzes Kabinett und die betroffenen Beamten entlassen und für sich selbst versprechen, daß er sich niemals mehr in die Politik einmische.

Blutvergießen gab es nicht. Die meisten Truppen hatten ihren König sowieso schon verlassen, und die in Österreich auf seiner Weltreise für 21000 Dollar gekauften Kanonen nützten ihm wenig. Eiligst feuerte er Gibson und ernannte ein neues Kabinett, das eine etwas weniger diktatorische Verfassung entwarf. Sie wurde am 6. Juli unterzeichnet. Der unglückliche Aki bekam kein Geld zurück, denn der höchste Gerichtshof entschied, der König könne nicht verklagt werden.

Was geschah nun mit dem abgedankten Premier? Seine Gegner nützten die Angst und Verwirrung der Rebellion aus und schleppten Gibson zu den Docks, um ihn zu lynchen. Man wollte ihn an der Rahnock eines Schiffes im Hafen aufhängen, um jenen ein entsetzliches Beispiel vorzuführen, die etwa versuchen sollten, das neue Regime zu stürzen. In der letzten Minute schaltete sich der britische Konsul ein, und der alternde Premier wurde vor dem Hängen gerettet.

Man brachte ihn eilends in das Gefängnis, wo er bis zum 12. Juli blieb. Angeklagt war er der Unterschlagung, doch die Regierung wollte keinen Prozeß. Um allen Beteiligten Verlegenheiten zu ersparen, erlaubte man Gibson, Hawaii auf einem nach den Staaten fahrenden Schiff zu verlassen. Seine Träume von einem Reich waren ausgeträumt.

Hätte sich Gibson mit seinem Sinn für Dramatik einen geeigneten Tod aussuchen dürfen, so hätte er in einer kalifornischen Gosse sterben müssen nach dem gegen ihn ausgesprochenen Mormonenfluch. Doch er starb ganz gemütlich in seinem Bett im St. Mary's Hospital, San Francisco, am 21. Januar 1888.

Die Leiche wurde einbalsamiert und nach Honolulu zurückgebracht, wo sie in seiner ehemaligen Residenz an der King Street aufgebahrt wurde. Ganze Horden von Trauernden kamen, um dem Träumer des Pazifik ihren Respekt zu erweisen. Eine Zeitung schrieb, die Eingeborenen Hawaiis überträfen zahlenmäßig alle anderen Nationen, und ihr ehrlicher Kummer um ihn sei herzergreifend gewesen. In der katholischen Kathedrale wurde ein Trauergottesdienst gehalten, und unter den Würdenträgern in voller Uniform waren auch die Vertreter der Vereinigten Staaten, Großbritanniens und Portugals. Den Trauergottesdienst hielt der Bischof, der seine Rede mit der Mahnung endete: »Laßt den, der unter euch ohne Fehler ist, den ersten Stein werfen.« Gibsons Besitz war, wie wohlbegründete Gerüchte behaupteten, mehr als eine Million Dollar wert.

Wenn man von Gibson berichtet, ist man immer versucht, ihn als einen wirren Visionär abzutun, aber das wäre eine Blindheit gegenüber diesem großartig verrückten Mann. Richtig, er war ein Träumer, doch er war auch ein Prophet.

Erstaunlich ist, wie oft Gibson recht hatte, wenn wir ein Gebiet nach dem anderen durchgehen; wie oft er die Zukunft überdeutlich sah. Er war, alles in allem, ein sehr bemerkenswerter Mann.

Die Bevölkerung Sumatras gewann die Unabhängigkeit von den Holländern etwa so, wie es Gibson vorhergesagt hatte. Die malaysischen Inseln, die er immer gern zu einer mächtigen Nation zusammengeschlossen hätte, taten das, was er prophezeit hatte. Eines Tages werden auch die Nachbarn genauso handeln.

Hawaii hat sich entlang der Linie entwickelt, die er sah. Die Rolle der eingeborenen Hawaiianer wurde unter dem Druck, vor dem er gewarnt hatte, immer unwichtiger. Die orientalische Bevölkerung erreichte dagegen einen Status, den er ahnte, denn er hat ihr erst den Weg bereitet. Wenn er die beherrschende Rolle der japanischen und chinesischen Einwanderer nicht vorhersah, so wußte er doch, daß deren Energie vonnöten war, wenn Hawaii blühen sollte.

Seine Ansichten über die Behandlung der Lepra waren richtig, auch seine allgemeinen Ideen zur Volksgesundheit wie seine sehr fortschrittliche Meinung über die Landwirtschaft. Er erkannte auch die wichtige Rolle der Kaukasier in der Politik, wenigstens in seinen frühen Jahren, und er beherrschte auch die Kunst der Überredung in einem solchem Ausmaß, daß er sogar die reinblütigen Hawaiianer zu überzeugen vermochte, wie unerläßlich ein kaukasischer Einwanderer sei, um ihre Interessen zu vertreten. Daß er so lange an der Macht blieb, ist ein Beweis für seine persönliche Ausstrahlung.

In einer Sache von zunehmender Wichtigkeit hatte er auf spektakuläre Art recht. Es zeugt von erstaunlicher Einsicht, daß er einer weiß ausgerichteten, durchorganisierten, mechanisierten und kapitalistischen Gesellschaft zu erklären verstand, wie wichtig es sei, eine primitive, nicht-mechanisierte Gruppe in der Gemeinschaft zu erhalten. Gibson gehörte zu den ersten, die verstanden, daß die Eingeborenenkulturen des Pazifik vom Aussterben bedroht sind. Er selbst tat zwar manches, womit er sich selbst widersprach, doch daran hielt er fest, daß die eingeborenen Hawaiianer unterstützt und auf psychologische Art beschützt werden müßten, damit sie erhalten blieben. Er sprach sich für die Erhaltung alter hawaiischer Kunstwerke aus, für die Förderung der heimischen Kultur, der Musik, der Lieder, überhaupt der ganzen Folklore im besten Sinn. Die Museen des Pazifik und die Arbeit verschiedener Kulturkommissionen verwirklichen seine Träume.

Gibsons Traum von einem vereinten Pazifik unter der Führerschaft Hawaiis wurde nicht Realität, doch lebte er heute, er würde Beifall dafür spenden, daß Amerika logischerweise viele kleine Inseln westlich von Hawaii regiert, einige von ihnen vom Flottenhauptquartier Honolulu aus. Das kommt dem nahe, was er empfohlen hatte.

In Neukaledonien hat die wichtige Südpazifik-Kommission ihren Sitz; sie vertritt die Interessen des gesamten Südpazifik. Das ist eine Erfüllung seiner Pläne, und in den nächsten hundert Jahren können wir irgendwann einmal mit einer Föderation des Südpazifik rechnen ähnlich der, die er sich vorstellte. Das hängt natürlich von einer Führerschaft Hawaiis ab.

Seltsam, sogar die Mormonenkirche, die er so sehr enttäuschte, hat ihre pazifische Mission so ausgedehnt, wie er es vorhersagte. Die Kirche, der Gibson einiges angetan hat, erreichte jedoch das, was er gehofft hatte.

Als praktischer Politiker und erfolgreicher Geschäftsmann hat Gibson einen ungeheuren Weitblick bewiesen. Man hätte meinen sollen, er habe sich des Rufes erfreut, den er sich verdient hatte. Aber im Leben wurde er – mit Ausnahme des Volkes von Hawaii – von vielen gehaßt, im Tod belächelt. Zwei schwere Charakterfehler verdarben seine Erfolge zum großen Teil wieder. Erstens war er mit einem unmäßigen Enthusiasmus und einer ebenso unmäßigen Fantasie nicht nur begabt, sondern belastet. Der moderne Leser teilt Nathaniel Hawthornes schmunzelndes Vergnügen, als er Gibson in England beobachtete; wie sehnlichst wünschte er sich doch, das vertauschte Baby eines Adeligen zu sein! Wir können uns auch vorstellen, wie sich Gibson in seine Illusionen hineinsteigerte, die ihn schließlich veranlaßten, die pathetische *Kaimiloa* nach Samoa zu schicken. Sein lächerlicher Enthusiasmus forderte ständig die Lächerlichkeit heraus. Zweitens war er von unersättlicher persönlicher Eitelkeit. Sie war der Grund für die meisten seiner politischen Übertreibungen, und sie war auch der Grund für bittere Feindschaften.

Immer wieder in seiner stürmischen Karriere erlaubte es Gibson diesen beiden Veranlagungen, ihn zu regelrechter Narretei und Tollkühnheit zu verführen. Seine Fehler waren dann so offensichtlich, daß sie seine allgemeine Verdammung nach sich zogen. Dann übersah man auch das, was er wirklich erreicht hatte.

Gibsons große Zeit wird erst noch kommen, wenn seine umfangreichen und gekonnt geschriebenen Tagebücher verlegt werden. Sie werden einen poetischen Träumer, einen alttestamentarischen Propheten und einen umstrittenen Mann nachzeichnen, der sich von seinem Ehrgeiz zerfressen ließ. Im Alter von vierzig Jahren sprach er auf Lanai eine Prophezeiung aus. Eine mächtige Verschwörung seiner Feinde hatte ihn gerade gedemütigt, und in seiner Verzweiflung tat er einen Blick auf sein Schicksal: »Es wird weiteren Verrat geben, ich werde auf den Inseln durch die Tat eines Inselfeindes sterben, doch ich werde sie bis an mein Ende lieben; und von mir wird gesagt werden, er war ein Arbeiter des Guten unter seinen Mitmenschen, und er liebte die schwachen Inselvölker, die keinen Freund hatten.«

Louis Becke, Abenteurer und Schriftsteller

Es gibt mehrere Möglichkeiten, die Behauptung eines Mannes nachzuprüfen, er kenne den Pazifik, jedoch nur eine einzige ist ganz sicher.

Sie können ihn vielleicht bitten, Ihnen die vier berühmten Schiffe dieses Ozeans zu nennen – *Vittoria, Endeavour, Bounty, Leonora* –, aber manche Leute mögen keine Schiffe und schenken ihnen daher keine Aufmerksamkeit.

Sie können auch nach den Namen verschiedener recht gut bekannter Inseln fragen – Penrhyn (Tongareva), Easter (Rapa Nui), die Mariannen (Ladrones), Pleasant (Nauru), Stewart (Sikaiana) –, aber es gibt genug Reisende, die Namen nicht leicht unter einen Hut bringen können.

Einer der besten Pazifik-Tests ist die Frage, zu welchen Gruppen folgende berühmte Inseln gehören: Wo war Robert Louis Stevensons Abemama? (Gilberts). Wo liegt Rapa Iti, die Insel, von der man sich erzählt, auf jeden wählbaren Mann träfen zehn schöne Mädchen? (Australs). Zu welcher Gruppe gehört Bikini? (Marschallinseln). Wo liegt die schreckliche Menschenfresserinsel Malekula? (Neue Hebriden). Die Schwäche dieses Tests ist die, daß Leute, die Schiffe navigieren, dies immer besser wissen als solche, die in anderer Beziehung sehr viel besser informiert sind.

Will man einen Streit heraufbeschwören, so ist die beste Frage die, welche Inseln mit bestimmten hervorragenden Missionaren in Verbindung zu bringen sind, die pazifische Geschichte gemacht haben. Wo fand der heiligmäßige John Williams den Tod? (Erromanga von den Märtyrern). Über welche Gruppe herrschte die außergewöhnliche Shirley Baker eine ganze Generation lang? (Tonga). Wo regierte der wilde Priester Vater Laval für siebenunddreißig Jahre? (Mangareva). Wo operierte der kluge Hiram Bingham? (Hawaii). Dieser Test versagt immer dann völlig, wenn der Reisende knurrt: »Missionare sind für mich kein Gesprächsthema.«

Einen Test gibt es, der ist unfehlbar. Fragen Sie einen Fremden: »Wer ist der beste Schriftsteller über den Pazifik?« Aus der Antwort können Sie immer entnehmen, ob er weiß, worüber er spricht.

Sagt er ›James Norman Hall‹, dann wissen Sie, daß er die Romantik des Ozeans liebt, aber Sie können nicht sicher sein, daß er den Ozean als solchen kennt.

Antwortet er ›Robert Louis Stevenson‹, dann sehen Sie sich vermutlich einem Mann gegenüber, der seit seiner Kindheit nichts mehr gelesen hat, wohl aber das geliebt hat, was er damals las. Viele Reisenden wurden von diesen Jugendbüchern motiviert, aber diese Leute sehen meistens nicht viel, und ihr Wissen bleibt Stückwerk.

Bekommen Sie aber zu hören ›Hermann Melville‹, gibt es Ärger, denn Melville ist zweifellos der größte Schriftsteller, der sich mit dem Pazifik befaßt hat, aber es ist erschütternd, wie viele Leute über *Moby Dick, Typee* und *Omoo* reden, ohne je eines dieser Bücher gelesen zu haben. Im Pazifik stellt man sehr schnell fest, daß man Leuten nicht trauen kann, die behaupten, Melville sei ihr Lieblingsschriftsteller. Ihre Antwort ist, genau wie viele vor der Polizei abgegebene Zeugenaussagen, ganz einfach zu gut.

›Robert Dean Frisbie‹ ist als Antwort auch nicht annehmbar. Es gibt einen wachsenden Kreis von Leuten, die behaupten, Frisbie sei der graziöseste, poetischste und gefühlvollste Autor, der je über diese Inseln berichtet hat, aber andere Kritiker meinen, sein Charme sei zu schwach. Gewiß wurden seine späteren Bücher auf traurige Art schlechter.

Nur eine korrekte Antwort gibt es. Leute, die den Pazifik wirklich gut kennen, werden Louis Becke als ihren Lieblingsautor bestätigen. Jene, die den großen Ozean nicht kennen, haben auch noch nie etwas von Becke gehört.

Die Autoren dieses Berichtes stellen ohne Einschränkung fest, daß jeder, der einen ehrlichen, eindrucksvollen Bericht ohne Übertreibung und manchmal erschreckend bewegend über den Pazifik in seiner Blütezeit lesen will, Louis Becke lesen muß. Es wird nicht behauptet, Becke sei ein sehr großer Schriftsteller gewesen, denn er hatte sowohl dem Stoff als auch der Ausführung nach seine Grenzen. Nie schrieb er ein restlos zufriedenstellendes Buch, all seine Werke sind chaotisch. Er kann nicht einmal beanspruchen, wirklich farbige Charaktere gezeichnet zu haben, denn die seinen sind eintönig. Aber auf seltsame Art hat dieser ungebildete Australier das Wesen des Ozeans erfaßt und in seinen Büchern festgehalten. Auf der ganzen Welt kommen Menschen, die den Pazifik durchwandert haben, immer wieder auf die Werke von Louis Becke zurück, und wenn sie in den kunstlosen Geschichten dieses merkwürdigen Mannes blättern, sind sie plötzlich ergriffen, und ein entsetzliches Heimweh packt sie.

Becke verstand es nämlich, das schmuddelige Küstenvorland eines Atolls zu beschreiben, oder die Wasser, die durch eine Lücke im Riff in die Lagune strömten, oder eines Händlers einsame Hütte, und das tat er mit so windverblasenen und salzfleckigen Worten, daß jeder, der das irgendwann schon einmal gesehen hatte, in fiebriger Erregung ausrief: »Ah, so war es wirklich!« Louis Becke trägt den Lorbeerkranz der Prosa und ist Hüter der Dinge, wie sie wirklich waren.

Man nehme nur einmal eine typische Becke-Erzählung, ›Ein Korb Brotfrucht‹. Er braucht keine zweitausend Worte, und es gibt keinen Anfang und kein Ende; trotzdem stellt er den Leser sofort mitten in das Inselleben hinein, und für einen Augenblick ist er ein Südseehändler, der seinen kleinen Schoner in das gefährliche Riff hineinlenkt.

Es geschah in Samoa zu der Zeit, als Malietoa die Kontrolle über die Insel zu erlangen suchte. Der Händler hatte sein Schiff nach Apia gebracht und war dabei, zu seinem Posten auf einer anderen Insel zurückzukehren, als er einmal anhielt, um einer Gruppe von Eingeborenenmädchen zuzuschauen, die Kavawurzeln kauten und den narkotisierenden Saft in die Schüssel spuckten, aus der später die Toasts getrunken werden sollten.

Als sie ihn damit neckten, daß er keine Frau hatte, sagte er, daß er bereit sei, eine zu nehmen, falls ein Mädchen gefunden werden könnte, das von keinem Skandal berührt sei; da präsentierte eine alte Frau ihre schöne Enkelin. Alle stimmten ihr zu, sie sei ein Mädchen ohne jeden Tadel, aber das Mädchen war so gedemütigt, weil alle lachten, daß sie, gefolgt von ihrer Großmutter, floh.

Einige Stunden später war er gerade dabei, abzusegeln; die alte Frau fing ihn am Strand ab und bot ihm das Mädchen an, das er entweder richtig zur Frau nehmen oder nach der Sitte Samoas heiraten könne. Die alte Frau wollte nur eine Überfahrt in dem Boot für sich und ihren Korb mit zwei großen, reifen Brotfrüchten.

Der Händler dachte: Das ist ganz gut für mich, denn wenn ich auf die Art das Mädchen heimlich von all ihren Verwandten weghole, erspare ich mir viele Hochzeitsgeschenke. Aber während der Reise entdeckte er, daß er sich Geschenke sowieso erspart hätte. Alle Verwandten des Mädchens, bis auf die Großmutter, waren nämlich bei einem kürzlichen Kampf getötet worden. Eineinhalb Tage zuvor waren ihr Bruder und ein Vetter umgekommen, und ihre Köpfe waren auf Matautu ausgestellt worden. Sie hatte geweint und getrauert und nichts gegessen.

Diese Nachricht rührte den Händler, und er brachte eine Büchse Sardinen zu einem Mitternachtsimbiß, konnte aber kein Brot dazu finden. Statt also unten in seinen Vorräten herumzukramen, beschloß er, eine Brotfrucht der alten Frau aufzuschneiden. Als er jedoch seine Hand in den Korb steckte, berührten seine Finger unter der Umhüllung ein menschliches Auge.

Eiligst strich er ein Zündholz an und spähte in den Korb hinein, und da fand er keine Brotfrüchte, sondern zwei Köpfe mit geschlossenen Augen, und weiße Zähne schimmerten durch todesblaue Lippen. Die alte Frau hatte sich die Köpfe vom Feind erbettelt und wollte sie zur Beisetzung nach Hause.

Der Händler war sehr zornig über diesen Betrug, aber das Mädchen erklärte, daß Malietoas Truppen sie erschießen würden, wenn sie versuchten, die Blockade zu durchbrechen. Deshalb war ein Trick nötig; das war alles. Dann aß das Mädchen die Sardinen, lehnte ihren Kopf an die breite Brust des Händlers und schlief ein.

Es konnte so geschehen sein, und Becke erzählt die Geschichte sehr genau, denn für jeden, der Samoa kennt, klingt sie wahr; Stil, Ausdruck und Stimmung sind richtig. Aber wenn Becke eine Leidenschaft dafür hatte, das Inselleben ehrlich zu beschreiben, dann ließ diese Leidenschaft merklich nach, wenn er über sich selbst schrieb, denn jede Aussage, die er als Selbstbiographie anbietet, muß angezweifelt werden. Er gibt vier verschiedene Geburtsdaten entsprechend dem Alter, in dem er gerade sein wollte, wenn er eine besonders gute Geschichte erzählte.

Die prosaischen Daten des Generalregisters von New South Wales beweisen, daß er am 18. Juni 1855 geboren wurde, und sein Name lautete richtig George Lewis Becke. Seine Eltern hießen Frederick und Caroline Matilda Becke. Sein Vater war ein kleiner Ratsschreiber in der alten Stadt Port Macquarie, etwa hundert Meilen nördlich von Sydney. Louis, wie er seinen Namen zu schreiben vorzog, war das jüngste von sechs Kindern. Er lief gern weg, um im Busch zu kampieren oder seinen Eingeborenenfreunden zuzuschauen, wenn sie in den Küstenlagunen fünf Fuß lange Fische speerten. Noch bevor er zehn Jahre alt war, mußte er, weil er weggelaufen war, zweimal von der berittenen Polizei zurückgebracht werden.

Er hatte Angst vor brutalen Schul- und Sonntagsschullehrern; deshalb stotterte er und konnte sich niemals diese Behinderung gänzlich abgewöhnen.

Sein Vater war ein schwarzbärtiger, strenger Mann, der glaubte, die Jungen der Familie müßten die mit Booten und Lagern zusammenhängenden Künste beherrschen, obwohl ihn die liebevolle Mutter und die Schwestern gelegentlich recht verwöhnten. Wohlhabend war die Familie nicht, und das Leben im provinziellen Port Macquarie war langweilig. ›Oft habe ich gedacht‹, schrieb Louis später, ›daß diese Stadt nur eine kleine Kathedrale brauchte, um sie zum trübseligsten und gottverlassensten Nest auf dem ganzen australischen Kontinent zu machen. In den Tagen des grausamen Systems war sie von Sträflingen gebaut worden, und nichts kann sie verbessern, außer einem Erdbeben oder einem Großfeuer.‹

Etwa 1865 zog die Familie nach Sydney und bezog ein Haus in Hunter's Hill über dem Parramatta River, direkt gegenüber Cockatoo Island, dem damaligen Gefängnis. Der zehnjährige Louis schaute oft zu den düsteren Gebäuden hinüber, die sich hoch auf dem baumlosen Inselchen zusammendrängten und von rotröckigen Wächtern beaufsichtigt wurden, die ihre Runden gingen. In seinen Ohren war der Klang der Gefängnisglocke, und er beobachtete die langen Reihen elender Männer, die zu ihrer harten Arbeit im Trockendock marschierten oder zu der noch härteren in den Sandsteinbrüchen; zweimal wurden er und seine Brüder mit hinübergenommen, um die Männer zu besuchen, die in den aus dem Felsen gehauenen Zellen wohnten.

In Nebelnächten, wenn die Wachboote um die Insel herumruderten, damit keiner über das Wasser entkommen konnte, gingen die Kinder zu den Felsen hinab, um zu lauschen. Einmal, in einer Winterdämmerung, hörte Louis einen Schuß aus der Büchse eines Postens, dann die Fluchtglocke und schließlich das keuchende Atmen eines vom Schwimmen im eisigen Wasser erschöpften Flüchtlings, der sich mit blutenden Händen an das glitschige Ufer klammerte und zu schwach war, sich hochzuziehen. Vielleicht läßt sich Beckes spätere Abneigung gegen jede Autorität auf dieses frühe Mitleid mit den Opfern des Sträflingssystems zurückführen.

Der Junge besuchte die Schule der Fort Street am Observatory Hill in Sydney und erhielt dort eine kurze, vernünftige Bildung, die für den Rest seines Lebens vorhielt und ihm half, Schreiberposten auf verschiedenen Schonern zu bekommen. Jahre später hielten ihm Kritiker seine mangelhafte Grammatik vor, und da erwiderte der erfolgreiche Autor: »Ich hab' nie nicht keine Grammatik gelernt, und ließ ich mich von dieser Wissenslücke beeinflussen, dann tät ich nie auch nur einen roten Heller mit der Literatur verdienen.«

Wenn man sich mit Beckes Leben ab dem Alter von zwölf Jahren beschäftigt, fällt seine Autobiographie absolut auseinander, denn wenn man die Abenteuer zusammenfügt, die er erlebt zu haben behauptet, dann entdeckt man bald, daß es in seiner Jugend gar nicht genug Jahre gibt, in die man all diese Abenteuer zusammendrängen könnte, die seine Fantasie erfand.

In Interviews und Erinnerungen beanspruchte er auch einige Dinge als seine Abenteuer, ehe er neunzehn wurde. Mit zwölf Jahren ging er mit seinem Bruder Vernon an Bord eines Schiffes, um den großen Pazifik zu entdecken und dort ein Vermögen zu machen. Auf der Bark *Lizzie and Rosa* verließen sie Newcastle, N.S.W.; ein kleiner, rothaariger Ire, ein wilder Bulle, führte sie, der sich rühmte, Mitglied eines irischen revolutionären Geheimbundes, ein Fenier, zu sein. Von den dreißig Passagieren wurde er vom ersten Tag an gehaßt, und vom ersten Tag an hatte die Mannschaft auch an den Pumpen zu arbeiten, doch der Kapitän weigerte sich umzukehren. Das lecke alte Schiff geriet in so viele gegensätzliche Stürme, daß es einundvierzig Tage dauerte, bis sie die Insel Rurutu in der Tubuai-Gruppe sichteten, wo der junge Becke seinen ersten Blick auf eine Südseeinsel warf.

Die Leute auf dem Schiff waren halb verhungert und forderten vom Kapitän, sie mit frischen Lebensmitteln zu versorgen, wie sie von den Eingeborenen angeboten wurden, doch der geizige Kapitän kaufte nur ein kleines Schwein für seine eigene Tafel. Die Crew hatte das halbverfaulte Schweinefleisch und die madenwimmelnden Biskuits satt und forderte besseres Essen. Als sich der Kapitän wütend weigerte, explodierte der Maat, ein Yorkshiremann von hitzigem Temperament, und schlug ihn nieder.

Der affenartige Kapitän rannte nach unten und erschien wieder mit einem Paar altmodischer Colt-Revolver, und mit einem bedrohte er den Maat. Er verlangte von ihm, er solle sich unterwerfen und in Eisen legen lassen, und schoß auf den Kopf des Mannes, traf aber nicht. Die Crew fiel nun den Skipper an, ergriff ihn und hielt ihn unter die Druckpumpe, bis er fast ertrunken war. Nur ihr Respekt vor der Frau des Kapitäns, einer sehr liebenswürdigen Dame, die diese Reise mitmachte, hielt die Mannschaft ab, ihn umzubringen.

Louis und Vernon waren eifrige Zuschauer bei dieser Meuterei, aber danach war ihnen alles so langweilig, daß sie das Schiff zu verlassen beschlossen; so mußten sie im Hafen in ihre Kabinen eingesperrt werden. Der Kapitän war in eine Einzelkabine gesperrt worden, und ohne ihn gelang es der Mannschaft, in zwanzig Tagen das Schiff nach Honolulu zu bringen, dies unter der Führung des Maates aus Yorkshire. Dort mußten er und die ganze Mannschaft sich wegen Meuterei verantworten, wurden jedoch freigesprochen, in erster Linie wegen der Aussagen der Passagiere.

Endlich erreichte der alte Seelenverkäufer Kalifornien nach einer Überfahrt von vierzig Tagen. In San Francisco begann in einem Saloon der Front Street für Becke das große Abenteuer, denn hier begegnete er dem berühmten Freibeuter Bully Hayes. Das war ein aufregender Moment, doch Hayes heuerte den Jungen da noch nicht an. Sie schieden für ein paar Jahre voneinander, bis sich im Pazifik ein viel wilderes Abenteuer begab.

In San Francisco fand Vernon Becke einen Job auf einer Schafranch, und Louis wurde Kapitänsschreiber auf einem Dampfer, der nach Südkalifornien fuhr. Seine Ersparnisse legte er in einem Anteil an einem Handelsschiff an und fuhr dann einige Jahre lang zwischen den Marschall-Inseln herum. »Mein Partner war ein großer alter Seebär«, sagte er später, »aber kein Navigator, und ich war nur ein junger Kerl und auch kein Navigator. Es dauerte nicht lange, da begann der Skipper zu trinken und verfiel in ein Delirium tremens. War ich auch nur ein Junge, so bat mich doch die aus Einheimischen bestehende Mannschaft – drei Hawaiianer und ein Seemann aus Manihiki –, die Führung des Schiffes zu übernehmen und den alten Mann zu fesseln, der dreimal über Bord gesprungen war. Wir machten eine Zwangsjacke und steckten ihn dort hinein. Einen Tag später sichteten wir ein unbewohntes Atoll.« An Land wurde er ein wenig ›behandelt‹, dann senkte er seine Ration auf nur noch eine halbe Flasche pro Tag und blieb ziemlich nüchtern.

Unterwegs nach den Palau-Inseln retteten sie ein Kanu mit Marschallesen, das hundert Meilen von seinem Kurs abgetrieben worden war. Von ursprünglich siebzig waren noch vierzig am Leben. Becke versorgte sie mit Lebensmitteln, so daß sie heimwärts segeln konnten, und tauschte, als Geste der Freundschaft, Namen mit dem Häuptling. Viele Jahre später, als Becke auf der Insel Majuro im Sterben lag, pflegte ihn dieser Häuptling wieder gesund.

Am Ende seiner ersten Handelskreuzfahrt kehrte Becke nach Australien zurück und geriet in den Goldrausch von Charters Tower im nördlichen Queensland. Zwei Jahre lang trieb er sich da herum, lernte – unter anderem – Lokomotivfahren, das Mischen von Metallen und Schmieden. Aber die See lockte ihn, und er kehrte nach Sydney zurück, wo er einen Handelskutter kaufte und von Samoa als seinem Stützpunkt aus während des Bürgerkrieges auf Samoa als Waffen- und Munitionsschmuggler arbeitete. Hier traf er auch wieder mit Bully Hayes zusammen, der mit seiner Brigg *Leonora* den Sklavenhandel betrieb.

Leider ist der größte Teil seiner finsteren Autobiographie unreine Erfindung. Der junge Becke konnte bis zum Alter von neunzehn Jahren das alles gar nicht getan haben, denn dafür allein hätte er wenigstens sieben Jahre gebraucht. Daten und Schiffsregister decken nur vier Jahre und fünf Monate seit seiner Reise auf der *Lizzie and Rosa* und seiner Abreise aus Samoa, um Bully Hayes auf einem Atoll der Marschall-Inseln zu treffen.

Die *Lizzie and Rosa* verließ Newcastle am 23. Juli 1869, als Louis vierzehn Jahre alt war. Eine genaue Nachprüfung der Archive von Hawaii und der Zeitungen aus dieser Periode erbringt keinen Beweis dafür, daß sein Schiff im Sommer 1869 in Honolulu gewesen wäre, oder daß ein Prozeß wegen Meuterei gegen die ganze Mannschaft stattgefunden hätte. Ein solches Ereignis wäre schließlich ja nicht unbemerkt geblieben.

Aber im *Bulletin*, San Francisco, für den 20. Oktober 1869 wird die Ankunft der *Lizzie and Rosa* aus New South Wales vermerkt. Sie kam über Tahiti und brauchte für die ereignislose Reise nur achtundvierzig Tage. Auf der Passagierliste stehen nur sechs Namen, und ein ›Becke‹ ist nicht darunter. Es ist aber möglich, daß keine Zwischendeckspassagiere, sondern nur die der ersten Klasse genannt wurden. In San Francisco war er, denn ein Adreßbuch vermerkt einen ›George Becke, Bote‹; doch bald kehrte er nach Sydney zurück, denn ein G.L. Becke, Schreiber aus San Francisco, kam auf der *City of Melbourne* am 24. Juli 1871 via Fidschi an. Um diese Zeit war er sechzehn.

Vielleicht stimmt es, was Becke später sagte, daß er mit einem Eingeborenen aus Roratonga, einem Vollmatrosen der *Rotumah*, bekannt wurde, der ihn am 21. März 1872 auf diesem Schiff versteckte, als es nach Samoa fuhr. Dort arbeitete er etwa zwei Jahre als Schreiber im Laden von Macfarland and Williams und schmuggelte wahrscheinlich nebenher. In Apia kam er wohl mit Hayes zusammen, doch wir werden kurz die Aufzählung von Beckes Abenteuern in Gesellschaft dieses Freibeuters zurückstellen.

Ein Aufenthalt auf Nanumanga in der Ellice-Gruppe im Jahr 1880, wo er als Händler für die Firma John S. De Wolf & Co. aus Liverpool arbeitete, rivalisierte mit seinen Hayes-Erfahrungen. Der Häuptling dieser Insel hatte bestimmt, nur ein weißer Mann könne unter den zweihundert Eingeborenen leben, und dieser eine Mann war Becke. Aber nach einem Jahr gab es Streit, er schloß seinen Laden, entließ all seine Arbeiter und lebte allein mit nur einem kleinen Eingeborenenmädchen namens Pautoe, das er adoptiert hatte und das ihm den Haushalt führte. In einem Brief vom 8. Juli 1880 schrieb er an seine Mutter: ›Ich stehe täglich um vier Uhr auf und bade, und dann macht Pautoe mein Frühstück, meistens fliegenden Fisch oder Hummer, dann stopft sie meine Pfeife (ich rauche jetzt Pfeife) und säubert das Haus, während ich rauche und ihr sage, wie sie den Besen benützen, Teller waschen und dergleichen muß, ohne bei jedem Abwasch mehr als zwei Stücke zu zerbrechen.‹

In einem anderen Brief beschrieb er den Strandläufertyp des Händlers: ›Ich vergaß, zu sagen, daß ich hier einen Besuch von der *Vaitupulemele* hatte, einen Händler von der Nachbarinsel Niutao namens George Winchcombe. Vier Jahre auf Niutao und kann noch immer nicht die Sprache sprechen! Ich mußte sogar für ihn dolmetschen. Mir klingen noch jetzt die Ohren von der Unterhaltung mit ihm. Ich weiß nicht, wie ich das alles ohne eine Kiste Gin ertragen hätte, die ich bereitstellte, um ihn mit Alkohol aufzufüllen. Er ist ein Beispiel für zu viele Inselhändler, viel zu sehr dem Alkohol ergeben und nie glücklich, wenn er nicht mit den Eingeborenen streiten kann. Das sind die Männer, die den Missionaren so viel in die Hand geben gegen alle Händler.‹

Am Ende seines Jahres auf Nanumanga wurde die Handelsstation von einem Hurrikan zerstört, so daß Becke zur Nachbarinsel Nukufetau weiterzog und dort auf eigene Rechnung einen Laden aufmachte. Die Insel verließ er im August 1881, erlitt Schiffbruch vor der Insel Beru von den Gilberts und verlor den größten Teil seiner Besitztümer, einschließlich einer ängstlich gehüteten Truhe, die er aus Stücken des Hayesschen Wracks *Leonora* gemacht hatte.

Auf der *George Noble* kehrte er mit einem infizierten Fuß nach Beru zurück; der Schiffsarzt konnte die Schmerzen nicht lindern. Während eines kurzen Aufenthalts auf der Insel Abemama lernte er den berühmten König Tembinok kennen, den Robert Louis Stevenson in einem bemerkenswerten Essay beschrieb.

Nach einem kurzen Aufenthalt in Sydney versuchte Becke sein Glück auf der Kannibaleninsel New Britain. Er kam gerade rechtzeitig, um Zeuge des Zusammenbruchs der letzten Expedition des berüchtigten Marquis de Rays zu werden. Beckes Beschreibung vom Tod von Capitain Gustave Rabardy unterscheidet sich von der gewöhnlich akzeptierten Lesart. Er stellt fest, Rabardy sei, sportlich bis zuletzt, an einem Fieber in seiner dumpfen Kabine auf der *Génil* gestorben. Seine letzten Worte an den Schreiber dieses Berichts, dessen Hand er zum letztenmal ergriff, waren die: ›Ich habe versucht – es war ein Mißerfolg. Ich hatte nicht einen fähigen Offizier bei mir, der mir geholfen hätte, meine Autorität zu wahren oder einige der Schurken zu erschießen, die diese ganze Expedition ruiniert haben.‹ Keine andere Quelle bestätigt, daß Becke bei Rabardys Tod anwesend war, aber um diese Zeit war der junge Mann ein Unbekannter, und seine Anwesenheit wäre vielleicht nicht weiter aufgefallen.

Becke wurde dann zur entferntesten Handelsstation auf New Britain geschickt, und während seines Aufenthaltes dort veranstalteten die kannibalischen Eingeborenen einige entsetzliche Massaker. Er wurde auch krank, denn er schrieb im November 1882 seiner Mutter von Majuro, Marschall-Inseln, er habe das Malariafieber nahezu überwunden, das er sich auf New Britain geholt habe.

Nun begannen die Jahre der Unschlüssigkeit. Er hatte das Inselleben mit seinen Kanibalen und der Malaria satt und wanderte in seiner Untröstlichkeit zurück nach Australien, wo er einen schlechtbezahlten Landjob annahm. Einmal versuchte er es auf einem schlangenverseuchten Landstück mit der Hühnerzucht. Dann wollte er Bankkassierer in North Queensland werden, doch hier berichtete der Direktor seiner Hauptstelle, Becke sei zu häufig seinem Kassenkäfig fern und streite mit dem Kontenführer, außerdem zeige er nur geringe Fähigkeiten und wenig Arbeitsfreude. Einmal ließ er 900 Pfund in den Händen eines Barkeepers, weil er einem Kampf zuschauen wollte, er kleidete sich auch unpassend und hielt Känguruhhunde in der Bank. Der junge Mann gab fröhlich jeden Vorwurf zu und bat, man möge ihn doch hinauswerfen, damit er endlich zu seinen geliebten Inseln zurückkehren könne.

Ab 1882 wanderte er zehn Jahre lang zwischen den Gilbert- und Sullivan-Inseln herum. Er lernte die unterschiedlichsten braunen und weißen Leute kennen und war Kumpel der romantischen Schurken und Rauhbeine wie Paunchy Bill, Joachim Ganga, Paddy Coney und Joe Bird. Auch Cappy O'Keefe kannte er, der auf den Karolinen für sich selbst ein kleines Königreich errichtet hatte und später mit seinem Schoner *Santa Cruz* verschwand.

Becke verlor nie seinen jungenhaften Drang, etwas zu tun und neue Szenen zu erleben; seine Neugier blieb immer wach. Er mochte aber auch die braunen Leute aufrichtig gern und erwarb sich deren Vertrauen. So lernte er sehr genau ihre Sprachen und Sitten und ihren Glauben kennen.

Man kann seine Abneigung, für dauernd wieder in die Zivilisation zurückzukehren, vielleicht mit einem Absatz in einem seiner Bücher über Bully Hayes erklären: ›Rückkehr? Doch nicht sie! Warum sollten sie zurückkehren? Hier hatten sie alles, was ein Mann zu seiner Zufriedenheit braucht. Paradiesische Schönheit, die sie tagtäglich durchwanderten, ohne an ein Morgen zu denken; Essen, Häuser, Ehren, Frauen, Freunde, Verwandte, alles im Übermaß und immer geboten von den arglosen Bewohnern dieser Märcheninseln in der hohen See. Warum, ja, warum sollten sie denn das Land zauberhafter Freuden verlassen, um in das kalte Klima und die noch eisigere moralische Atmosphäre ihres Geburtslandes, das sie fälschlich Heimat nennen, zurückzukehren?‹

Trotzdem wurde Becke hin- und hergerissen zwischen dem zivilisierten Australien und den primitiven Tropen, und schließlich gewann ersteres. Am 10. Februar 1886 heiratete er als Dreißigjähriger Bessie Mary, die Tochter von Colonel Maunsell aus Port Macquarie, der Stadt, die er haßte. Becke nahm prompt seine Frau mit auf die Inseln, aber es ging ihr so wie den meisten weißen Frauen, sie kränkelte; 1892 war das Paar wieder in Sydney. Louis, der wieder von Fieberanfällen geschüttelt wurde, konnte keinen Job finden oder nur die schlechtbezahlte harte Arbeit des Ausgrabens von Baumstöcken.

Schnell entschloß er sich, wieder zum Leben eines Händlers zurückzukehren, selbst wenn es ihn töten sollte. Am 1. Oktober 1892 schrieb er einer Firma in Efate auf den Neuen Hebriden und bat um eine Station. Er gab an, er sei fünfunddreißig Jahre alt – er war siebenunddreißig –, sei verheiratet – er hatte zwei Kinder – und sei mit allen Zweigen des Inselhandels vertraut, ein guter Zimmermann und könne kleine Boote fahren, aber nicht navigieren. Wäre die Antwort günstig ausgefallen, so wäre Becke mit seiner Familie zu einer der tödlichsten Inselgruppen zurückgekehrt, zu ›des weißen Mannes Grab‹. Dann hätte er wohl nie eine Zeile jener dicken Bände geschrieben, die heute solche Schätze sind.

Untröstlich, weil ohne Job, traf er eines Morgens einen australischen Forscher und Autor namens Ernest Favenc, den seine gewagte Expedition in die Mitte dieses Kontinents im Jahre 1878 berühmt gemacht hatte. Mit zwei anderen Weißen und einem schwarzen Eingeborenen hatte sich Favenc aufgemacht und das nördlicher liegende Land bis zum Creswell Creek erkundet, neunzig Kilometer von der Telegrafenlinie entfernt. Das Wetter war unerträglich heiß, und seine drei Pferde verdursteten. Als die Rationen der Männer ausgingen, lebten sie wochenlang von Wildenten, blauem Busch und Schweinekraut – einem Gänsefußgewächs –, bis ein Gewitter Erleichterung brachte und sie bei Darwin zur Küste vorstoßen konnten.

Favenc schrieb Romane, Kurzgeschichten und Geschichtsbücher wie *The Explorers of Australia*, hörte sich Beckes Garn an und sagte: »Du solltest schreiben.« Er nahm Becke mit zum Büro des *Bulletin* in Sydney und machte ihn bekannt mit dem gefeierten Verleger J.F. Archibald.

John Feltham Archibald war in Australien als Sohn eines irischen Polizeisergeanten geboren; als großer Frankophile änderte er seine Vornamen in Jules François ab und tat sich mit seinem Freund John Hayes zusammen, um ein neues Magazin, das *Bulletin* , herauszugeben. Das ist auch jetzt noch ein einflußreiches Wochenblatt in Australien. Die beiden hatten ständig Schwierigkeiten und waren einmal zusammen im Gefängnis, weil sie die Kosten für eine Verleumdungsklage nicht aufbringen konnten. Aber sie waren beliebt und wurden entlassen, als durch eine Sammelaktion in der Öffentlichkeit die Strafsummen zusammenkamen und bezahlt wurden. Archibald war ein mittelgroßer Mann, sah zart und düster aus, war bärtig und im Ausdruck sardonisch, ein brillanter Journalist mit ausgesprochen satirischer Gabe und abweisendem Benehmen, aber sein angeborener persönlicher Charme und seine Loyalität zogen viele Talente an. Später lobte Becke seinen ersten Verleger immer über alle Maßen, der ihn ›die Geheimnisse der Verdichtung und Einfachheit der Sprache gelehrt‹ habe.

Dieser berühmte Verleger hörte sich ein paar von Beckes Erlebnisses an und bat ihn, doch etwas für sein Magazin zu schreiben. Aber Becke hatte noch nie eine Geschichte geschrieben. »Wie macht man denn das?« fragte er.

»Schreib nur so, wie du es mir jetzt erzählt hast; das gibt verdammt gute Geschichten«, riet ihm Archibald. Becke nahm ihn beim Wort und kehrte in seine dürftig möblierte Wohnung an der William Street zurück, wo er auf einem aus Ginkisten geschreinerten Tisch ein halbes Dutzend Geschichten zusammenkritzelte.

Das *Bulletin* nahm sie an, und Becke schrieb noch ein halbes Dutzend. Diese Geschichten kamen ein Jahr nach Stevensons Tod, 1894, in London unter dem Titel *By Reef and Palm* heraus.

Für die Londoner Ausgabe des Buches wollte Becke einen gefeierten Schriftsteller für eine Einführung haben. Er schrieb an den Earl of Pembroke, der 1870 mit seiner Yacht die Südsee befahren hatte und auf einer der Inseln Schiffbruch erlitt. Der Earl und sein Freund Dr. G.H. Kingsley hatten über ihre Kreuzfahrt ein Buch geschrieben mit dem Titel *South Sea Bubbles*, das viel gelesen wurde und noch zwanzig Jahre später unvergessen war, denn es hatte einiges über die Missionare gebracht und über die geschimpft, die sie unterstützten. Als Pembroke damit einverstanden war, schickte Becke ihm einiges bunt gefärbtes und fantasievolles autobiographisches Material, das Pembroke in die Einführung übernahm und so jene in die Irre führte, die später die Tatsachen von Beckes Karriere zusammentrugen.

By Reef and Palm verkaufte der Autor für 65 Pfund; es erlebte viele Auflagen und wird auch heute noch nachgedruckt. Es war der erste von über dreißig von Becke geschriebenen Bänden; in Zusammenarbeit mit dem Journalisten Walter J. Jefferty aus Sydney schrieb er noch sechs historische Romane.

Er war sein Leben lang zum Wanderer bestimmt, doch nun lagen seine Pfade in eher zivilisierten Landen, als er seine Karriere als Schriftsteller fortsetzte. Für sein Material war er jedoch von seinen Jahren des Herumstreifens abhängig. 1896 borgte er sich 200 Pfund von Archibald und machte sich auf nach London, wo er zur Sensation wurde.

Britische Interviewer sprachen von einem ›Rudyard Kipling des Pazifik‹ und fanden in ihm einen Mann, der wenig Mätzchen machte und die nette Angewohnheit hatte, nach Drinks zu ›plärren‹. Man beschrieb ihn als schlank und drahtig und gut mittelgroß. Immer war er von den blauen Wolken seiner Tabakspfeife eingehüllt, und sein Garn spann er in einem ausdrucksvollen breiten Dialekt mit den Resten seines Stotterns aus der Kinderzeit: »Ich kannte mal einen M-M-M-Missionar. . .« Geschildert wurde er als düster und melancholisch, aber wenn er erregt war, sah er aus, als könne er durchaus für sich selbst sorgen. ›Sein Gesicht ist gebräunt, dunkelbraun von den Jahren einer glühenden Sonne‹, hieß es einmal in einem Interview. ›Er hat ein rastloses, herumschweifendes Auge. Sein Haar ist schwarz und mit grauen Strähnen durchzogen. Sein Schnurrbart ist schwer, seine Nase hat einen leichten Adlerschwung. Sein Hals weist tiefe Falten auf, und seine Hände sind – ah! – riesig für einen so schlanken Burschen. Sie sehen aus, als könnten sie eine Kokosnuß oder auch einen Schädel zerquetschen.‹

Beckes freie Schriftstellerei zahlte sich aus, obwohl er seine Bücher glatt verkaufte, statt sich einen Anteil am Verkaufspreis zu sichern. Er schrieb seine Artikel, Bücher und Kritiken, vor allem die ›London Notes‹, schnell in jenem Erzählerstil zusammen, den er sich selbst beigebracht hatte. In den letzten zwanzig Jahren seines Lebens kam jedes Jahr wenigstens ein Buch heraus, und er schrieb außerdem für viele Zeitungen und Zeitschriften noch Artikel unter Pseudonymen wie ›Ula Tula‹, ›Te Matau‹, ›Papalagi‹ und ›A South Sea Trader‹. Wie die meisten Südseeschriftsteller erhielt er viele hundert Briefe von männlichen Lesern, die wissen wollten, wie man zu den pazifischen Inseln komme, was das Leben koste und so weiter. »Aber«, fügt er hinzu, »jeder kam dann schließlich mit sehr gezielten Fragen heraus nach der Art der braunen Frauen. . .«

Eine Generation, ehe das kritische Interesse für Herman Melville wieder erwachte, bewunderte Becke den Walmann der *Acushnet*, ›den einzigen Mann, der sein Geschäft kannte und darüber zu schreiben wußte‹. In seiner Einführung zu einer 1901 erschienenen Auflage von *Moby Dick*, das er für eines der besten je geschriebenen Seebücher hielt, sagte Becke: »Seine Schriften besitzen die Kraft und Faszination, die außer Marryat kein anderer Schriftsteller der See aufbringt. Er war einer von der See; er liebte sie. Ihre Härten, ihr Elend, ihren Hunger, ihre Brutalität und die Größe und Bosheit, die ihn auf seinen Wanderungen durch die beiden Pazifiks immer umgaben. Ungepflegt und zerlumpt, wie er nur allzu oft war, hatte er eine Seele so tief und so weit und so rein wie der Ozean selbst.«

Beckes großzügige Behandlung anderer Schriftsteller stand in krassem Gegensatz zu den häßlichen Plagiaten, unter denen er selbst zu leiden hatte. Unbekannt und arm, blieb er einmal, ehe sein erstes Buch herauskam, im Haus von Thomas Alexander Browne, der unter dem Pseudonym ›Rolf Boldrewood‹ die Beliebtheit gewonnen hatte, die er mit seinen Büchern *Robbery Under Arms* und *The Miner's Right* verdiente. Browne arbeitete an einem Roman über die Inseln, und für 12.10 Pfund Bargeld und das Versprechen, nach Erscheinen des Buches noch mehr zu bekommen, lieferte ihm Becke ein Manuskript, das er über sein aufregendes Leben mit Bully Hayes geschrieben hatte. Das sollte als rohes Hintergrundmaterial für einen Roman Boldrewoods dienen. Aber Becke schrieb so gut, daß Browne dieses Material nahezu unverändert zum Hauptstück seines Romanes machte; *A Modern Buccaneer* erschien 1894 ohne ein Wort der Anerkennung für Becke. Der beste Teil des Romans handelt in Beckes bestem Stil von den Abenteuern eines Frachtmeisters unter ›William Henry Hayston‹ – ein Pseudonym für Bully Hayes – und seinen Erlebnissen auf den pazifischen Inseln einschließlich Schiffbruch der Brigg *Leonora* vor Kusaie.

Am 6. August 1894 beklagte sich Becke bei Browne: ›Du hast das Manuskript gekauft, um die Vorfälle aus meiner Erzählung in eine Liebesgeschichte von Dir zu verweben. . . Ich stellte mir ganz gewiß nicht vor, daß dieses Manuskript ohne Änderungen in Dein Buch als Deine Arbeit eingehen würde. Es war ein Schock zu sehen, daß mein Material als Rahmen für *A Modern Buccaneer* diente, gekleidet in Deine malerische Sprache, so daß es wortwörtlich praktisch das Buch selbst darstellt. Ich dachte, unter Deinen geschickten Händen würde die Geschichte so verändert und verbessert werden, daß meine eigene Arbeit unkenntlich wäre.‹

Becke beriet sich dann mit seinem Anwalt Banjo Paterson, der als Australiens größter Balladendichter die Worte der inoffiziellen Nationalhymne ›Waltzing Matilda‹ geschrieben hatte. Paterson riet Browne, doch öffentlich Beckes Beitrag zuzugeben, und das geschah auch am 3. November 1894 im *Daily Telegraph*, Sydney, wie auch in der einbändigen Ausgabe des Romans. Doch eine Zahlung blieb aus. In Browne hatte er einen ›modernen Freibeuter‹ kennengelernt, der viel schlimmer war als Bully Hayes!

Im Lauf der Jahre verlegte Becke seinen Wohnsitz von London erst nach Irland, dann nach Frankreich, reiste auf Jamaika, im Osten der Vereinigten Staaten und in Kanada. Aber die Inseln fehlten ihm. Sie verfolgten ihn und lockten ihn zurück zu ihren im Sonnenschein badenden Korallenstränden. 1908, im Alter von dreiundfünfzig Jahren, kehrte er mit seiner ganzen Familie nach Wellington, Neuseeland, zurück und brachte eine Unzahl von Plänen mit, um zu einer wissenschaftlichen Expedition von zwanzig Monaten durch die pazifische Inselwelt aufzubrechen. Louis war jetzt Mitglied der Royal Geographical Society und ein ernsthafter Forscher. Die Expedition segelte auch wirklich ab, und im Dezember war er, bewaffnet mit einem Phonographen zur Aufnahme von Eingeborenenliedern und Erzählungen, in Fidschi. Aber aus unbekannten Gründen brach das Unternehmen zusammen, und Louis Becke kehrte untröstlich nach Neuseeland zurück.

Die Familie ging 1911 nach Sydney zurück. Beckes Gesundheit ließ seit einigen Jahren zu wünschen übrig, obwohl er eine große Zeitungsanzeige mit seinem Bild überlebte, in der er Jones' australisches Öl anpries als überlegenes Heilmittel für seinen Muskelrheumatismus wie auch für gelegentliche Beulen und Verstauchungen. Auf dem Foto sieht er nicht gut aus, wenn auch seine Augen leuchten wie immer. Um diese Zeit beschreibt ihn Norman Lindsay als ›mager, adlergesichtig und ausgemergelt mit einem struppigen, herabhängenden Schnurrbart, gehüllt in einen Ulster und mit heiserer Stimme sprechend, die alle Resonanz verloren hat‹. Becke litt auch tatsächlich an einem Kehlkopfkrebs.

Eine Zeitlang war er in einer Privatklinik und erholte sich so weit, daß er im Hotel York Wohnung nehmen konnte, das sich unter den Dutzenden ähnlicher Häuser in Sydney nicht herausfinden läßt. Am Morgen des 18. Februar 1913 fand ihn ein Zimmermädchen tot in seinem Stuhl, die Manuskriptblätter einer unvollendeten Kurzgeschichte auf dem Tisch verstreut.

Einmal während seiner heitersten Zeit auf den Inseln mag Louis Becke eine Ahnung von seinem Tod gehabt haben, denn er schrieb: ›Denison‹ – Beckes fiktives Zweites Ich – ›wünscht sich oft, er könnte jene sieben Monate in Leassé noch einmal leben und seine spätere Respektabilität einfach hängen lassen; denn für Männer wie ihn heißt Respektabilität Lieferantenrechnungen, eine kranke Leber und das Gefühl, daß er mit ausgezogenen Schuhen auf einem Bett sterben will und von schäbigen Unholden, die nach Gin stinken, bepfotet wird.‹ Louis Becke hätte auf See oder auf einem seiner goldenen Atolle sterben müssen, wo er als einsamer Händler gedient hatte. Dort hätte er angemessen beerdigt werden können. So wurde er mit einer Zeremonie der Church of England in einem blasierten Vorort von Sydney begraben in Anwesenheit seiner Witwe, eines Neffen und drei älteren

Brüdern. Das Grab im höchsten Teil des Waverley-Friedhofes wird noch heute von jenen besucht und geschmückt, die australische Literatur lieben. Es gibt eine tröstliche Tatsache: Die Stelle liegt so, daß Louis Becke auf die funkelnde Tasmanische See hinabschauen könnte.

Louis Becke, als Junge in Sydney aufgewachsen, hatte davon geträumt, ein Pirat zu werden. Und ehe er zwanzig war, beschuldigte man ihn auch der Piraterie. Zweifellos erlebte Becke seinen Höhepunkt mit achtzehn, als er unter Bully Hayes diente, aber die Tatsachen seiner Verbindung mit diesem wilden Freibeuter sind schwer nachzuprüfen. In drei verschiedenen Werken spricht Becke von besonderen Zusammenkünften mit Hayes, und wenn man sie zusammenlegt, kommt man auf einen groben Zeitplan. In ›Bully Hayes, Buccaneer‹, erschienen im Jahr vor Beckes Tod, berichtet er, Hayes habe er in einem Saloon in San Francisco kennengelernt und sei ›fünf Jahre später‹ bei ihm Frachtmeister geworden. In ›Skippers I Have Sailed With‹ sagt er: ›Während der beiden Jahre, die ich mit Bully Hayes verbrachte, habe ich viele hundert Inseln besucht.‹ Im September 1914 veröffentlicht das Magazin *Adventure* posthum einen Brief Beckes, der von Bully handelt: ›Ich kannte ihn, als ich noch ein Junge war, und segelte mit ihm als Frachtmeister und Arbeiterwerber über mehr als vier Jahre.‹

So resümieren wir, daß Becke Hayes von verschiedenen Orten her kannte, länger als vier Jahre mit ihm fuhr und mit ihm viele hundert Inseln besuchte. Leider ist das alles falsch. Hier die Tatsachen:

Zu bezweifeln ist, daß Becke Hayes in San Francisco getroffen hat, denn es gibt keine Unterlagen dafür, daß die beiden gleichzeitig in dieser Stadt waren. Becke sah Hayes vielleicht ein paarmal, als er in Mrs. Macfarlands Laden in Apia, Samoa, arbeitete. Am 3. Dezember 1873 wurde Becke von Mrs. Macfarland mit einer wurmzerfressenen Ketsch, der *E.A. Williams*, zu Hayes geschickt, der auf den Marschall-Inseln wartete, wo er einem arglosen Häuptling das wertlose Boot für gutes Geld andrehen wollte.

Becke segelte nach Mili Atoll und lieferte am 17. Januar 1874 das Schiff ab, und da begann sein Dienst auf der *Leonora*. Länger als 57 Tage war er aber nicht auf diesem Schiff, denn am 15. März erlitt es in einem Hurrikan Schiffbruch und wurde völlig zerstört. Danach waren Hayes und Becke als Gestrandete an Land, bis das Kriegsschiff *Rosario* in Kusaie ankam und die beiden für immer getrennt wurden. Aber selbst in diesen sechs Monaten an Land sah Becke wenig von Bully, denn er verließ den wilden Kapitän sehr bald und lebte für sich in Leassé auf der anderen Inselseite. Von dieser Zeit schrieb Becke: ›Und die Erinnerung der sieben glücklichen Monate, die er dort verbrachte, bleiben ihm, wenn er auch grau und respektabel wurde und nicht mehr handeln geht.‹

So war also Becke nicht vier Jahre lang mit Hayes zusammen; auf der *Leonora* fuhr er 57 Tage, und von denen wurden auch viele auf verschiedenen Inseln verbracht. Auch waren es keine vielen hundert Inseln, sondern nach Mili vermutlich drei. Er kannte Hayes acht Monate lang, und viel längere Zeit war er auf der Flucht vor dem Zorn dieses unberechenbaren Freibeuters.

Louis Becke war kein Lügner, aber ein Schriftsteller. Und Bully Hayes war sein Feiertagsheld. Wir wollen, wenn er seine Abenteuer beschreibt, nicht kleinlich die einzelnen Tage oder Monate nachrechnen, denn die Tatsachen, die Becke berichtet, stimmen meistens, und wer einmal dem Zauber der Südsee verfallen ist, sollte wohl nicht übermäßig streng beurteilt werden. Der Achtzehnjährige, der einen wurmstichigen Sechzigtonner an den größten Freibeuter jener Tage ablieferte, könnte folgendes erlebt haben:

Die Reise nach Nordwesten war eine elende Sache. Nach zweiundvierzig Tagen auf dem wilden Pazifik unter einem gingetränkten holländischen Kapitän taumelte die *Williams* in das Mili-Atoll, wo vor einem halben Jahrhundert die Meuterer der *Globe* gelandet waren. An dem Strand, wo Sam Comstock eine Kathedrale hatte bauen wollen, wartete der bärtige Bully Hayes und fluchte erbärmlich, weil seine Pläne so lange hinausgezögert worden waren. »Wir segeln diese Ketsch morgen früh nach Arno«, knurrte er.

Als aber Hayes die lecke Ketsch vor Anker brachte, packte Becke sein Zeug und informierte Bully, daß er sich weigere, noch einen Tag länger auf diesem Seelenverkäufer zu bleiben, wenn er nicht auf dem Deck eines ordentlichen Schiffes mitgenommen werde. Bully stieß mit dem Daumen durch den Rumpf und holte Rat bei Ah So, seinem chinesischen Zimmermann. Er beschloß, die *Williams* auf den Strand zu setzen und aufzugeben.

»Auf die Art geht sie nicht unter, und wir können später vielleicht zurückkommen und sie verkaufen«, meinte er dazu. »Aber jetzt kann ich nicht darauf waren. Augenblicklich, junger Becke, hast du keine Möglichkeit, nach Samoa zurückzukehren. Warum heuerst du nicht als mein Frachtmeister an?«

So tat sich Louis Becke mit Bully Hayes zusammen, der später seine farbigste literarische Schöpfung wurde. Ein Vorfall aus der Saga ereignete sich wenige Minuten, nachdem Becke an Bord der *Leonora* kam. Drei Männer, vom Kapitän eines Walbootes aus New Bedford an Land gesetzt, kamen heran und baten Bully, sie mitzunehmen. Hayes weigerte sich auf so unnötig scharfe Art, daß der Anführer ihm anbot, ihm den Kopf einzuschlagen. Hayes ließ sofort das Deck freimachen und schlug in einer einzigen Runde alle drei nacheinander zusammen. Dann bekam jeder ein Glas Grog, und danach schickte er sie mit einer Flasche Arnikatinktur an Land, wo sie ihre Wunden pflegen sollten.

Mit Hayes reiste Becke nach Kusaie, zu dieser lieblichen Insel, auf der er die glücklichsten Monate seines Lebens verbrachte. Bis zu seinem Tod kehrte sein Geist immer wieder zu diesen köstlichen Tagen auf Kusaie zurück und zu seinen freundlichen braunen Menschen.

Auf recht dramatische Art erfolgte dort sein Einzug. Noch 1825 war die Insel von etwa elftausend schönen, männlichen und kriegerischen Eingeborenen bewohnt gewesen. Dann dezimierten europäische Krankheiten, vorwiegend die Masern, diese Zahl; danach kamen amerikanische Missionare, die Kleider einführten, welche wiederum Lungenkrankheiten zur Folge hatten. Als Becke dort ankam, lebten nur noch etwa vierhundert Menschen. Die verängstigten Leute vertrauten ihm an, früher hätten sie sich vor nichts und niemandem gefürchtet, doch seit so viele merkwürdige Dinge auf der Insel passierten, hätten sie Angst, und deshalb sei auch ihr Kampfgeist geschwunden. Nun wurden sie verfolgt und getötet von einer Bande von Pleasant Island.

König Togusa, ein ergrauter alter Mann von etwa sechzig, vom Rheuma verkrümmt, empfing Hayes und Becke in seinem strohgedeckten Palast am schönen Hafen von Lele. Er trug eine schwarze Frackjacke, weiße Hosen und Patentlederschuhe. Während Louis mit der schönen und einem Flirt nicht abgeneigten Königin Sa sprach, trank der König Bullys Brandy und erklärte, wie die Eindringlinge Kusaie im Griff der Angst hielten.

Hayes war sehr bald Herr der Lage und erklärte sich bereit, die Eindringlinge von Pleasant Island und die weißen Händler, die sie anführten, auf einer von Bullys Lieblingsinseln anzusiedeln. Bevor die *Leonora* sich wieder auf den Weg machte, kamen der alte König und seine junge Königin an Bord, um in Louis Beckes Handelsraum einige Einkäufe zu tätigen. Sie kauften bedruckte Stoffe und Messer für 200 Dollar, dann zog sich der König zurück, um Brandy in Bullys gemütlicher Kabine zu trinken, während Louis, wie er später sagte, ›die große Ehre hatte, der Königin Sa eine gelbe Seidenbluse und zwei Paar Patentlederschuhe anzuprobieren und zu verkaufen‹.

Die überbelegte Brigg legte nach Port Lottin ab, ein paar Meilen weiter nördlich, um dort Lebensmittel an Bord zu nehmen, ehe sie Kusaie verließ. Um sieben Uhr abends ankerten sie gegenüber dem inneren Riff dieses Hafens in vierzehn Faden tiefem Wasser neben zwei Walfängern aus New Bedford, der *St. George* und der *Europa*, an der tiefen, schmalen Passage in die offene See.

Um die Dämmerung dachte Louis, der bisher Schweine und Yams abgewogen, bezahlt und verstaut hatte, an das Abendessen, zu dem er auf einem der Walboote eingeladen war. Gleichzeitig legte sich plötzlich der Passatwind, der den ganzen Tag über geweht hatte – was zu dieser Jahreszeit immer noch ein gefährliches Zeichen ist. Das Barometer fiel sehr schnell.

Hayes war wetterkundig und schickte ein Boot hinüber, um die Walfänger zu warnen, sie sollten lieber auf See hinausfahren, aber sie wollten nicht riskieren, jetzt durch das Riff zu steuern, da sie einen guten Ankergrund hatten. Das hieß also, daß die *Leonora* nicht entkommen konnte. Ihre Lage war nicht gut, dem Strand zu nahe und mit zu wenig Platz zum Drehen. Der höher werdende Seegang ließ auch eine Verkürzung des Kabels nicht zu.

Bully ließ Oberbram- und Topgallantsegel einholen, die Holzladung von Deck schaffen und die Boote an den Davits nach innen festmachen. Die einheimischen Passagiere wurden nach unten geschickt, damit sie aus dem Weg waren. Noch ging nicht der leiseste Windhauch, aber die hohen Wellen tauchten die Brigg fast bis ans Baumende ins Wasser. Die Luft war so schwül und drükkend, daß die Leute von Pleasant Island nur mit der Drohung unten gehalten werden konnten, der erste, der heraufkomme, werde erschossen. Einige bettelten darum, sie an Land schwimmen und dort die Nacht verbringen zu lassen; Hayes ließ sie gehen. Sofort sprangen zehn Männer und sechs Frauen über Bord in das haiverseuchte Wasser und schwammen zum Dorf Utwe. In der Dunkelheit waren sie sehr schnell nicht mehr zu sehen.

Dann kam, so unvermittelt und heftig wie ein Kanonenschuß, aus Süden ein heißer Luftstoß, der sich schnell zum Hurrikan entwickelte. Die See wurde zum Ungeheuer. Louis Becke hatte so etwas noch nicht erlebt, wie die Brandung an das Riff donnerte, das nur ein paar Kabellängen von der Brigg entfernt war. Es war ein ungeheurer Lärm, wenn die Sturzseen auf die hohle Kruste der Korallenriffe schlugen, und Becke standen die Haare zu Berge. Ein summender Unterton erschreckte die Eingeborenen von Pleasant Island ganz besonders, und sie flehten Hayes an, er solle sie doch an Deck kommen lassen, weil ›der Bauch der Erde gleich platzen‹ werde. Bully erlaubte es, die Leute brachten ihre Snider-Karabiner in Beckes Handelsraum unter, um sie vor dem Salzwasser zu schützen, und dann klammerten sie sich an das schaukelnde Deck.

Der Handelsraum sah fürchterlich aus, denn auf dem Boden polterten Kisten mit Alkohol herum, in denen die Flaschen zerbrochen waren, Schießpulver, Konzertinas und elegante Damenhüte hatten sich mit allen möglichen anderen Dingen vermengt. Louis war gerade dabei, ein bißchen Ordnung zu schaffen, als Bully Hayes seinen Offizieren zuschrie, sie sollten aufpassen.

Vom Nordwesten her kam ein dröhnendes Röhren, und in einer halben Minute erlebte die *Leonora* einen Wirbel aus Wind, Regen, Schaum und Palmblättern. Mit einem Ruck lösten sich die Anker, und das Wasser raste ihnen wie immense nasse Decken entgegen.

Bully Hayes stand im Stern, lotete die Tiefen aus und war so ruhig, als sei er beim Forellenfischen. »Laß doch den Ladenraum«, riet er Louis fast gemütlich. »Hol alles an Waffen und Munition zusammen, was du finden kannst, und verstau es in den Booten. Zehn Faden Kabel – mehr kann ich nicht geben; da gibt's zu viele Korallenpilze, und wenn wir einen berühren, haben wir ein Loch im Rumpf. Dann frißt uns die See innerhalb von zehn Minuten, wenn die Kabel so lange aushalten.«

Dann folgte wieder eine merkwürdige Windstille, während der das Glas stürzte, und Becke lud schwere Kisten mit Chronometern, Sextanten, Karten, die Schiffsbücher, Silberplatten und etwa sechstausend Silberdollar ein. Auch etliche Winchesterbüchsen und Patronen verstaute er. Ein Halbblutmädchen von den Osterinseln namens Lalia half ihm. Die anderen Eingeborenen hatten zuviel Angst, aber Lalia nahm ein Entermesser aus dem Rahmen, fluchte heftig auf Englisch, Französisch, Spanisch und in der Walfängersprache und drohte jeden zu ermorden, der sich nicht beeile.

Louis konnte gerade die erste Kiste in eines der Walboote verladen, als eine See über Deck krachte und alle Frauen bis auf Lalia in die Flucht schlug. Eine Sturzsee nach der anderen tobte heran, riß das vordere Deckshaus mit über Bord, tötete vier Mann in der Takelage und flutete die Kabine.

Zwei Starbordkanonen brachen los und rutschten auf die Portseite. Das große Beiboot wurde weggerissen und über Bord geworfen, aber ein halbes Dutzend Rotuma-Seeleute sprang nach, nahmen Kanupaddel und retteten es vor den zerstörerischen Korallen. Becke erhielt Befehl, sich um das Boot zu kümmern, doch ehe er das noch tun konnte, begrub der nächste Brecher fast das Schiff. Becke und der chinesische Zimmermann Ah So retteten sich nur dadurch, daß sie sich in den Falleinen eines Bootes festklammern konnten.

Das Dröhnen des Sturmes nahm erneut zu, und Hayes schrie dem Zimmermann zu, er solle die Masten kappen, denn das Wasser ergoß sich nun wie ein Strom auf das Deck. Sechs große Wassertanks von mittschiffs trieben herum, als eine weitere Sturzsee das Schiff nach Port legte, aber die großen Masten wurden gekappt und stürzten über Bord, so daß sich das Schiff wieder aufrichten konnte.

Ein alter Seemann, früher einmal, vor sehr langer Zeit, Kamerad eines Kriegers, hatte sein großes Beiboot mit einem halben Dutzend von seinen Halbblutsöhnen bemannt und kam vom Strand her, um Frauen und Kinder zu retten. Man konnte sie kurz sehen, doch dann verschwand das Boot mit allen Insassen in der Dunkelheit, und Hayes drängte die Frauen, sie sollten über Bord springen und an Land schwimmen, denn das Deck der Brigg war nun schon unter Wasser.

Eine große, starke Frau von Ocean Island, die ihr Baby mit Sennitbändern an ihren Rücken gebunden hatte, schrie Hayes zu: »Captain, wenn ich sterbe, dann sterbe ich!« rieb Nasen mit ihm und sprang in die See. Am nächsten Morgen fand man sie tot von schrecklichen Korallenwunden, aber neben ihr schlief das Baby tief und fest; mit letzter Energie hatte sie es noch unter Gras und Blättern in Sicherheit gebracht.

Die Brigg war mit dem Gesicht voran der Küste entgegen verankert gewesen, doch die Sterntrossen lösten sich eine nach der anderen auf. An ihrem kurzen Kabel legte sie sich in den Wind und wurde wie eine Nußschale herumgerissen. Die Korallenriffe, die vorher in sicherer Entfernung waren, sahen nun aus wie riesige Fänge in einem grinsenden Maul, als das Wasser unter der Gillung stieg und fiel.

Das Mädchen Lalia war ziemlich erschöpft, aber sie hatte sich geweigert, ins Rettungsboot zu springen, denn sie wollte bei Louis bleiben, um die restlichen Wertsachen zu packen. Sie rannte nach unten und kam gleich darauf zurück mit einem großen Eingeborenen von Pleasant Island, der den Chinesenkoch Ah Ho mitschleppte, der vor Angst und Gin wie gelähmt war. Hayes warf in seinem Zorn den Koch über Bord, doch er landete neben einem Boot, dessen Besatzung ihn erstaunlicherweise auffischte.

Becke ging noch einmal mit Lalia hinab, um eine weitere Kiste heraufzuholen, und Karta half dabei, doch das letzte Kabel riß nun. Die Brigg hob den Stern hoch in eine riesige Sturzsee und krachte herunter auf eine Korallenschulter. Das Ruder wurde abgerissen und glatt durch die Decksplanken geschleudert.

Lalia stürzte rücklings in die Kabine, die schwere Kiste rutschte auf sie und zerschmetterte ihren linken Fuß. Vergeblich versuchten Karta und Becke, sie unter der Kiste herauszuholen; ein Rotuma-Seemann hörte die Schreie und bekam sie endlich frei. Sie war ohnmächtig geworden und wurde auf des Stewards Koje gelegt.

Als diese letzte Schatzkiste in das Boot geworfen war, krachte die Brigg wieder auf einen Korallenfelsen, der unter der Starbordgilling ein riesiges Loch in den Rumpf riß. Sie nahm schnell Wasser auf.

»Jetzt ist's endgültig aus mit ihr«, röhrte Bully über den Sturm, doch in stoischer Ruhe. »Springt über Bord und schaut, daß ihr ein Boot kriegt. Aber wartet eine hohe See ab, sonst werdet ihr auf den Korallen zerschmettert.« Die meisten Eingeborenen zogen es vor, in dem kochenden Wasser zu schwimmen, statt nach einem Boot zu springen, aber etliche ertranken. Dabei ist es nicht leicht, einen Mikronesier ertrinken zu lassen, sie schwimmen wie Fische. Andere wurden an das Riff geschleudert, wo sie an ihren Wunden verbluteten.

Louis Becke fiel plötzlich ein, daß Lalia noch unten war, und mit Karta und einem Mann aus Manila ging er hinab, sie zu retten. Sie saß auf Ah Hos Bunk in der halbdunklen Kabine, ihr Haar war aufgelöst, in ihren Augen hockte nackte Angst. In der Kabine schwappte drei Fuß hoch das Wasser.

Becke trug sie hinaus. Sie riß sich das Kleid ab, und halbnackt kämpfte sie sich Hand in Hand mit ihm den Aufgang hoch, bis eine Sturzsee herabkam und die Lampen löschte. Die gleiche Welle schwemmte die Leiche eines kleinen Eingeborenenjungen heran, auf den ein Rad gestürzt war, als das Ruder weggerissen wurde.

Karta trug das Mädchen auf den Armen hinauf, und halb ertrunken kamen sie auf Deck an. Die Brigg war mit dem Bug schon unter Wasser, mit dem Heck hing sie noch an einem Korallenpilz fest, und jede Welle riß ihre Wunden noch weiter auf. Bully Hayes nahm Karta das Mädchen ab, dann wurden sie alle über das Heck gespült. Die Brigg rollte vom Riff ab und sank langsam unter die zerklüftete Felsleiste in vierzehn Fuß Tiefe, bis nur noch der Stumpf des Vortopmastes aus dem Wasser ragte.

Von dem tapferen Mann aus Manila fand man nur noch den rechten Arm mit der Schulter; mehr hatten die Haie nicht von ihm übriggelassen. Hayes erreichte den Strand im großen Beiboot, das von einer riesigen Welle über das innere Riff getragen wurde, und begann sofort mit der Bergung der Waren aus der gesunkenen Brigg.

Lalia, Becke und Karta klammerten sich an die Bruchstücke eines Bootes und trieben in einen Mangrovensumpf eine Meile den Strand hinab. Sie wurden furchtbar durchgeschüttelt. Louis hatte so viele Beulen und Abschürfungen von den Korallen, daß er niemals festen Boden erreicht hätte, wäre er nicht von Karta und der mutigen Lalia gestützt worden. Die beiden hielten ihn fest, wenn er sich fallen lassen wollte, um zu ertrinken.

Um die Dämmerung sahen die Schiffbrüchigen, als sie auf die See hinausschauten, daß die beiden Walboote, die den Hurrikan sicher überstanden hatten, durch die schmale Passage in die See hinausglitten. Die Kapitäne waren klug genug, zu fürchten, daß Bully Hayes, nachdem er sein Schiff verloren hatte, nicht zögern würde, eines zu nehmen, das gerade in der Nähe war. Und sie hatten recht; Hayes und die anderen hartgesottenen Überlebenden wären nur allzu glücklich gewesen, wenn sie eines der Walschiffe hätten kapern können. Aber die Yankees kannten Bully schlechten Ruf gut genug und ließen ihn und seine Mannschaft auf Kusaie hängen.

An Land begann der Terror nun erst recht. Die Männer von Pleasant Island machten sich wieder an die Verfolgung der sanften Kusaianer. Später erzählte Becke einem Zeitungsmann: »Eines Nachts griffen also unsere anderen Südseeinsulaner diese Leute von Pleasant Island mit Gewehren, Messern, Steinen und Keulen an, und ich ging hinaus in der Hoffnung, diesen Kampf stoppen zu können. Alle kämpften wie die Irren, und mich schlug man prompt zusammen und pflanzte ein Messer in meinen Kopf. Es ging bis auf den Knochen.«

Wir haben schon gesehen, daß Hayes auf Kusaie in der Art eines Wahnsinnigen wütete. Becke beobachtete voll wachsender Angst diesen Irrsinn, und eines Tages wurde ihm klar, daß es da keine Hoffnung gab. Bully hatte entdeckt, daß eines seiner Handelsjournale fehlte. Rasend vor Wut behauptete er, das habe er nicht selbst verloren. Er marschierte in sein Schlafzimmer, trieb fluchend etliche Weiber hinaus und erschien im nächsten Moment mit einer Menge Chronometern auf den Armen. Er stand unter der Tür und riß die kostbaren Instrumente aus ihren Behältern, um sie auf den Korallenplatten des Fußbodens zu zerschlagen. Er schwor, er werde eine Fackel an die von ihm aufgebaute Handelsstation halten und jeden darinnen rösten, er schlug mit den Händen herum und schnitt wilde Grimassen, dann taumelte er wie ein Betrunkener zum Strand hinab und hockte brütend auf einem Felsblock.

Das reichte nun dem neunzehnjährigen Louis Becke; er teilte Hayes mit, daß er ihn verlassen werde.

»Wo wirst du leben?« knurrte Hayes.

»Weg von hier, auf der anderen Inselseite«, erwiderte Becke.

»Du verdammter Grünschnabel nimmst die Sache viel zu hitzig«, brummte Hayes, aber als er sah, daß sein junger Helfer fest entschlossen war, legte er seinen großen Arm um Louis und reichte ihm ein Quart Gin. Mit diesem väterlichen Geschenk wünschte er Louis viel Glück.

Den Rest dieser Monate auf Kusaie verbrachte Louis bei den sterbenden Stämmen als deren geehrter Gast; sie lebten im poetischen Dorf Leassé friedlich, während der Rest der Insel in Meuterei und Trunkenheit verkam.

Louis wohnte in einer kleinen grasgedeckten Hütte und genoß den Frieden, den er sein ganzes Leben lang immer in wundervoller Erinnerung behalten sollte. Er schrieb darüber: ›Bei Tagesanbruch erwachte er, lag auf seinem Mattenbett auf dem Boden aus Rohr und lauschte dem Lied der Brandung am Barriereriff eine Meile weit weg. War dieses Lied schnell und klar, so hieß das, daß in den blauen Wassern dahinter nicht gefischt werden konnte, denn die Brandung ging hoch, und die Strömung war stark; war jedoch nur ein sanftes Murmeln zu vernehmen, dann aßen er und ein Dutzend braunhäutiger Männer und Kusis eine hastige Mahlzeit aus Fisch und gebackenem Taro, und dann trugen sie ihre rotgemalten Kanus zum Wasser hinab, paddelten hinaus durch die Passage im Riff, fischten den Bonito mit dicken Ruten aus Puaholz und köderlosen Haken aus schimmernden Muscheln.

Dann kam die Sonne heiß und kräftig heraus, und der Passatwind ließ den Ozean schwellen mit weißen Schaumkronen; da eilten sie zurück zum leuchtenden Strand von Leassé, wo die Frauen und Mädchen ihre Rückkehr erwarteten, einige mit Körben in den Händen, um den Fisch nach Hause zu tragen, andere mit Kürbissen voll Wasser, das sie, wenn sich die Fischer bückten, auf sie gossen, um die Salzkrusten von ihnen abzuwaschen.‹

Als hätten die Götter sich entschlossen, alles in Louis Beckes großes Abenteuer zu packen, was irgend möglich war, ließen sie es auf eine recht dramatische Art zu Ende gehen. Ein britisches Kriegsschiff, die *Rosario*, kam nach Kusaie, um Bully Hayes der Gerechtigkeit zu überliefern. Der Kapitän war gut mit Soldaten ausgestattet und verhaftete Louis Becke formell wegen Piraterie. Die Ladenbesitzerin auf Samoa, Mrs. Macfarland, hatte ihn beschuldigt, die wurmzerfressene alte Ketsch *E.A. Williams* gestohlen zu haben, die er und Hayes am Riff von Mili aufgegeben hatten. Er wurde eingesperrt und nach Australien gebracht, um als Pirat abgeurteilt zu werden. Zum Glück hatte er jedoch noch eine Vollmacht der Mrs. Macfarland, die bewies, daß er nach bestem Wissen und Gewissen über das Schiff verfügen konnte. So säuberte er im reifen Alter von neunzehn Jahren seinen Namen vom Makel der Piraterie und war frei, um sich anderen pazifischen Abenteuern zuzuwenden. Über solche Erlebnisse schrieb Louis Becke. Seine Helden sind in der Regel Weiße, die im tropischen Leben gefangen sind. Es sind Händler, Seeleute, betrunkene Kapitäne, Strandläufer, sie haben gewöhnlich Eingeborenenfrauen, wenn auch wenige der Geschichten romantische Liebesaffären beschreiben. Die Eingeborenenfrau wird ganz natürlich akzeptiert, und ein Moralisieren über dieses Problem gibt es nicht. Eine Heirat im westlichen Sinn ist meistens nicht damit verbunden, doch solche Verbindungen dauern oft zwanzig oder dreißig Jahre.

Der traditionelle Becke-Held muß gelegentlich wegen Mordes, Diebstahl oder Trunkenheit die Gesellschaft fliehen; sehr oft läßt er sich nur treiben. Auf den Inseln sieht er sich neuen Problemen der Gewalttätigkeit gegenüber, und es gibt selten eine Geschichte, in der nicht von leidenschaftlichen Ausbrüchen die Rede ist, über die er aber fast wie nebenbei berichtet. Ein Mord ist nicht übermaßig interessant; ein Strandläufer ermordet öfter einmal jemanden, das ist eben so.

Es gibt bei Becke keinen Standard-Schurken. Einmal ist es ein wahnsinnig gewordener Eingeborener, der nahezu zwanzig Menschen umbringt. Dann ist es wieder ein verbitterter Weißer oder ein schlechter Frachtmeister, oder ein rachsüchtiger Maat. Erstaunlich oft enden die Geschichten Beckes mit einem plötzlichen und sogar spukhaften Tod, aber ohne Entsetzen oder Bedauern. So starben die Männer im Pazifik um das Ende des neunzehnten Jahrhunderts, und der Autor schildert nur ein ganz normales Erlebnis.

Alle Kritiker Beckes erwähnen die Eintönigkeit seiner Geschichten; diese rührt oft daher, daß er für mehrere den gleichen Helden verwendet. Beckes Inselmann ist kein Philosoph, kein Poet, kein Held, auch kein Ratgeber und erst recht kein Schöpfer eines Imperiums. Er ist ein ganz einfacher, durchschnittlicher Mensch in einer durchschnittlichen Lage, mitten in einem wilden und heftigen Ozean. Beckes Charme besteht zum Teil darin, daß er nahezu jede Geschichte in der Mitte beginnen kann, denn der Hauptcharakter, egal wie er heißt, ist ein uns schon bekannter Held, den man nicht mehr beschrieben bekommen muß.

Beckes Frauen sind noch besser standardisiert. Die weiße Frau – und sie erscheint viel öfter in den Geschichten, als man anfangs glaubt – zeigt Mut, aber im übrigen sind die Frauen eine trübselige Gruppe, die auf entlegenen Inseln ein trauriges Leben führen. Die Eingeborenenfrauen sind erstaunlich wenig unterschiedlich. Sie kommen und gehen in den Geschichten, stehen ihren Männern in Krisen bei, gebären Kinder und reden wenig. Oft haben sie nicht einmal einen Namen. Selten einmal wird gesagt, warum ein Weißer eine braune Frau heiratet, wenn nicht deshalb, weil es bequemer ist, und wenn man eine Reihe von Erzählungen gelesen hat, ist man der Meinung, der einzige Grund für solche Verbindung ist und bleibt die Bequemlichkeit.

Becke war kein guter Romanschreiber, und nur ein sehr geduldiger Leser wird sich bis zum Ende eines längeren Werkes durchpflügen. Die Charakterisierung ist nicht besonders geschickt, die Ereignisse wiederholen sich, die Verwebung bedeutender und unbedeutender Vorfälle ist ohne jede Raffinesse. Hätte der Autor nur Romane geschrieben, so wäre sein Ruf recht fragwürdig.

Aber als Schreiber von Kurzgeschichten – die Bezeichnung muß man elastisch auslegen – war Becke groß. Wer neu auf Becke stößt und sich an den großen Russen, Franzosen oder Amerikanern gebildet hat, wird sicher aus dem Gleichgewicht geworfen, wenn Becke eingangs schreibt: ›Ich blieb einmal in Rotoava, Low Archipelago, Ost-Polynesien, und litt an Verletzungen, die ich mir in einer wilden Nacht bei einem Bootsunfall zugezogen hatte. . .‹ Aber in einem erstaunlichen Tempo lockt Becke den Leser in eine echte Situation hinein. Überaus kunstvoll und geschickt kommt er unvermittelt zum Höhepunkt seiner Geschichte, dann fügt er einen – irgendeinen – Schluß hinzu, und fertig. Aber wenn der Leser zurückdenkt, wird er bestätigen, daß ihm Becke auf merkwürdige Art einen Sinn für die Insel gegeben hat; daß er ein Gefühl für die traurige Durchschnittlichkeit der Charaktere vermittelt und dazu eine lang dauernde Anerkennung und leise Sehnsucht nach dem Inselleben im Pazifik.

Es ist vielleicht unfair, diese kunstlosen Geschichten als Kurzgeschichten zu bezeichnen; sie sind eher Skizzen. Aber einige sind von sehr überzeugender Kraft. Haie fressen eine Gruppe von Wanderern; ein betrunkener Seemann rudert nachts mit dem Kind seines Feindes davon; ein Liebhaber, dem Unrecht geschah, zieht den Hut vor der Frau, die ihm dieses Unrecht antat; ein mörderischer Deserteur begeht lieber Selbstmord, als daß er sich einfangen ließe. Diese Vorfälle bleiben dem Leser unauslöschlich in Erinnerung.

Handwerklich war Becke geschickt, wenn er die Szene für seine Geschichten aufbaute. Er schweift über den ganzen Pazifik, spricht von den erinnernswertesten Inseln, den widerstandsfähigsten Schiffen, den schlimmsten Piraten. Mit bewundernswerter Sparsamkeit gibt er an, wo sich jede Geschichte abspielt: ›Eines Nachts, als die Barke leise durch das Wasser schlüpfte und die nebelverhangenen Höhen der Berge von Bougainville geisterhaft grau unter den Myriaden Sternen schimmerten, kam Rothesay eine Stunde oder zwei vor der Morgendämmerung an Deck.‹ Mit solchen Beschreibungen nimmt Becke seinen Leser endlos kreuz und quer mit über den Pazifik, wie es kein anderer Schriftsteller besser versteht.

Im Dialog ist er nicht gut, doch sehr oft geben seine merkwürdig geschraubten Dialoge ein besonderes Gefühl dieser Periode; wenn ihnen die dramatische Spannung fehlt, dann vermitteln sie aber die Stimmung und ein sicheres Gefühl jener Zeit. Es ist schwierig, einen Becke-Dialog zu finden, der sich auf Werte bezieht; sie sind fast alle Gespräche von Männern, die sich einer Gefahr ausgeliefert sehen oder mit solchen Problemen wie Mord und Piraterie befassen müssen.

Es liegt auf der Hand, daß sich Louis Becke nicht vergleichen läßt mit so begabten Schriftstellern wie Melville und Stevenson, auch mit den polierten Geschichtenerzählern James Norman Hall oder dem sehr farbigen John Russell. Ihm fehlten auch die Poesie eines Robert Dean Frisbie und die äußerst seltene künstlerische Integrität der Neuseeländerin Katherine Mansfield. Ebenso fehlt ihm das soziale Gewissen seines australischen Zeitgenossen Henry Lawson.

Aber welcher andere Autor, der im neunzehnten Jahrhundert in der Pazifik-Region geboren und aufgewachsen ist, wäre besser als Becke? Er verdient einen sicheren Platz in der Literaturgeschichte des Pazifik, gerade wegen des Fehlens der polierten Reflexe und weil er die rauhe und gesetzlose Periode beschrieb, in der er lebte. Viele alte Pazifikkenner behaupten zum Beispiel, es sei unmöglich, von Stevenson auch nur einen einzigen Pazifik-Hauch zu erhalten. Und in seiner Fähigkeit, eine Geschichte mit einem anscheinend irrelevanten Nachgedanken zu beschließen, der irgendwie die ganze Erzählung zusammenfaßt und verdichtet, der Zeitalter und Ozean mit hineinbringt, ist Becke unvergleichlich. Einmal erzählt er eine weitschweifige Geschichte von einem streitsüchtigen alten Mann, der mit Will Mariner nach Tonga gesegelt war. Die Geschichte ist kunstlos und langweilig, aber am Ende wirft er einen unerwarteten Satz hin, der sein Können spiegelt: »Und jetzt, Mr. Denison und Captain Packenham, werden wir uns, wie ich meine, niemals wiedersehen; ich möchte, daß Sie gut sind zu meinen Söhnen Tom und Sam, und warnen Sie beide vor dem Trinken. Es sind gütige, großzügige Gentlemen wie Sie, die nichts Schlechtes wollen, welche so viele Halbblutburschen in die Hölle schicken.«

Niemand außer Louis Becke hätte so schreiben können.

Leeteg, die Legende

Kurz nach dem Ende des Zweiten Weltkrieges flog ein Pilot tief die japanische Küste entlang und sah etwas sehr Eindrucksvolles. Ein Vulkan stieg aus der See auf, krümmte und verdrehte sich im Sonnenlicht, spie Rauch und Steine, und dann hob sich unter riesigen Zuckungen einer unglaublichen Kraft eine Insel aus den Eingeweiden der Erde in ein brutales Sein.

Als der Pilot zu seinem Stützpunkt zurückkehrte, war er furchtbar erschüttert, denn er hatte etwas gesehen, wovon bisher noch nie jemand Zeuge geworden war. Er hatte gesehen, wie die Erde geboren wurde, und bei einem solchen Anblick konnte man ja wirklich die Nerven verlieren.

Der Autor hat etwa das gleiche Gefühl bei dem Gegenstand, den er jetzt behandelt. Er beobachtete die Geburt einer neuen Legende, die viele Jahre lang als Echo durch den Pazifik geistern wird, und wenn er zurückschaut, so ist die ganze Geschichte außerordentlich erstaunlich, denn dieser Mann machte sich kühn daran, sich selbst mit einer Fabel zu umkleiden. »Ich habe mehr getrunken«, rühmte er sich, »mehr gekämpft, mehr Mädchen verführt und mehr wilde Parties gegeben als sonst jemand auf der Insel, aber das ist alles eine gute Reklame, man redet eine Menge über mich, und so verkauft man dann Bilder.«

Die Legende beginnt an irgendeinem Dienstag auf Tahiti. Das kleine Boot *Mitiaro*, das zwischen den Inseln verkehrt, ist gegen acht Uhr morgens von der Nachbarinsel Mooréa aufgebrochen und pflügt nun etwa vier Stunden lang durch die herrlichsten Gewässer der Welt. Hinter ihr liegen die edlen Berge von Mooréa, die unübertroffenen vulkanischen Minaretts, deren grüne Spitzen im tropischen Sonnenlicht zu tanzen scheinen. Vor ihnen ducken sich die niederen und sanften Hügel von Tahiti, deren Täler ganz leise zur See hinabschlüpfen zu schwarzen Stränden von endlosem, allumfassendem Charme. Kein Schiff der Welt hat einen schöneren und mit zauberhafteren Legenden bestreuten Pfad.

Und keiner ist unbequemer. Es gibt an diesem Morgen keine Sitze, denn sie sind gerammelt voll mit Hühnerkäfigen, während darüber ein halbes Dutzend zusammengebundener Schweine, die sich ihren Weg zum Markt erquieken, die sehr wackelige Marquise in Gefahr bringen. Vorne ist eine Gruppe Mädchen, die den blauen oder grünen Pareu eng um den Busen gebunden haben; sie singen uralte Lieder. Ein müder alter Mann lehnt an einem Sack mit Obst, zupft dazu an einer Gitarre und tippt mit dem Fuß den Takt dazu. Er ist dauernd betrunken, so daß er keine Legende bilden kann, aber hinter ihm lehnt an der Reling ein Mann von ganz anderer Art.

Er ist klein, hat ungewöhnlich kurze Beine und sehr kleine Füße. Er ist nur wenig über fünf Fuß hoch und trägt einen gewebten Manihiki, dessen flappender Rand Sonne und Gischt abhält von seinem runden Gesicht und einen daran hindert, das schüttere schwarze Haar zu sehen, das gerade zu ergrauen beginnt. Es ist ein gutes Gesicht, das unter dem Inselhut herausspäht. Der Mund ist weit, der Unterkiefer schiebt sich ein wenig vor, das Kinn ist fleischig, die Nase groß. Die Augen sind von einem stählernen Blau, und obwohl der Mann von Zeit zu Zeit lacht, weil er alles, was um ihn herum vorgeht, genießt, so ist es doch kein fröhliches, sondern ein ein wenig nervöses Lachen, so etwa, als sei er ein Trinker, der seine Morgenflasche noch nicht gehabt hat.

Und wirklich, fünf Tage in jeder Woche ist der Reisende abstinent, doch am Dienstagmorgen, wenn die *Mitiaro* sich dem Kai des Hafens von Papeete nähert, fühlt er die Annäherung guten Whiskys, und da wird er dann unruhig. Denn das ist sein gewohnter Tag, Papeete zu zerlegen, hinter den halbnackten Mädchen auf der Straße dreinzujagen, Polizisten anzurempeln, Chinesen niederzuschlagen und auf Seeleute zu fluchen. Das sanfte, tolerante Tahiti hat im Lauf der Zeit viele epische Stänkerer kennengelernt, aber keiner übertrifft den merkwürdigen Mann, der ungeduldig auf seine Gelegenheit wartet.

Für einen Fremden wäre es schwierig, diesen kurzbeinigen Mann zu identifizieren. Er sieht aus wie ein Pflanzer aus Südfrankreich, doch Französisch spricht er kaum. Andere sagen in späteren Jahren vielleicht, er könnte der Erscheinung nach ein Zwillingsbruder von Amerikas Senator McCarthy sein, aber er rühmt sich keines Tropfens irischen Blutes. Er ist ein Deutscher amerikanischer Geburt, und wenn er einem Freund etwas zuruft, tut er das im näselnden Dialekt von Arkansas.

»Du, benimm dich heute«, warnt ihn der Freund.

»Werd' ich«, ruft der kleine Mann mit seiner hohen, flachen

Stimme zurück. Alle in Hörweite lachen, denn es ist absolut sicher, daß er um Mitternacht irgendwo in einem Rinnstein liegt oder im Kittchen sitzt, das Hemd zerrissen, mindestens ein Auge blaugeschlagen von irgendeiner ›zufälligen‹ Faust, seine Freunde verschwunden. Ein höllischer Tag wird das werden, dieser Dienstag auf Tahiti. Und jetzt, als das nicht mehr sehr stabile Boot die Vergnügungshauptstadt des Südpazifik ansteuert, schneidet der kleine, stämmige Mann vergnügte Grimassen.

Gegen Mittag ist das Dock in Papeete dicht bevölkert mit Insulanern, die sehen wollen, wie das Boot landet. Braune Mädchen und gelbe Männer und weiße Frauen mit Sonnenschirmen, die vergeblich versuchen, die Mittagshitze abzuwehren, Händler und Landstreicher und viele andere warten darauf, daß die Gangway heruntergelassen wird. Zwei Inselmädchen, die auf dem schaukelnden Seelenverkäufer heftig seekrank geworden waren, springen über die Reling des Beibootes und von da auf das Dock. Ein bißchen unsicher auf den Beinen laufen sie davon vor den Schaukelerinnerungen dieser Reise und tauchen in der Menge unter.

Dann klappern dumpf die Gangplanken aufs Dock. Eine Horde von Passagieren drängt mit Hühnerkäfigen, Bananentrauben, mit Lachen und Küssen herüber. Es gibt viel Rufen, Weinen und Verabredungen von Männern mit hübschen Mädchen, und schließlich steht da nur noch der neunundvierzigjährige, dickliche, krummbeinige Amerikaner da, hat seinen sonderbaren Hut tief über die Augen gezogen und klemmt ein Bündel aus schwarzem Samt unter den Arm. Alle Gewohnheitstrinker von Papeete haben ihm Grüße entgegengeschrien, aber die gesetzteren Ladenbesitzer ignorieren ihn, denn es hat den Anschein, als wolle er anfangen, die Stadt mit seinen Ausschweifungen zu zerlegen, sobald er seine Samte sicher aus dem Weg hat.

Langsam geht er durch die Menge, hinkt ein wenig, denn er erholt sich gerade von einem Anfall von Elephantiasis, und ein Bein ist auch noch etwas geschwollen. In alten Tagen wäre sein Bein immer weiter angeschwollen, bis es dicker gewesen wäre als ein Baum, aber jetzt gibt es die Droge Heterasan, mit der man die Krankheit behandelt, so daß sie nicht mehr zu solchen Entstellungen führt.

Der Amerikaner geht gemütlich weiter zum Postamt, wo er einen großen Pack Briefe und die Stücke schwarzen Samtes aufgibt; darauf hat er nämlich in glühenden Farben eine ganze Reihe von Köpfen schöner Polynesier gemalt. Die Samte behandelt er sehr vorsichtig. Jedes Stück hat ihn selbst 4 Dollar gekostet, doch in letzter Zeit ist der Verkaufspreis bis auf 5000 Dollar hinaufgeschnellt, und er wird reich. Dann geht er zur Banque d'Indochine, wo er die Kabelanweisungen kalt, wie ein nüchterner Geschäftsmann, einkassiert, die im Laufe der Woche aus vielen Teilen der Welt eingetroffen sind. Er läßt sich ein paar tausend Francs auszahlen, stopft sie in seine Taschen, und der Rest wird seinem schnell anwachsenden Konto gutgeschrieben. Mit sorgfältigen blauen Buchstaben schreibt er seinen Namen auf die Quittung: Edgar William Leeteg.

Glücklich schlendert er durch die Mittagssonne von Papeete zu einem kleinen Haus, wo zwei hübsche Kinder eifrig seinen wöchentlichen Besuch erwarten. »Papa! Papa!« schreien sie, kaum daß sie ihn sehen, und dann zerren sie eine schöne Frau in den Blumengarten hinaus. Die Frau hat langes, schwarzes Haar. Sie verbeugt sich vor ihm, und er begrüßt sie herzlich. Bei ihr hat er seine zwei Kinder untergebracht.

Leeteg zieht die Kinder an sich und lauscht ihren Geschichten über die kleinen und großen Freuden der letzten Woche. »Ich hab' auch eine ganz gute Woche gehabt«, sagt er und wirft eine Handvoll Francs auf den Tisch.

»Das ist zuviel, Edgar«, sagt die schöne Frau.

»Kinder brauchen doch immer Geld«, meint er lachend. »Übrigens, du kennst mich ja. Ich vertrinke es doch heute abend.«

Alle lachen darüber, und die Tochter, ein hübsches Ding, das schon bald eine junge Dame sein wird, sagt: »Letzte Woche, Vater, warst du in Papeete sehr schlimm. Du hast fast die Party bei James Norman Hall geschmissen.«

»Diese Woche gibt's keine Sauftour«, verspricht der Vater. Dann küßt er die Kinder, sagt der schönen Frau auf Wiedersehen und geht hinaus in den goldenen tropischen Sonnenschein. »Daß ihr mir auf sie hört«, mahnt er die beiden noch. »Sie weiß, was für euch gut ist.«

Vom Garten aus winken die beiden ihrem stämmigen amerikanischen Vater nach, der auf seinen kleinen Füßen mit schnellen Schritten zu den Hafenbars strebt.

Leeteg hat für den Tag seine Geschäfts- und Familienpflichten erfüllt. Er hat seine Malereien aufgegeben, seine zwei Dutzend Briefe abgeschickt, auf der Bank alles erledigt und seine tahitianische Familie besucht. Jetzt ist er bereit zu Spaß und Vergnügen, als er in die Hauptstraße von Papeete einbiegt. Sie läuft am Kai entlang und hat nichts Vergleichbares auf der ganzen Welt, denn hier, mitten in der Stadt, schaukeln die Yachten an ihren Vertäuungen, und er sieht, daß ein neues, weißes Boot angedockt hat, und das Heck ragt ein Stück nicht weit vom Chinesenladen direkt in die Straße herein. Dort kauft er seine Konserven, deshalb entgeht ihm das Boot nicht. Am Heck steht in schön gemalten Buchstaben *Philante*.

»Yeeeiii!« explodiert er in einen markerschütternden Schrei reinster Freude. »*Philante*! Aufpassen!«

Mit kleinen Tanzschritten, denn seine Beine erlauben keine großen, springt er über die Straße, über das Gras und die Gangplanken hinauf, und sein Schwung trägt ihn fast automatisch aufs Deck, wo er einen Marlinspiek erwischt und damit auf allem herumtrommelt, was er sieht. »Aufstehen, ihr verdammten Höllenhunde!« schreit er. »Aufstehen! Besorgt mir ein Mädchen!«

Aus dem Innern der Yacht kommt ein junger amerikanischer Seemann, und der Maler springt ihn wie ein Bär an, so daß er platt auf dem Deck liegt. Die beiden Amerikaner wälzen sich lärmend herum. »Case, wo ist ein Mädchen?«

Zuschauer haben sich am Kai angesammelt. Der Künstler schreit immer weiter nach Mädchen, und endlich löst sich aus der Menge ein Eingeborenenmädchen aus Raiatéa, das den Schreihals kennt und nun ruft: »Leeteg! Leeteg!«

Der Malerraufbold hält sich einen Moment still, schaut in die Menge, sieht das Mädchen, das eine Spielgefährtin früherer Aufruhrabende ist; er rennt die Gangplanken hinab, packt ihre Hand und zerrt sie auf Deck. Andere Mitglieder der Crew sind von ihrem Mittagsschlaf aufgewacht, und ein Engländer mit sanfter Stimme fleht: »Edgar, doch diese Woche nicht schon wieder!«

»Ich werde nicht einen Tropfen trinken«, verspricht er.

»Im Ernst, wir haben hier am Nachmittag eine Besprechung. Du zerlegst uns nur wieder das Schiff.«

Das Mädchen zögert, dann zieht sie an Leetegs Hand. »Komm, wir gehen zu Quinn's«, flüstert sie.

Er führt eine bunt zusammengewürfelte, etwas zerrupfte Menge zu Tahitis berühmter Bar, und ein paar Herumlungerer, die in der Sonne gedöst haben, werden plötzlich hellwach, als sie hören, Leeteg habe einiges Geld. Die Gruppe besteht nun aus gut einem Dutzend Mitgliedern, und bald sind sie in Quinn's Tahitian Hut, wo Leeteg sofort drei Nischen aus gespaltenem Bambusholz mit Beschlag belegt und Drinks auffahren läßt. Den seinen kippt er mit ein paar großen Schlucken, und am späten Nachmittag ist er nahezu stockbetrunken.

In seinem Rausch rollt er von Quinn's zum Col Bleu, dann zum Dinner mit dem Taxi hinaus zu Les Tropiques; danach mietet er zwei Taxis und fährt mit der ganzen Bande zum Lido im Osten der Stadt. Überall kauft er Drinks für alle, und jetzt erkennt er schon keinen mehr aus der Menge. Um Mitternacht steuert er auf unsicheren kurzen Beinen die *Philante* an und zerrt drei Inselmädchen mit. Als er die Gangplanken zu finden versucht, fällt er in die Bucht von Papeete, doch die Mannschaft holt ihn heraus, tropfnaß und offensichtlich tot.

Doch für Leeteg geht die Nacht erst an. Er zieht sich bis auf die Unterhosen aus, rennt schrill nach Mädchen schreiend durch die Straßen, und endlich klaubt ihn eine auf von seinen alten Geliebten, furchtbar fett und mit nur noch ganz wenigen Zähnen, zieht ihn in ein schäbiges Hotel, um ihn zu verstecken, ehe die Polizei ihn verhaften kann. Eine andere alte Freundin hat inzwischen seine nassen Kleider am Kai eingesammelt und bringt sie ins Hotel, wo die andere, die Dicke, dies als Diebstahlversuch an ihrem Mann für die Nacht ansieht und die Neue mit einem Schuh auf den Kopf schlägt.

Nun beginnt ein großartiges Geraufe. Die beiden Wasserfrontmädchen versuchen einander die Augen auszukratzen, worauf Leeteg, der in seinem Rausch nicht einmal weiß, wer die beiden Mädchen sind, sie zu vernaschen versucht. Plötzlich wenden sie sich gegen ihn und kreischen auf Französisch: »Dir werden wir noch in den Bauch treten!«

Jetzt hat ihr Zorn ein gemeinsames Ziel, und sie greifen ihn an. Mit Flaschen, Schuhabsätzen und einem kleinen Messer versuchen sie ihn zu zerschlagen und zu zerschnitzeln, denn nun erst fällt ihnen wieder ein, wie er ihre Liebe und ihre jugendliche Würde einmal gekränkt hat.

»Den bringen wir um!« kreischen sie.

Die Madame des Hotels hört das Krachen und Zersplittern von Möbeln und erkämpft sich den Zugang zum Zimmer. Sie findet den Amerikaner, alle viere von sich gestreckt, auf dem Boden; er blutet aus etlichen Wunden. Erst hält sie ihn für tot, und auch ihre Schreie hallen nun durch die Nacht, aber dann erhebt sich die Leiche, schaut sich um, erblickt sich zitternd in einem halbblinden Spiegel und reibt sich das Blut aus dem Gesicht. Er versucht es wenigstens, doch er verschmiert es erst recht. Dann schiebt er die drei kreischenden Weiber weg und wankt nackt auf die Straße hinaus.

Ein großer, dicker Polizist, der ein sehr gemütliches, geduldiges Patois spricht, eine einmalige Mischung aus Französisch, Tahitisch und Englisch, watschelt langsam herbei und legt einen dikken, schützenden Arm um den kleinen, stämmigen Künstler. »Eh, Edgar, schon wieder eine ganz große Nacht?« fragt er.

Er führt den Amerikaner in ein anderes Hotel und bittet dort die Besitzerin, ihn zu Bett zu bringen. Diese segensreiche Tat der Barmherzigkeit hat sie schon oft vollzogen, aber diesmal schreckt sie vor dem blutverschmierten Gesicht zurück und will nicht.

»Bitte«, fleht der Polizist. »Die Nacht ist doch vorbei. Bring ihn zu Bett.«

»Werf ihn da her«, knurrt sie.

Natürlich gibt es einigen Aufruhr, ehe der Maler richtig ins Bett gebracht werden kann, so daß einige Zimmer weiter eine Frau, die früher einmal mit Leeteg zusammengelebt hat, dies hört und jetzt weiß, daß er wieder in der Stadt ist. Leise schlüpft sie ihrem Mann der Nacht davon, huscht den Korridor entlang und steuert Edgars Zimmer an. Ihr Mann der Nacht vermißt sie, und er bellt: »Teuru, komm sofort zurück!«

Da er keine Antwort erhält, nimmt er an, sie sei zu Leeteg gegangen, er stürmt daher den Korridor entlang und hämmert an die Tür des Künstlers. »Verdammte Teuru! Sofort kommst du raus!«

Von drinnen hört er ein leises Kichern, und da wird er erst recht wütend. »Ich bring' dich um! Ich bring' dich um!«

Er sagt nicht, wen er umbringen wird, doch nach einer Weile erscheint der geduldige Polizist und sagt ihm, er solle in sein Bett zurückkehren. »Mein Mädchen ist da drinnen!« brüllt der Wütende.

Der Polizist mustert erst den Mann, dann die Tür. »Du schläfst jetzt besser«, rät er.

Als dann alles ruhig ist, geht leise Leetegs Tür auf. Er ist in einen Pareu gewickelt, und hinter ihm schleicht auf Zehenspitzen das Mädchen, das er vor Jahren einmal gekannt hat. Sie huschen durch den dunklen Korridor, hinaus in die duftende tropische Nacht. Von Mooréa her weht ein sanfter Wind, und die Palmen am Strand neigen sich dem Mond entgegen. Lautlos stehlen sich die beiden zufälligen Liebenden aus dem Hotel, über die Hauptstraße und rennen zur *Philante*. Diesmal ist Leeteg in viel zu schlechter Verfassung, die Gangplanken überhaupt zu finden, und so fällt er wieder in die Bucht.

»Er ertrinkt!« schreit das Mädchen auf Französisch.

Ganz ohne Eile schlendert der Polizist herbei, erkundet die Lage und ruft: »He, *Philante*! Habt ihr einen Bootshaken?«

An Bord erscheint ein winziges Licht, dem folgt Case, der amerikanische Seemann, der den ertrinkenden Maler aus der Bucht fischt. Leeteg klettert auf unsicheren Beinchen an Bord, ist aber vom kalten Wasser merklich erfrischt. »Habt ihr Mädchen da?« nuschelt er.

»Herr Jesus, womit haben sie dir das Gesicht gewaschen? Schaut wie ein dünner Schuhabsatz aus.«

»Hast du Mädchen da?«

Der Yachtbesitzer erscheint in Unterhosen. »Verdammt, Edgar. Doch nicht wieder die ganze Nacht, bitte!«

»Hast du Mädchen?« fragt Leeteg heiser.

»Soll ich ihn ins Kittchen bringen?« fragt der Polizist.

»Nein, wir legen ihn hier irgendwo hin.«

»Wo sind die Mädchen?« röhrt Leeteg.

Ein dunkelhäutiges Mädchen kommt über die Gangplanken; es ist jenes, das ihn aus dem Hotel gerettet hat. »Hallo, Teuru«, sagen die Männer von der Yacht.

»Wir lassen ihn da schlafen«, meint das Mädchen vorsichtig.

Aber in dem Moment sackt Leeteg auf dem Deck zusammen, und es sind zwei Männer und das Mädchen nötig, ihn, den Bleisack, in den Salon zu schleppen, wo er sofort glücklich zu schnarchen beginnt. Das Mädchen deckt ihn mit einer Decke zu und legt sich zu ihm. Dann schläft auch Teuru ein. Die Gipfel von Mooréa beginnen rosa zu glühen, und ein Fischerboot kommt mit dem Fang der Nacht in den Zauberhafen. Irgendwo in der Stadt beginnt eine Kirchenglocke zu läuten.

Der Dienstag auf Tahiti ist vorüber.

Dieser Bericht übertreibt in keiner Weise das, was Edgar Leeteg gewöhnlich am Dienstag anstellt. Er macht Aufruhr, verschwendet seine Energien, zerstört seine Gesundheit, paart sich mit jedem Mädchen, das sich finden läßt, kommt oft ins Gefängnis oder ins Hospital und wacht am Mittwoch mit klarem Kopf auf. Daß er solche Ausschweifungen auch nur ein Jahr lang treiben kann, ist ein Wunder. Daß er mitten in einer solchen Nach schließlich starb, ist angemessen.

Wir können in seinem Bericht an einen Freund den Auslöser für solche Ausschweifungen finden: »Ich hab' genügend faule Abenteuer hier erlebt, um viele kommende Jahre mit meinen Erinnerungen anzufüllen.« Niemand kann Leetegs peinlich genaue Berichte von Sauftouren lesen, ohne sich darüber klarzuwerden, daß er sie plante, ausführte und darüber schrieb mit einer Absicht: Er wollte, daß man von ihm redete und ihn als ganz wilden Burschen in Erinnerung behielt. Er wollte eine Legende werden.

Aus welchen Einzelheiten bestand die Legende, an deren Schaffung er so hart arbeitete?

Sein Großvater Lütig (Lutteg, Leeteg) war in Deutschland ein Grabsteinbildhauer, ein Steinmetz, gewesen, sein Urgroßvater ein Architekt. Leeteg war in East St. Louis, Illinois, am 13. April 1904 geboren als Sohn eines Fleischers, der jenseits des Flusses in St. Louis arbeitete, aber Leeteg nahm für sich in Anspruch, sein erster Atemzug sei der jener berüchtigten Luft aus den Schlachthöfen Chicagos gewesen. Später gab er allerdings zu, daß er diese Stadt nie gesehen hatte und auch nie sehen wollte. Mit sechzehn arbeitete er für einen Onkel in Little Rock, Arkansas, und danach hatte er viele Jobs: Baumwollpflücker in Louisiana, Gießereiarbeiter in Illinois, Cowboy in Texas, verschiedene Jobs in Alaska.

Mit zweiundzwanzig bekam er eine gute Stellung bei Foster & Kleiser; das war eine große Firma für Außenreklame in Sacramento, Kalifornien, wo er lernte, von einem kleinen Foto oder einer Zeichnung aus zu arbeiten, die so zu vergrößern war, daß sie ein großes Plakat füllte. Diese Vergrößerungen machte er sogar mit bloßem Auge, und selbst wenn das Plakat von Mammutgröße war, stellte er die Menschen so dar, daß sie ganz einfach rund wirkten. Er mochte strahlende Farben und war besonders stolz darauf, daß er ganze Reklameflächen bemalte, auf denen alle Teile harmonisch wirkten. Danach wurde er ein erfolgreicher Künstler, den man oft beschuldigte, nur ein Lohnschreiber zu sein. Im Schreiben war er aber nie gut und hätte sich damit niemals den Lebensunterhalt verdienen können, aber Kopien von Fotos lebender Menschen stellte er erstklassig her.

Gegen Ende seines Lebens bat ihn ein Bostoner Verleger, er solle doch seine Autobiographie schreiben, doch er brachte nur ein paar Seiten zustande, dann war ihm die Arbeit zu mühsam. Damit verlor die Weltliteratur einen recht saftigen und vergnüglichen Band. Aber er erklärte wenigstens, wieso er ausgerechnet nach Tahiti kam.

»Meine erste Reise nach Tahiti war ein Urlaub von sechs Wochen im Jahr 1930. Ich wählte Tahiti aus einem ganzen Stoß von Reiseprospekten, weil die Rundreisekosten von 134 Dollar genau die Höhe meiner Ersparnisse für den Urlaub ausmachten. Aber mein Urlaub wäre fast erheblich verkürzt worden, denn ich hatte nur 54 Dollar in der Tasche, und die Regierung von Tahiti verlangte davon 20 Dollar als Landesteuer für einen Aufenthalt von länger als drei Tagen.

Ich hätte natürlich mit einem nach Norden fahrenden Dampfer innerhalb von drei Tagen wieder abreisen können, aber ich zog meinen Gürtel enger, verkaufte meine Stiefel und die Kamera und begnügte mich mit einer Schüssel Suppe und Brot, die ich jeden Abend für zwei Francs in einem chinesischen Restaurant kaufte, und borgte mir von einem anderen Amerikaner, C.C. Campbell, der einen Kuriositätenladen, eine Pension und ein Grundstücksmaklerbüro in Papeete hatte, weitere 8 Dollar. Als ein Polizist mich eines Abends bei Dunkelheit auf einem von Campbells Fahrrädern erwischte, schleppte er mich vor Gericht, weil ich ohne Licht gefahren war, und da stand ich ein paar Hungertagen gegenüber. Das Gericht setzte einen Verhandlungstermin fest, der später lag als der Tag meiner Abreise. Campbell riet mir, ich solle den Termin vorverlegen lassen und mich nicht davonstehlen wie ein Hund, der seiner Strafe entkommen will. Das tat ich auch, und ein recht erstaunter Beamter sagte mir das zu. Mein englischer Zeuge vor einem französischen Gericht sorgte dafür, daß Gnade vor Recht erging und ich mit einer Strafe von fünf Francs belegt wurde, die für meine schmale Börse nicht allzu bitter war; dann entdeckte ich allerdings, daß die Kosten sechzig Francs betrugen, denn, wie mir der Beamte erklärte, Tinte und Papier für die Anklageschrift und dergleichen seien ja auch nicht umsonst zu bekommen.

Der tropische Glanz Tahitis überstieg ganz entschieden die schwärmerischen Worte des Reiseprospekts. Ich fuhr per Anhalter in das dschungelbedeckte Fautaua Valley und verirrte mich, als ich den Wasserfall suchte. Ich fuhr ein paar hundert Meilen auf Tahiti herum und nach Tautira, dem allerschönsten Eingeborenendorf. In einem Hotel in der Nähe zog ich mir eine Vergiftung mit Leichengift zu durch ein freies Frühstück, das ein etwas säuerlicher Besitzer gegeben hatte. Um die Zeit hielt ich seine Großzügigkeit für ziemlich sonderbar; danach, als ich vom Fahrrad fiel, in furchtbaren Schmerzen neben der Straße lag und mich krümmte, bis das krampfhafte Erbrechen kam, dachte ich anders. Der Besitzer hatte offensichtlich erfahren, wo seine Lieblingsmagd in der vorhergehenden Nacht geschlafen hatte. Wenige Leute kamen da vorbei, wo ich stöhnend lag, und von denen hielt keiner an, um mich zu fragen, was mir fehlte, oder Hilfe anzubieten. Tahiti scheint von guten Samaritern wenig zu halten und keine zu haben. Wenn es auf Tahiti Wohltäter gibt, dann sind es grundsätzlich die dort wohnenden Amerikaner. Die letzte Nacht meines Tahiti-Urlaubs verbrachte ich in Gesellschaft eines anderen Amerikaners und zweier Inselschönen im alten Tiare-Hotel, das jetzt aufgelassen ist, in jenen Tagen aber der glanzvolle Mittelpunkt der Insel war.

Campbell vertraute mir einige Erinnerungen an, doch das eigentliche Souvenir gab mir das kleine Mädchen von der Nacht vorher. Dieses Souvenir kam mir immer unangenehmer zu Bewußtsein, als ich die Zehntage-Rückreise nach San Francisco machte. Nein, ich kann nicht sagen, daß mein erster Aufenthalt dort mich schwören ließ, wieder zurückzukehren. Wenn ich das Vergnügen mit den Schmerzen aufrechne, hatte ich keine Lust, die Insel je wiederzusehen.

Nach meiner Rückkehr bekam ich die Wirkungen der Depressionen von 1929 zu spüren. Einige meiner Kollegen und Gewerkschaftsbrüder drückten ihr Bedauern darüber aus, daß ich zurückkam, um das bißchen Arbeit auch noch mit ihnen zu teilen. Ein anderer junger Mann hatte meine Arbeit übernommen und beklagte sich bitter, daß ich meinen Job wieder haben wollte. Er war verheiratet, ich nicht, also brauche er die Arbeit dringender als ich. Ich war tüchtiger und williger als etliche meiner Kollegen, und sie übten Kritik an mir, daß ich nicht betont langsam tat. Wochenlang wurde bei der Gewerkschaft wegen ein paar Minuten Zeitzugabe über mich verhandelt, weil ich eine Arbeit auf dem Land fertigstellen wollte, für die sonst am nächsten Morgen wieder ein weiter Weg nötig gewesen wäre. Aber die Treue zu meiner Arbeit bescherte mir die Beförderung zum Vormann der Abteilung für handgemalte Plakate, so daß ich Männer feuern konnte, die unter mir arbeiteten. Das tat ich auch, als sie absichtlich mit der Arbeit herumtrödelten. Jobs wurden da zu Knochen, über denen die sogenannten Brüder erbittert rauften. Man verdünnte die Arbeit ein paar Tage in der Woche so sehr, daß alle Männer in den Lohnlisten bleiben konnten, und trotzdem blieben Arbeitsplätze die Hundeknochen. Eines Morgens kam ich zur Arbeit an einem Plakat, und da war der Oberzeichner und mein bester Freund daran. »Meine Kinder müssen essen!« brüllte er mich an, um seine Verlegenheit zu verbergen.

Das alles ließ eine große Bitterkeit in mir wachsen. Von Campbell erreichten mich Briefe, die mir sagten, auf Tahiti warteten einige Möglichkeiten auf mich. Eine Firma wurde gegründet, die ein Theater in Papeete bauen wollte, und er hatte vorgeschlagen, mir die Dekorations- und danach die Reklamearbeiten zu übertragen. Sie hatten große Pläne. Im Lauf der Jahre machte ich die Erfahrungen, daß man in Papeete immer große Pläne hat, von denen keiner ausgeführt wird. Schon das Träumen macht so viel Vergnügen, und der Profit stammt von denen, die man von seinen Träumen überzeugen kann. Die kleine Dame, die mir das Souvenir verpaßt hatte, schickte mir eine Dose Guavenmarmelade und das Angebot, ihre Plantage mit ihr zu teilen. Beides war nicht gut. Die Marmelade war verdorben, weil ein neugieriger und mißtrauischer Zollbeamter die Dose mit einem Messer durchstoßen hatte.

Um diese kritische Zeit erhielt ich ein kleines Erbe von meinem verstorbenen Vater, alles was von seinem Besitz in Deutschland verblieben war. Seit vierzehn Jahren hatte ich versucht, meine Ansprüche geltend zu machen. Schließlich wandte ich mich an Hitler persönlich, und da bekam ich das Geld frei. Nein, ich verkaufte nicht Amerika oder mich selbst, um das Herz des Diktators zu erweichen; vielleicht waren es nur eine kleine Wesensverwandtschaft und ein brüderliches Gefühl des einen Hausmalers für den anderen, der sich an ihn gewandt hatte. Der Anwalt ging mit uns zu seiner Bank, um den Scheck einzulösen, und nahm am Schalter seine Hälfte im Empfang. Die verbleibende Hälfte verlangte nach einem Entschluß, wie sie auszugeben sei. Mom und ich redeten immer wieder darüber. Sollten wir das Geld dazu verwenden, einen immer dünner werdenden wöchentlichen Lohnscheck etwas aufzurunden? Oder sollten wir uns besser von diesem Kampf trennen und nach neuen Jagdgründen suchen? Wohin sollten wir gehen? Die Depression war doch überall. Als Gewerkschaftssekretär wußte ich, daß es zum Beispiel in Chicago keine Arbeit gab, daß die Gewerkschaft Zugezogenen keine Arbeitskarten bereitstellen würde; aber da lag ja noch der letzte Brief von Campbell, der mir im Garten Eden eine Gelegenheit bot.

Jetzt war die Entscheidung gar nicht mehr so schwierig. Wir packten unsere paar Habseligkeiten zusammen und kauften neue Kleider. Ich stahl etliche Pinsel in der Firma, wo ich das Lager verwaltete, wusch ein paar Dutzend Mayonnaisedosen aus und füllte sie mit der Farbe aus dem Lager, dann reiste ich mit einer vertrauensvollen grauhaarigen Mutter, einem Reisegramola, einigen Dutzend Dosen verschiedener Farben nach Tahiti ab, nachdem ich meinen hungrigen Freunden meinen Job zum Fraß vorgeworfen hatte – und damit begannen die glücklichen Mißerfolge. Für mich gilt das gleiche wie für mehr als hundert andere Amerikaner auf Tahiti; für uns begann das Leben in dem Moment, als wir dem See glücklicher Gesichter entgegenwinkten, die zu jedem Schiff kamen, das Papeete anlief.«

Hier endet die Autobiographie, die Legende beginnt. Auf Tahiti fand er eine ihm so sehr entsprechende Atmosphäre und eine so tolerante Polizei, daß er sich schließlich zur französischen Staatsbürgerschaft entschloß. »In Amerika säße ich die ganze Zeit im Knast«, meinte er. »Hier werde ich als das akzeptiert, was ich bin.« Er liebte die Insel auch wegen ihres verrückten Lebensstiles. »Auf Tahiti«, schrieb er, »darf man auf nichts wetten, außer darauf, daß die Sonne im Westen untergeht.«

Während seines ersten Jahres lebte er nicht auf Mooréa, sondern in Papeete, wo seine Mutter ein Restaurant zu führen versuchte, aber sie war bald pleite. Seine freie Zeit verbrachte er mit einer Menge Trinker, herumliebender, höllischer Freunde. Er arbeitete vorwiegend als Reklamemaler, nahm aber jeden ihm angebotenen Job an und lebte ziemlich dürftig, ohne auch nur einen Franc zu ersparen. Als er dann wirklich arm wurde, kehrte Mrs. Leeteg in die Vereinigten Staaten zurück, doch der Sohn blieb. Mit der Samtmalerei hatte er noch nicht begonnen.

Die Legende berichtet: Eines Tages, vielleicht nachdem der tägliche Regen seine hundert Regenbogen über Bora Bora gemalt hatte, betrat Leeteg einen Laden und kraulte, wenn er seinem Wesen gerecht wurde, das Ladenmädchen unter dem Kinn.

»Gib mir eine Mönchskutte«, sagte er. »Ich möchte was darauf malen.«

»Wir haben keine Mönchskutten im Moment«, antwortete das Mädchen und war überzeugt, einen Kunden verloren zu haben. Dann erinnerte sie sich eines Materials, das überreichlich in den Regalen vorhanden war; der Besitzer hatte ihr aufgetragen, das Zeug loszuwerden. »Wie wär's mit Samt?« fragte sie. »Könnten Sie darauf auch malen?«

Könnte er? Bald stolperte Leeteg über die Technik, die seine Malerei vor Leben glühen ließ.

›Drüber stolpern‹ ist nicht der richtige Ausdruck für das, was dann geschah, wenn man nicht den Vergleich zieht mit einem Chemiker, der eine neue Wunderdroge entdeckt, nachdem er unzählige Stunden daran verschwendet hat, Chemikalien miteinander zu verbinden, denn Leeteg arbeitete hart an der Perfektion seiner Technik.

Ein Franzose auf Tahiti sah einige von Leetegs Malereien, die er auf seiner Terrasse zum Trocknen ausgelegt hatte, und entschloß sich zu einer romantischen Antwort auf die Frage nach dem Geheimnis der Methode, nach der Leeteg seine Farben mischte.

»Ich weiß«, rief er aus. »Sie sind mit Gottes eigener Sonne gemischt.«

Und so, sagt die Legende, habe er begonnen.

Die Technik hatte Leeteg nun, die für polynesische Sujets paßte, und nun stand er vor der Notwendigkeit, einen Markt für seine Arbeit zu schaffen. In Bars waren die Samtbilder sehr beliebt, und gelegentlich kaufte sie ein betrunkener Seemann für 4 Dollar. Heute wird ein früher Leeteg für nicht weniger als 2000 Dollar gehandelt, und es ist faszinierend, sich vorzustellen, welchen Schock eine Seemannsfrau in Baltimore erleben wird, wenn sie einen ganz bestimmten Koffer vom Dachboden holt.

Auf einer Reise in die Vereinigten Staaten, die er machte, um seine Mutter zurückzuholen, die fortan bei ihm auf Tahiti leben sollte, verdiente sich Leeteg die Passage damit, daß er in Honolulu als Reklamemaler arbeitete, aber auch seine Samte verhökerte, die offensichtlich keiner haben wollte. Sein Preis lag nun bei 20 Dollar, und spezialisiert hatte er sich auf Nackte; es mußte aber nicht unbedingt Samt sein, denn als er bei der Orchideen-Messe auf Hawaii den ersten Preis gewann, bekam er ihn für ein Ölbild auf Leinwand.

Um 1938 war er, als er Hawaii wieder einmal besuchte, schon ein gut eingeführter Samtmaler, aber um zu leben, mußte er wieder einmal als Reklamemaler arbeiten. Um die Weihnachtszeit 1939 mußte er sogar den Santa Claus spielen.

»Wie sieht denn ein Santa Claus aus?« fragte der Künstler.

»Na ja, Sie wissen schon. Eben wie Santa Claus.«

»Zeigen Sie mir doch, wie er aussieht, dann male ich ihn«, drängte Leeteg, und so grub jemand einen von J.C. Leyendecker, einem damals bekannten Illustrator, gemalten Santa Claus aus. Innerhalb weniger Stunden produzierte Leeteg etwas ganz Erstaunliches. Ein bewundernder Kollege sagt: »Das war ja viel besser als Leyendecker selbst! Der Santa Claus sah aus, als werde er gleich zu reden anfangen. Wir stellten ihn in die Lobby des Waikiki-Theaters, und die Kinder hielten ihn für einen lebendigen Santa Claus.«

Ein Mann nahm Leeteg zur Seite. »Wenn Sie so malen können, warum malen Sie dann Ladenschilder?« fragte er.

»Ich male das, wovon ich leben kann«, erwiderte Leeteg.

»Aber Ihre Samtbilder? Lassen sich denn die nicht verkaufen?«

»Wenn sich die Samtbilder verkaufen lassen, male ich sie schon.«

Fast zufällig fand Leeteg ein paar Gönner für diesen Stil. Mr. Wayne Decker, ein glücklicher, extrovertierter Juwelier aus Salt Lake City, stammte in der elften Generation von John Alden und Priscilla Mullens ab und war Mitglied der Mormonenkirche. Sein Geschäft ging blendend, und er hatte es sich zur Gewohnheit gemacht, seine gesamte Familie – Frau, drei Söhne und zwei Töchter – auf Dschunken um die ganze Welt zu segeln, und an einem erinnernswerten sternenhellen Abend speiste er mit seinem ganzen Gefolge im Royal Hawaiian Hotel am Strand von Waikiki. Er hatte gerade mit Clara Inter getanzt, die unter dem Namen Hilo Hattie berühmt war, und schlenderte nun durch die Ladenstraße des Hotels. Unter einem Punktlicht sah er eine Malerei auf schwarzem Samt: das Mädchen, mit dem er eben getanzt hatte. Sie trug das knallbunte Kostüm des betrunkenen, schielenden Bürgermeisters von Kaunakakai, und ihre Augen blitzten, ihre Lippen schienen laut zu lachen.

Decker mußte früh am nächsten Morgen nach Australien weiterreisen, doch als er wenige Monate später nach Honolulu zurückkehrte, suchte er den Laden auf und wollte diese eine Malerei kaufen. Der Ladenbesitzer erinnerte sich nur vage an dieses Stück. Er wußte nicht, wer es gekauft, oder gar, wer es gemalt hatte.

Etwa zwei Jahre später schlenderten Mr. und Mrs. Decker in Papeete durch die Stadt. Zu ihrem Entzücken fanden die Touristen an der Wand eines Andenkenladens nicht weniger als vierzehn Bilder auf schwarzem Samt, offensichtlich von dem Künstler gemalt, der auch Hilo Hattie abgebildet hatte. Beide waren bezaubert, und sie bewunderten besonders ein Porträt von Hina Rapa in ihrem großen gelben Hut.

Über Nacht entschieden die Deckers, daß sie dieses Bild über ihrem Bibliothekstisch in Salt Lake City aufhängen wollten. Doch als sie am nächsten Morgen in den Laden eilten, entdeckten sie, daß alle vierzehn Bilder weg waren. Später fanden sie heraus, daß der Besitzer des Seven Seas Nachtklubs am Hollywood Boulevard in Los Angeles eigens nach Papeete gereist war, um diese Malereien als Dekoration für seinen Klub zu kaufen.

Aber Leeteg wurde bestellt, er solle sich mit den Deckers in Verbindung setzen, und das tat er auch. Die erste Zusammenkunft wurde von Mr. Decker persönlich geschildert. »Ein kleiner, stämmiger Bursche mit einem weißen Strohhut löste sich aus einer Menschengruppe und begrüßte mich mit einem Lachen, das so breit war wie sein Hut: ›Sie müssen Mr. Decker sein. Crawford sagte mir, wenn ich das bunteste Hawaiihemd entdeckte, das ich je gesehen hätte, dann seien Sie's.‹ Ich gab zu, daß er mich richtig identifiziert hatte, und lud ihn auf das Boot ein.

Er war ein paar Stunden bei uns. Das Schiff verließ er mit fünf meiner ›lautesten‹ Hemden und allem Kleingeld, das wir zusammenkratzen konnten, ich kann mich nicht erinnern, wieviel es gewesen sein könnte. Ihm liefen Tränen über das Gesicht. Er sagte, ich sei der erste Mensch, der ihm wirklich vertraue, seit er auf Tahiti sei. Er versicherte mir, es würde mir bestimmt nicht leid tun, und er würde sich mit einer neuen Hina Rapa für uns selbst übertreffen. Er würde es mir schicken, wenn er damit zufrieden und es wirklich das Beste sei, was er zustande bringen könne.«

Später kamen auch die Bilder tatsächlich in Salt Lake City an, das heißt, die Hina Rapa war von fünf weiteren sehr schönen Samtmalereien begleitet. Die Deckers waren überaus begeistert und schickten sofort einen Scheck mit einem Auftrag für wenigstens zehn weitere Bilder pro Jahr und für jeden irgendwie vernünftigen Preis. Diese Vereinbarung lief bis zu Leetegs Tod, und die Deckers legten sich eine Sammlung von mehr als zweihundert Samtbildern zu; drei Viertel davon sind nun in ihrem Haus in Salt Lake City ausgestellt.

Als Künstler überlebte Leeteg durch die Ermutigung und den finanziellen Rückhalt dieses Paares aus Utah, das er doch nur ganz kurz gesehen hatte. Die Deckers stellten ihm auch das Geld zur Verfügung, mit dem er sein Haus auf Mooréa baute. Sie schickten Geld, als Edgars Mutter nach Hawaii mußte, um sich von schwerer Krankheit zu erholen, und es waren auch die Deckers, die des Künstlers Werke magere Jahre hindurch in Kommission nahmen und den ständigen Auftrag weiterlaufen ließen: ›Schicke uns von allem, was Du malst, ein Stück.‹

Obwohl Decker Leeteg mahnte, wann immer die Qualität der Malereien nachließ oder die Farben während der Lieferung litten, wurde der Juwelier aus Salt Lake City niemals wankend in seinem Glauben, daß er ein künstlerisches Genie entdeckt habe. Kurz vor Leetegs Tod schrieb er: ›Edgar, bitte, Du sollst wissen, daß Du für mich der größte lebende Künstler der ganzen Welt bist. Ich will, daß alle Dich so groß sehen wie ich. Auf Deine Arbeit bin ich sehr stolz, und nichts liebe ich mehr, als wenn ich sie meinen Freunden zeigen kann. Für mich ist sie von außerhalb dieser Welt, und ich sehe, daß meine Freunde gleichermaßen beeindruckt sind.‹

Die zufällige Begegnung mit Decker sicherte Leetegs Überleben, doch ein ebenso zufälliges Zusammentreffen mit einem ganz anderen Mann machte ihn berühmt. Zu Beginn der dreißiger Jahre arbeitete er als Reklamemaler in Honolulu; dort lernte Leeteg einen großen, tätowierten Unterseebootmatrosen mit baumelnden Gliedmaßen und lässiger Lebensart kennen. Er hieß Barney Davis und spielte, wenn er Landurlaub hatte, im Princess-Theater das Akkordeon; dort hatte Leetegs Firma ihren Sitz. Die beiden waren ganz natürliche Gefährten, denn beide liebten geschmuggeltes Bier, lustige Geschichten, Frauen und Musik. Davis konnte auf seinem Akkordeon *Sobre las Olas* spielen, sich gleichzeitig mit einer Hand auf der Mundharmonika begleiten, ein Schinkenbrot dazu essen und ein Glas schäumenden Bieres trinken. Das hielt Leeteg für den Gipfel menschlicher Geschicklichkeit.

Um diese Zeit wußte Davis noch gar nicht, daß Leeteg außer Reklametafeln auch noch anderes malte, und so verlor er für etwa fünfzehn Jahre den Künstler von Tahiti aus den Augen. Dann öffnete Davis 1947 einen Honolulu-Kunstladen, und ständig bedrängten ihn Seeleute, sie möchten auch solche Samte wie die in der Bar. Davis ging also dorthin und besah sich die Samtbilder, die auf Hawaii schon einige Aufregung ausgelöst hatten. Früher einmal hatte sie der Wirt für Drinks und belegte Brote angenommen, aber noch immer wirkten sie unglaublich lebendig, wie sie da über dem Spiegel hingen. Der Künstler? Niemand wußte, wo er lebte.

Dann kam ein Mormonen-Missionar von Tahiti zurück, wo diese Kirche von jeher viele Anhänger hatte. Er betrat den Kunstladen und rollte zwei ausnehmend schöne Samtbilder ab, die besser waren als sonst etwas, das Davis bisher gesehen hatte. Der Missionar kannte Leeteg, und am selben Nachmittag noch schickte Davis einen Einschreibebrief mit fünfhundert (500!) Dollar ab mit der Bitte, Leeteg solle ihn regelmäßig mit seinen Bildern beliefern.

Diese Geschäftsverbindung war aus zwei Gründen überaus bemerkenswert. Davis verkaufte die Samtbilder wie irr und bezahlte Leeteg große Summen dafür, und Leeteg schickte Davis wiederum lange Briefe mit seinen Ansichten über die intimsten

Aspekte des Lebens. Daß wir über diesen sehr erregbaren Künstler so viel wissen, verdanken wir den Briefen an Barney Davis.

Sein erster Brief setzte das Muster für alle folgenden: ›Vielleicht würde ich Dir besser gleich reinen Wein einschenken über die Gerüchte, die auf Hawaii über Leeteg umgehen, obwohl das Aufsehen, das ich mit diesen Gerüchten errege, eher beim Verkauf meiner Samtbilder hilft als ihm hinderlich ist.

Solange ich herumhure und trinke, bin ich nicht tot, so daß dieses Gerücht leicht zu widerlegen ist.

In Chicago war ich nie, ich war auch nie ein Landstreicher oder ein Strandläufer. Aber lassen wir's. Mir ist es egal, ob ich ein Landstreicher und/oder Strandläufer bin, wenn es meinen Verkäufen dient.

Ich bin auch nicht drogensüchtig, obwohl ich Kneipen mit Touristen bei Slumpartys besucht habe. Aber alle guten Künstler von Tahiti sind, wie es heißt, drogensüchtig.

Ich gebrauche keine Sprühdosen, keine Projektoren, keine Stifte oder anderen mechanischen Mittel bei der Herstellung meiner Samte, und dieser unverschämten Lüge solltest Du bei Deinen Klienten energisch widersprechen.

Ich habe als Musterzeichner, Designer und Reklamemaler für Foster & Kleiser Außenreklame gemacht, aber Wortreklame habe ich da nicht geliefert. War nicht besonders gut darin. Aber bis vor fünf Jahren habe ich auf Tahiti alle Reklametafeln und Dekorationen gemacht, und von da an widmete ich meine ganze Zeit den Samtbildern. Ich machte auch Plakate für das Waikiki-Theater und half bei der Dekoration des Toyo-Theaters. Ölmalereien gewöhnlicher Künstler werden mit ganz gewöhnlichen Pinseln auf Samt aufgetragen.

Das Gerücht, das der Wahrheit am nächsten kommt, ist dies, daß die Modelle meine Frauen sind. Technisch bin ich mit keiner von ihnen verheiratet, aber auf den Rücken gelegt habe ich eine ganz schöne Zahl... Verheiratet bin ich zu meinem großen Bedauern, aber ich lebe jetzt von ihr getrennt.

Erzähl mir alles, ich mag das. Die bösartigsten Lügen stammen von einem Burschen... der früher hier lebte und jetzt versucht, auf Hawaii meine Samtbilder nachzumachen, aber ohne jeden Erfolg.‹

Nun begann die letzte Phase von Leetegs Leben. Er malte seine Samtbilder so schnell, wie es seine Energien nur erlaubten, und schickte sie per Luftpost an Davis, der sie zu immer höheren Preisen verkaufte. Noch wichtiger, Davis begann, soweit es um die Legende Leeteg ging, einen Feldzug für ihn; im Pazifik wird ihn wohl niemals mehr jemand vergessen.

Seine Schachzüge waren oft sehr klug. Erst schlug er vor, er solle alle seine Bilder mit ›Leeteg, Tahiti‹, signieren, und künftig verwendete Davis in jeder Reklame und in jedem Gespräch nur diese Bezeichnung für den Maler, oder er nannte ihn THE MASTER. Zur Tradition wurde auch seine Bezeichnung BLACK VELVET, mit der er viele Käufer anzog. Er bombardierte die Zeitungen von Honolulu mit Geschichten über Leeteg, druckte sehr schöne Prospekte auf einem Papier, das sich wie Samt anfühlte und auch so aussah, und reproduzierte die beliebtesten Werke Leetegs in erlesen schönen Fotos, die sich pro Stück um 15 Dollar leicht verkaufen ließen. Er zog auch Vergleiche mit Rembrandt, Goya, Rubens und Hals, als er eine gemeinsame Basis für deren und DES MEISTERS Werke suchte. Daß Leeteg der Erbe von Gauguins künstlerischer Berufung war, erschien Davis sowieso selbstverständlich. Und Davis war es auch, von dem die Bezeichnung ›der amerikanische Gauguin‹ stammte.

Es war eine gute, saubere Beziehung, die Leeteg sowohl an Ehren wie auch an Geld reich machte. Natürlich gab es da und dort einmal ein Gerangel um den Preis, weil Leeteg einen größeren Anteil vom Profit wollte, aber immer legte es sich wieder, und Davis erwarb mehr als zweihundert Samtbilder. Davis übergab bald die ganze Buchhaltung darüber einem Fachmann, der dafür sorgte, daß Leeteg sein Geld regelmäßig bekam. Da der Künstler recht sorglos und ungeschäftsmäßig bei all seinen früheren Verkäufen gewesen war und Bilder oft irgendeinem Touristen übergeben hatte, der sagte: »Ich werde das für Sie verkaufen«, war er recht froh, daß Davis ehrlich mit ihm war, denn mit seiner Sorglosigkeit hatte er sehr viel Geld verloren. ›Du und Gott, ihr seid die beiden einzigen Verbündeten, die ich brauche‹, schrieb er ihm einmal, und in bewegenden Worten bedankte er sich fast jede Woche für alles, was der Kunsthändler aus Honolulu für ihn tat.

Auch Davis' künstlerische Führung akzeptierte er; Davis mahnte ebenfalls, wenn die Qualität einmal nur geringfügig nachließ, aber er sagte auch: ›Schick mir alles, was Du hast und sich verkaufen läßt‹, und Leeteg war auch dafür dankbar, wenn die Kritik gelegentlich hart ausfiel. ›Entschuldige, wenn ich gekränkt tat, als Dein Brief mir vorhielt, die sieben Samtbilder, die nun doch ankamen, seien unter der sonstigen Qualität und meinem Standard.

Danke, daß Du mir sagst, was gut für mich ist. Ich dachte, die sieben seien sogar recht gut, und sie sahen auch absolut ordentlich aus, als ich sie abschickte, deshalb konnte ich Deine Unzufriedenheit nicht schlucken. Bis ich dann herausfand, was nicht in Ordnung war: *Die Farben sind in die Samtfärbung hineingesunken...* Du hast absolut recht, daß ich mich auf die Leuchtkraft meiner Samtbilder konzentrieren muß. Ich hatte den Kopf voll mit künstlerischen Ideen, die mich von der Tatsache ablenkten, daß der Samt an sich eine andere künstlerische Qualität voraussetzt, eine Klasse für sich selbst darstellt: die Leuchtkraft nämlich. Ich verspreche, jetzt wieder auf dem richtigen Weg zu bleiben.‹

Leeteg genoß es über alle Maßen, daß Davis unumstößlich daran glaubte, er sei der größte zeitgenössische Maler. Niemals schwankte Davis in seiner Meinung, und der Autor dieses Buches schwört die heiligsten Eide, daß Davis, der ihm bis dahin unbekannt war, ihn 1950 anrief und schrie: »Herr Jesus, Sie müssen ganz einfach sofort hier runterkommen! Ich hab' einen Künstler ausgegraben, der so gut ist wie Rembrandt.« Da ich gerade mit anderen Dingen beschäftigt war, folgte ich diesem Ruf nicht sofort, und 1951 erfolgte ein zweiter Anruf: »Schauen Sie doch, verdammt noch mal, dieser Mann Leeteg ist noch viel aufregender als Gauguin. Er ist ein neuer Rubens, glauben Sie mir das.« 1952 wurde Davis dann recht ungeduldig und knurrte: »So schauen Sie doch, Sie elender Hundesohn, diese Samtbilder sind doch bloß eine Straße von dort weg, wo Sie sitzen. Kommen Sie rüber und schauen Sie sich den neuen Goya an.« Wieder erwies es sich irgendwie als unmöglich, und 1953 meldete Davis ganz kurz: »Er ist tot. Sie haben zu lange gewartet, und jetzt ist er bei den Unsterblichen.«

1954 startete Davis einen Brieffeldzug, der schließlich den Autor dieses Berichtes doch in seine schöne Galerie lockte, die zu einem Schrein für Edgar Leeteg geworden war. Da gab es Samtbilder für fünftausend Dollar, Leeteg-Briefe, ein gutes Farbfoto von Leetegs Haus, Farbschnappschüsse des Malers, als er gerade einen riesigen Spektakel mit einem Modell vollführte, und dazu die schönsten Reproduktionen von Leetegs Originalen.

Einiges von seinem überwältigenden Glauben blieb natürlich an Leeteg hängen, und obwohl er ausgezeichnete schriftliche Beweise dafür hat, daß der Künstler selbst sich niemals mit Rembrandt verglich, auch nicht mit Rubens, so begann er doch sich selbst als amerikanischen Gauguin zu bezeichnen. 1952 besuchte

Davis Tahiti, und ein Einwohner von dort berichtete: »Es war wie ein Zyklon. Er spielte sein Akkordeon, alles, was irgend jemand nur wünschen konnte. Er spielte auch *Sobre las Olas*. Aber was Tahiti über alle Maßen erstaunte, war seine Meinung über Leeteg. Wir hier haben niemals besonders viel von ihm gehalten, aber Davis erklärte unumwunden, er sei so gut wie Rembrandt und der größte Verkaufsschlager moderner Zeiten. Tahiti holt jetzt noch immer Luft. Und neulich sagte jemand: ›Mein Gott, angenommen, Davis hat recht. Angenommen, Leeteg ist wirklich so gut. . .‹«

Natürlich gab es auch andere Aspekte dieser Beziehung. Einmal schrieb Leeteg: ›Ich will einige von 127 für Dich machen. . . und dann damit aufhören, da mein Foto altersschwach ist und ich meine Augen dabei furchtbar anstrenge, oder auch an einer viel zu kleinen Kopie wie etwa 108. Ich sehe nicht mehr so gut, also glaube mir, wenn ich sage, ich kann mich nicht auf eine ganz bestimmte Menge festlegen, wenn ich mir ja auch für ein paar mehr die Augen schon überanstrenge. Je mehr ich aber meine Augen strapaziere, desto eher bin ich blind. Also triff Deine Wahl, mir ist's verdammt egal.‹

Aber kurz vor seinem Tod faßte er seine Geschäftserfahrung mit Davis zusammen: »Finanziell stehe ich jetzt recht gut da. Beschränke die Januarvergütung auf maximal dreihundert und leg den Rest für mich in Deinen Safe.«

Tatsache ist, daß er noch kaum die Oberfläche angekratzt hatte mit dem, was er von Wayne Decker bekam, als er die Verbindung mit Davis aufnahm. 1946 schrieb er, seine Samtbilder ließen sich für 25 Dollar verkaufen, und als er starb, brachten manche mehr als 7000 Dollar. Für diesen Erfolg war großenteils Davis verantwortlich, und daß er die Namen Rembrandt, Hals, Gauguin und Rubens ins Geschäft brachte, veranlaßte seine Kunden auch dazu, die hohen Preise zu akzeptieren. Wenn schließlich ein Millionär, der wenig von Kunst versteht, ein paar Tausender locker macht für etwas, das er vor ein paar Jahren noch für vielleicht 50 Dollar hätte kaufen können, dann ist der Name Rembrandt für ihn schon eine Art Sicherheit.

Die Leeteg-Legende hat noch andere Momente, die ein Überleben sichern. Sein berühmtestes Modell ist zufällig auch das Mädchen, das er sein Leben lang liebte. Sie war ein temperamentvolles, unglaublich liebenswertes Inselkind, dessen kleines, anziehendes Gesicht in vielen Teilen der Welt sehr gut bekannt ist. Als sie zum Haushalt Leetegs stieß, war dies das allerbeste, was ihm emotionell passieren konnte. Ihre erzwungende Abreise wurde zu einer tiefen Tragödie, für die es keinen Trost gab. Als sie gegangen war, berichtete ein Freund: »Vor langer Zeit vertraute mir Leeteg an, daß er wußte, wie sein Mißgeschick, nicht die richtige Frau zu finden, sein Leben auf sehr tragische Art beeinflußte. . . Ist es nicht auch wirklich tragisch, zu wissen, daß für jeden von uns irgendwo ein richtiger Gefährte ist, daß aber durch ein Mißgeschick im Leben die Mehrzahl der füreinander Bestimmten nie zueinander finden, so wie Schiffe, ›die einander in der Nacht begegnen‹. Für Leeteg war sie das richtige Mädchen gewesen, doch er hatte es zugelassen, daß sie aus seinem Heim gejagt wurde, und für den Rest seines Lebens zahlte er dafür eine schwere Strafe.«

Nachdem sie gegangen war, heiratete er; in den Vereinigten Staaten hatte er vorher zwei Frauen gehabt. Dann nahm er sich Dutzende anderer im Tahiti-Stil, aber er fand keine richtige Bindung mehr. Sein späteres ungebärdiges Benehmen bewies nur, wie sehr er unter der Leere seines Lebens litt.

Seine epischen Kämpfe mit seinen europäischen und tahitischen Freunden trugen zu seiner Legende bei, denn sie protestierten gegen sein fantastisches Bauprogramm, gegen seine lärmenden Partys und gegen seine betrunkenen Dienstage. In der Kolonie wurde er wie ein Fremder behandelt. Er wiederum beschimpfte und verleumdete sie und stieß ihnen die Nase in den Schmutz, wenn er dazu eine Gelegenheit hatte. Er wurde verklagt, mußte Drohungen und Ächtung einstecken, aber immer wieder kam er wie ein Stehaufmännchen in die Höhe mit einer neuen Übertreibung, die Aufmerksamkeit erregte. Er liebte jede Minute eines jeden Kampfes. ›Zum Teufel mit ihren kleinlichen Eifersüchteleien‹, schrieb er an Davis. ›Würde ich meine Zeit mit solchen Bagatellen vertun, käme ich auch nicht weiter als sie. Ich will ausgehen und kann nicht anders, ich muß nach den Kötern treten, die nach meinen Fersen schnappen.‹ Er bediente sich, wenn er seine Feinde beschrieb, der ordinärsten Sprache, und wenn er einen Triumph über sie erlebte, so glühte er innerlich. ›Die *Philante* macht gute Reklame für uns, wenn sie diese grünäugigen Hurensöhne stöhnen läßt, sobald sie über Deine Galerie losziehen und darüber wie Leeteg auf Hawaii dasteht.‹

Sein ständiger Kampf mit akademischen Künstlern degenerierte zu beißender Bitterkeit. Angefangen hatte er in Honolulu, als die Juroren der Akademie der Künste einige seiner Samtbilder ablehnten, da sie auch nicht mehr seien als Lederarbeiten oder

Stickereien. Er stürmte die Ausstellung, fluchte auf seine Rivalen, beschuldigte die Preisrichter, sie hätten alle Preisgelder für sich vereinnahmt, und gab eine Feststellung heraus, die für immer die Annahme seiner Samtbilder durch Künstler aus Honolulu verhinderten: ›Die Touristen, die zum Gaffen in die derzeitige Ausstellung gehen, sind möglicherweise der Meinung, daß sie am Ende des Schaufelstiels eines Stallburschen vielleicht bessere Kunst gesehen haben.‹

Später äußerte er sich noch krasser: ›Bitte, mach Dir keine Mühe, etwas von meiner Arbeit bei Kunstgesellschaften oder Museen einzureichen, denn ich habe für diese langhaarigen Bastarde nur Verachtung, seit ich sehr viel darüber weiß, wie und warum sie handeln. Sollen sie sich doch selbst um ihre eigenen geliebten Klecksereien kümmern. Wir brauchen sie nicht, und sie sind nur billige falsche Fuffziger im Frack. Zum Teufel mit ihnen, wenn sie zu Dir kommen! Sag ihnen, Leeteg sei sehr heikel, wenn seine Malereien in einem Museum im selben Raum hängen sollen mit einigem von dem Zeug, das jetzt als Kunst klassifiziert wird. Wenn diese moderne Schmiererei Kunst sein soll, dann will ich lieber mein Zeug nicht als Kunst bezeichnen, sondern es nur schön nennen, aber nicht Kunst, weil es dann keine ist. Kämpfe gegen diese Snobs, schlag zurück! Ich tu's auch, und ich bin einen langen Weg ohne ihre Hilfe gegangen. Es ist nur ein Nachteil, sich mit ihnen zusammenzutun. Wir verkaufen unsere Bilder, und sie können die ihren nicht verkaufen, deshalb hängen sie's ja auch in ein Museum, so daß die Leute sie anschauen müssen, wenn sie kommen, um die wirkliche Kunst alter Meister zu sehen. Aber Rembrandt und Rubens würden ja auch über die Schulter angesehen werden, wenn sie heute mit ihren Werken zu diesen Burschen kämen. Ich könnte vieles über diese Hurensöhne mit ihren Kneifern sagen, aber wenn ich über die Banausen rede, koche ich ja immer gleich.‹

Eine bewundernswerte Nebenwirkung seines Hasses auf akademische Künstler war seine lebenslange Bitterkeit auf zwei friedliche Künstler aus Honolulu, Ben Norris und Madge Tennent, gegen die er sich im Lauf der Jahre immer wieder sehr ausfallend benahm. Im gleichen Jahr, als seine Samtbilder abgewiesen wurden, hatten sie Preise bekommen. Seine Ausdrücke waren so, daß man sie nicht bringen kann.

So wuchsen also die Legenden weiter, und zwar ungefähr so, wie es Leeteg ursprünglich beabsichtigt hatte. Manchmal wurde er seiner Rolle müde und schrieb dann, sein Exhibitionismus mache ihn noch ganz fertig, aber die Leute sprachen über ihn, und das war, wie er sagte, wichtig. Einer der Autoren traf Leeteg einmal, als er in solcher Stimmung war. Das Interview begann typisch in Leeteg-Manier, denn der Künstler sagte in Quinn's Tahitian Hut: »Ich nehme an, Sie sind einer von diesen Schweinehunden, der ein Buch über Tahiti schreiben und eine Menge schweinischer Lügen über ehrliche Leute wie mich erzählen will.« Dann wurde er aggressiv und behauptete, niemand könne den Südpazifik verstehen, nicht einmal er selbst, der mehr Eingeborenenmädchen vernascht habe, als der Interviewer zählen könne. Schließlich beruhigte er sich wieder und sagte fast elegisch, es sei ein sehr hartes Leben, wirklich, sehr hart. Manchmal sei er fürchterlich müde, und der Schreiber habe vielleicht schon entdeckt, daß der Tag nie genug Stunden habe, um alle Arbeit zu vollenden, die er sich vorgenommen habe. Aber die Unterhaltung bei Quinn's endete, als er einen Seemann erspähte, der ihn einmal gekränkt hatte. »He, du elende Laus!« bellte er, und spät in jener Nacht schleppte man ihn in das Hotel, in dem der Berichterstatter wohnte, aber natürlich als ziemlich blutige Masse.

In mancher Beziehung war er von sehr sanfter Menschlichkeit und gab viel Geld aus, wenn er anderen helfen konnte. Erhielt er aus Honolulu einen größeren Scheck, so gab er einen Teil davon für Bilder von anderen Tahiti-Malern aus, deren Werke sich nicht verkauften. Wenn dann die *Mitiaro* nach Mooréa zurückkehrte, stand er an der Reling und warf die Leinwände in den Wind, als spiele er mit Karten. Er drängte Davis ständig, er solle sich doch um junge Künstler kümmern, doch jeden, der seine Samtmalerei zu kopieren versuchte, haßte er bitter. ›Ich denke, wenn alle Samte ankommen, dann hast Du genug für eine richtige Ausstellung, und gib vielleicht 50 Dollar für einen Preis aus für das beste Samtbild von einem Künstler auf Hawaii. Du kannst sie von meinem Konto abbuchen. Die stellst Du dann aus mit einigen von meinen *besten*, damit das Publikum vergleichen kann, *aber wenn die Ausstellung dann vorbei ist, kannst Du dem Gewinner sagen, sein Zeug sei nicht gut genug für Deine Galerie.* Dann gibt der größte Teil der Konkurrenz auf. Du hast zwei Wochen vor der Ausstellung alle Anmeldungen zur Hand, und ihre Farben haben genug Zeit zum Trocknen und Verblassen. Kapiert?‹

Im Februar 1953 erreicht die Leeteg-Legende ihren Höhepunkt. Die Yacht *Philante* war zurückgekehrt, und ihr Stern hing wieder über der Straße; Leeteg veranstaltete mit zwei Mitgliedern der

Crew eine ganze Reihe monströser Nächte, mit Reggie Chambers und Herb Case. Als letzterer einmal in den Gewässern von Mooréa kreuzte, erspähte ihn Leeteg, zerrte ihn vom Boot und zwang ihn, drei Tage lang in der Villa Velour zu bleiben. Case sagte: »Wir inszenierten Partys, die jede Nacht bis zwei Uhr dauerten, aber um sechs war Edgar wieder an seiner Staffelei.«

Als Case ging, versprach Leeteg: »Ich treffe dich dann am Wochenende in Papeete.«

»Du willst also am Samstag mit der *Mitiaro* kommen?«

»Klar. Muß doch euch Boys eine Party geben, bevor ihr absegelt.«

Als Case dies berichtete, sagten Chambers und der Kapitän: »Herr Jesus, wir müssen am Samstag Leeteg von hier fernhalten. Ihr wißt doch, wie leicht er eine Party schmeißt, und wir haben Regierungsbeamte hier.«

»Wir sagen ihm nichts von der Party«, schlug Chambers vor.

»Er riecht eine Party auf zehn Meilen Entferung«, warnte Case.

Und natürlich: Die *Mitiaro* hatte am Samstag, dem 1. Februar 1953, noch keine zehn Minuten angedockt, als der kurzbeinige, untersetzte, runde Edgar Leeteg eiligst über die Gangplanken kam und röhrte: »Hab' gehört, da tut sich was mit einer Sauferei!«

Chambers erinnert sich, daß er und der Kaptiän Leeteg zur Seite nahmen und offen mit ihm redeten. »Das ist eine offizielle Angelegenheit, Edgar, und da bist du nicht willkommen.«

»Ich werd' keinen Tropfen trinken.«

Alle lachten darüber, und Leeteg hob ernsthaft die Hand. »Ich sitz' nur da und benehme mich wie ein Gentleman.«

»So wie bei Norman Hall?« fragte einer.

»Da war ich betrunken. Heute gibt's nichts.«

So ließen ihn also die Leute auf der *Philante* bleiben. Chambers sagt: »Er war der perfekte Gast. Er verbeugte sich vor allen Beamten und fluchte die Damen nicht an.«

Als dann am Abend die Regierungsgäste gegangen waren, beschlossen die übrigen, nach Papeete zu fahren, um dort ein Abschiedsdinner in Les Tropiques einzunehmen. Lew Hirshon, der Leiter der amerikanischen Gemeinde und seine schöne Tahiti-Frau fuhren ihre Wagen und luden Leeteg ein, mitzukommen, der zog es jedoch vor, auf dem Soziussitz von Herb Cases Harley-Davidson mitzufahren, und so röhrten sie mit zwei Freunden durch die tropische Nacht. Leeteg schrie: »Zum erstenmal, daß ich nüchtern auf einem dieser Dinger sitze.«

In Les Tropiques trennte sich die Gruppe und teilte sich auf zwei Räume auf. Hirshon war der Gastgeber in dem einen, Leeteg in dem anderen. Er sammelte um sich einen ganzen Schwarm Barschmetterlinge und Eingeborenenmädchen, und dann ging's rund. »Ich hab' versprochen, nüchtern zu bleiben, bis die Gäste gegangen sind, aber jetzt will ich Weißwein haben«, sagte er. Erst trank er aus der Flasche, dann stellte er sie entschlossen weg. »Heut bleib ich nüchtern zu Ehren der *Philante*.« Er versuchte eine Tanzerei zu organisieren, hüpfte auch mit winzigen Schrittchen um die Eingeborenenmädchen herum, aber es gab keine Musik, daher auch keinen Tanz. Als dann die Rechnung kam, wollte er sie – charakteristisch für ihn – ganz bezahlen.

Die beiden Gruppen brachen gleichzeitig auf, und am Lido wollte man einander wieder treffen, weil es dort immer am wildesten zuging. Wieder bot Hirshon Leeteg an, ihn mitzunehmen, denn Herb Case wollte lieber seine *vahine* hinter sich auf dem Motorrad haben, aber Leeteg mochte den Wind in seinem Gesicht. »Ich fahre hier auf dem Rücksitz mit!« schrie er, schob Cases Mädchen in einen Wagen und kletterte auf den Sozius.

Das Motorrad war aber nur ein übergroßer Einsitzer und hatte keinen richtigen Soziussitz, und der Mitfahrer, meistens ein Mädchen, mußte die Arme um den Körper des Fahrers legen, um sich festhalten zu können. Das tat Leeteg zwar, aber beim Start drehte das Rad im Kies einmal leer durch, und um ein Haar wäre er heruntergefallen. Deshalb hielt er sich nun ziemlich fest, und so röhrten sie zur Autostraße.

Sie waren erst ein paar hundert Yards gefahren, als Leeteg schrie: »Da drehen wir ab und schauen uns nach Ten Francs um!« Das war ein Admiral im Ruhestand, der du Saint Front hieß, und wenn man dies schlampig aussprach, dann verstand man ›Two Five Francs‹. Er war Leetegs einziger richtiger Freund in der französischen Kolonie, und wenn Edgar in Papeete war, holte er sich gern bei ihm Rat.

Was dann geschah, weiß niemand. Einige behaupten, Leeteg sei stockbetrunken gewesen und habe sich zu viel und zu heftig bewegt. Andere sagen, er habe sich so fest an Case angeklammert, daß das Motorrad ins Schwanken geriet. Case ist der Meinung, Edgar habe nach der Lenkstange gegriffen, um das Motorrad zum Haus des Admirals zu lenken, aber er habe dabei das Drehgas erwischt. Niemand weiß es.

Bekannt ist uns nur, daß das Motorrad in eine S-Kurve ging, die zur Brücke bei der Schule führte, daß es einen Betonstützpfeiler streifte und Leeteg, mit dem Kopf voran, auf eine niedere Betonmauer geschleudert wurde. Der Hinterkopf wurde dabei völlig zerschlagen, und er war im selben Moment tot. Im Krankenhaus sagten die Sanitäter, als sie die blutige, stille Masse sahen: »War er schon wieder auf einer Sauftour?« Aber als sie dann den völlig eingeschlagenen Hinterkopf sahen, legten sie ihn in eine große Zinkwanne und deckten ihn zu.

Die Autos hatten inzwischen den Rest der Partygäste zum Lido gefahren, und dort erfuhren dann die Leute, daß Leeteg tot war. Die *Philante*-Gäste eilten sofort zum Leichenhaus und sahen den sich schon versteifenden kleinen Körper. Dann brach die Party auf und sah nach zwei ähnlichen Fällen. Lew Hirshon, der Edgar Leeteg immer mißbilligt hatte, versprach, er werde sich um das Begräbnis kümmern, und bot sogar die Familiengruft an.

Während Lew Hirshon tat, was nötig war, eilte die Mannschaft der *Philante* zur Yacht; bald war sie unter Dampf, und dann fuhr sie zu Edgars Mutter nach Mooréa hinüber, um sie von dem zu unterrichten, was geschehen war. Als aber die Yacht vor der Villa Velour anlegte, fand die Crew die alte Mutter Leeteg so krank vor, daß sie die anstrengende Reise nach Papeete nicht machen konnte. »Als wir ihr vorschlugen, mit uns nach Papeete zu kommen«, berichtet Reggie Chambers, »sagte sie nur matt: ›Ich kann Mooréa nicht verlassen.‹ So fand also das Begräbnis ohne sie statt.«

In einer Kirche war ein Trauergottesdienst, doch der Pastor hielt nur eine lauwarme Rede, so daß Hirshon, immer ungestüm, während des ganzen Gottesdienstes entsetzlich fluchte. Jemand hörte ihn murmeln: »Verdammt noch mal, das ist keine Art, einen Mann zu begraben.« Am Ende des Gebetes sagte er mit lauter, klarer Stimme: »Welch eine verdammte Art, einen alten Freund so auf den Weg zu schicken!«

Die Prozession wurde von einem schwarzen Leichenwagen mit Kristallglasfenstern und von Pferden mit schwarzen Schabracken angeführt. Hinaus in Richtung Les Tropiques ging der Leichenzug, hinauf zum Friedhof, wo eine Pergola einen ziemlich schmalen und niederen Bogen bildet, so daß ein Pferd scheute und mit der Hand weitergeführt werden mußte. Hirshon knurrte: »Bei Gott, alles geht bei dieser Beerdigung schief.« Aber das Schlimmste kam erst noch.

An der Hirshon-Gruft wurde ein Gebet gemurmelt und dann der Sarg vom Leichenwagen gehoben und in die Krypta getragen.

Nach einer Handbreit klemmte er. Man holte noch ein paar Leute herbei und versuchte es noch einmal. Wieder klemmte er. »Um Himmels willen, seht ihr denn nicht, daß der Sarg zu breit ist?« rief Hirshon.

Das war er auch, und man hielt Rat. Danach lief ein Bote den Hügel hinab, um sich einen Meißel auszuleihen. Die Fliegen dröhnten in der tropischen Hitze, die Trauergäste wurden unruhig und versuchten unter den Kokospalmen Schatten zu finden. Wenige Minuten später kam der schrecklich schwitzende Bote herbeigerannt und hatte Hammer und Meißel dabei, und eine Weile hallte der ganze Friedhof von den dumpfen Schlägen, mit denen die Arbeiter sämtliche Stuckverzierungen an der rechten Sargseite entfernten.

Die Arbeiter waren recht ungeschickt, und Hirshon stöhnte: »Ich wollte, sie könnten nur ein einziges Mal den Meißel richtig auf den Kopf treffen.« Dann endlich war es soweit, und Edgar Leeteg wurde mit einem heftigen Schubs zur letzten Ruhe befördert. »Gott sei Dank«, murmelte Hirshon erleichtert. »Ich hoffe, sie machen ihre Sache besser, wenn sie mich begraben.«

Innerhalb eines Jahres ging sein Wunsch in Erfüllung, und jetzt schläft er also in der Gruft neben einem Mann, den er nie besonders gemocht hatte. Da liegen sie nebeneinander, zwei wilde Amerikaner, die beide in den dreißiger Jahren nach Tahiti gekommen waren und beide bis an ihr Lebensende blieben.

Kein Nachruf steht auf Leetegs Grab, doch er hatte sich selbst in einem seiner Briefe an Barney Davis einen gegeben: »Dieser Hurenbock, dieser Gin-getränkte Trottel, der Idiot von Mooréa.«

Wir haben die größte Kontroverse über Leeteg noch nicht erwähnt, denn sie war ein technisches Problem und verdient es, ausführlich behandelt zu werden. Kritiker und Beamte der Regierungen von Frankreich und Amerika behaupten, Leetegs Samtbilder seien keine Kunst, denn er habe Fotos auf den Samt projiziert und den Hintergrund mit einer Spritzpistole ausgefüllt, so daß nur noch ein paar Glanzlichter mit der Hand aufgetragen werden mußten. Natürlich kämpfte er um sein Recht, seine Arbeiten als Kunstwerke zollfrei in die Vereinigten Staaten bringen zu dürfen, statt unter der Bezeichnung ›massenhaft hergestellte kunstgewerbliche Gegenstände‹, wofür hoher Zoll fällig ist. Er sicherte sich also schließlich die Hilfe eines Museumsangestellten, dessen Bericht eindeutig Leetegs Berechtigung bestätigte, daß er auch vor den Zollbeamten seine Werke als Kunstwerke bezeichnen dürfe.

Willis Shook vom Art Institute, Pittsburgh, berichtet der Regierung: »Ich saß neben ihm und beobachtete ihn, als er verschiedene Bilder begann, entwickelte und fertigstellte. Ich bin durchaus bereit, unter Eid auszusagen, daß er die Figuren nach dem Leben und freihändig zeichnet, sie so malt, wie es jeder andere Künstler auch tut, der ein Werk schafft, das als ›schöne oder freie Kunst‹ bezeichnet wird. Er bedient sich keiner mechanischen Hilfen bei der Produktion seiner Malereien, weder einer Spritzpistole noch einer Schablone oder eines Reflektors, Projektors oder anderer Mittel außer seinem Auge und seiner Hand. Bei den Werken anderer Künstler habe ich noch nie so herrliche Wirkungen gesehen wie bei ihm.«

Die Geschichte, er sei mit Hilfe eines chinesischen Ladenmädchens, das schwarzen Samt statt einer Mönchskutte anbot, zu seiner Technik gekommen, ist auch nicht richtig. In Unterhaltungen mit Bill Erwin, dem Künstler aus Honolulu, wiederholte er verschiedentlich: »Als ich noch in St. Louis lebte, ging ich in ein Museum und sah einige sehr alte Samte, vielleicht italienische. Der Künstler hatte dicke Farbe auf dickem Velours verwendet. Natürlich war die Farbe zusammengebacken, und aus der Nähe gesehen sahen die Bilder höllisch aus. Aber aus einiger Entfernung fiel alles an den richtigen Platz, und der Kontrast zwischen den Stellen, wo die Farbe dünn aufgetragen war, und den dick aufgetragenen zusammengebackenen Stellen vermittelte ein wundervoll lebendiges Gefühl. Und genau da hatte ich die Idee, ich könnte noch bessere Wirkungen erzielen, wenn ich nicht die ganze Farbe auf einmal auftrage, sondern in sehr dünnen Lagen. Damit experimentierte ich und entdeckte, daß dies recht gut klappte.«

In einem Brief stellt Leeteg fest, er habe 1933 mit den Samtmalereien angefangen, in einem anderen sprach er von 1935. Wir wissen aber, daß er ein paar in dieser Manier gemalte Bilder schon 1933 verkauft hat.

Sehr schwierig ist es nicht, auf Samt zu malen, denn Tausende junger viktorianischer Damen dekorierten üppiges Purpur und kräftiges Blau in diesem Material als Stuhllehnenkissen. Blumen und Rehe auf einem Felszacken vor einem dunklen Himmel waren sehr beliebte Sujets. Und wie Leeteg richtig bemerkt hatte, auch Renaissancekünstler versuchten sich oft in dieser Kunst.

Natürlich ist es auch nicht allzu leicht, sehr gut auf Samt zu malen, und es gibt vorwiegend zwei Gründe, wenn verschiedene Künstler diese Technik nach ein paar Versuchen wieder aufgaben. Erstens, die Farbe neigt zum Zusammenbacken, so daß das Leben im Stoff durch Ölkügelchen zerstört wird, die hart werden und so die einzelnen Fäden ›töten‹. Das heißt, der Samt ist ein Material, das seine eigene Wirkung vernichten kann. Das Leben und die Fähigkeit, Licht aus verschiedenen Winkeln zu reflektieren, werden von Pigmenten vernichtet. Zweitens, die schwarze Farbe, die zum Einfärben des Samtes benützt wird, ist so hart, daß sie die chemische Struktur anderer Pigmente verändert. Hellrot wird zum Beispiel zu einer flachen Rostfarbe, ein reines Blau wird ein schmutziges Purpur, Weiß ein schmutziges Grau. Selbst wenn die schwarze Farbe organisch die Malerfarbe nicht verändert, so ist sie doch so stark, daß man, um sie zu verdecken, so viel Farbe verwenden muß, daß sie zusammenbackt. Es ist also leicht zu verstehen, daß die Maler Leinwand oder auch Zeltleinwand vorziehen, denn die weisen Öl und Pigmente nicht ab, sondern steigern noch ihre Wirkung.

Und welches sind die Vorteile des Samtes? Erstens müssen keine Schatten gemalt werden; sie werden ausgespart, so daß die schwarze Samtfarbe durchscheint. Andere Techniken verlangen vom Künstler, daß er sowohl Schatten als auch Glanzlichter malt, doch der Samt verringert die Arbeit bis auf die Hälfte. Zweitens, wenn jeder winzige Strang des Flors so behandelt werden kann, daß er nicht mit dem Nachbarn zusammenklebt, so ist das Ergebnis eine Malerei, die eine zusätzliche Dimension gewonnen zu haben scheint. Jede Veränderung des Lichteinfallwinkels, jeder Lufthauch verleihen der Arbeit ein Leben, das ein flaches Stück Leinwand einfach nicht erlangen kann. Und schließlich vermittelt schwarzer Samt das Gefühl der Üppigkeit, des Vollen. Der Autor weiß nicht, weshalb es so ist. Vielleicht stammt diese Vorstellung aus der Kultur der Renaissance, wo sich die Edelleute sehr gern in Samt kleideten. Es ist aber auch möglich, daß die viktorianische Ära hier nachwirkt, denn damals lebte man in großen Häusern und hatte viele Samtvorhänge und Portieren. Gleichgültig, welcher Grund zutrifft, es gibt viele Leute, die Samtmalereien ideal für einen Nachtklub halten, denn da ist ein Gefühl der Üppigkeit wichtig.

Leeteg löste die technischen Probleme des Malens auf Samt; meistens nahm er Baumwollsamt, erst aus Frankreich, dann aus New York, und er brachte Malereien zustande, die technisch einfach makellos waren. Jeder Strang des Flors stand frei mit seinem eigenen Farbfleckchen. Die Farbe des Samtes war neutralisiert, so daß sie die Pigmente nicht mehr veränderte. Das ganze Bild wurde im Gleichgewicht gehalten. Viele Künstler geben zu, daß jeder, der es gewollt hätte, das Problem der Ölmalerei auf Samt auch hätte lösen können, falls er sich die Mühe gemacht hätte. Leeteg hat es getan.

Gewöhnlich arbeitete er nach einem Foto, und dabei baute er auf seinen Erfahrungen als Plakatmaler auf, aus denen er seine Grundtechniken bezog, die ihn durch das ganze Leben führten. Aus verschiedenen Gründen bediente er sich nicht direkt lebender Modelle. Sie waren sehr teuer, und wir werden auch noch sehen, daß er zumindest eines in wenigstens sechs verschiedenen Stadien seiner Malerei gebraucht hätte. In Tahiti ist kein Mädchen zu finden, das sechs Tage arbeitet und sich danach bezahlen läßt. Leeteg konnte von Glück reden, wenn er ein Mädchen überredet hatte, einmal zu kommen. Und die Mädchen Tahitis können sich auch nie länger in einer bestimmten Pose halten. Selbst für Fotografen war es schwierig, sie in Ruhestellung zu erwischen. Darüber hinaus ist für die Arbeit auf Samt das Licht von größter Wichtigkeit. Mit einem lebenden, kapriziösen Modell wäre die Arbeit überaus schwierig. Selbst für Porträts von vornehmen einheimischen Bürgern oder reichen Reisenden verwendete er immer ein Foto.

Zu Beginn seiner Karriere sahen ihn verschiedene Zeugen einen Helfer des Plakatmalers verwenden, ein Pausmuster, um die Hauptumrisse des Fotos auf den Samt zu übertragen. Ein solches Pausmuster ist ein dünnes Blatt Papier, in das das Muster mit winzigen Löchern eingestochen ist; darüber wird dann Talkum gepudert. Legt man es auf Samt und klopft ganz schnell, kräftig und mit Gefühl darauf, so zeigt sich ein Umriß des Puders, von dem der Künstler bei der Arbeit ausgehen kann. Aus verschiedenen Gründen wird ein Künstler, der ein solches Pausmuster benützt, in der Kunstwelt schief angeschaut, angeblich weil er die Grundgeschicklichkeit des Handwerks nicht beherrscht. Auch Leeteg schien dieses Gefühl zu teilen, denn später skizzierte er freihändig mit Kreide, und die Ergebnisse wurden sehr viel besser.

Seine Palette wurde von einem Freund als ›die bunteste und hellste, die ich je sah‹ beschrieben. Er hatte aber nur Weiß und sieben andere Farben darauf, die er direkt aus der Tube heraus verwendete, ohne sie zu mischen.

Die Ansichten darüber gehen auseinander, ob Leeteg noch einen Zusatz oder einen Trockner benützte. Er erzählte Erwin, das tue er nicht, und auch in einem wohlbekannten Brief erklärte er, daß er nichts dergleichen verwende. Nach seinem Tod wollten ein paar sehr unternehmende Herren Leetegs fälschen, da ein Stück um die 3000 Dollar erbrachte. Der Künstler, den sie beschäftigten, konnte zeichnen wie Leeteg, er verstand auch Leetegs Palette und konnte auf Leinen einen sehr schönen Leeteg herstellen; nicht aber auf Samt – bis ihm ein Reisender, der Leeteg in Mooréa gut gekannt hatte, riet, er solle sich aus Frankreich eine Geheimmixtur besorgen, die, wie er sagte, für Leetegs Erfolg in dieser Manier verantwortlich sei. Der Fälscher kaufte einige Flaschen Stoffine Wood, und als er dies mit Leetegs Palette mischte, wurde die Malerei auf Samt relativ leicht. Kopien, die mit Stoffine Wood hergestellt wurden, sind jetzt weit verbreitet.

Leeteg skizzierte seine Bilder mit einem außerordentlich leichten Pinsel. Geschickt brachte er erst eine reine Grundfarbe auf den Samt, so daß der Flor mit sämtlichen Strähnchen etwas davon abbekam. Machte er einen Fehler, so konnte er ihn jetzt noch mit einer Lösung korrigieren, solange die Farbe feucht war. Wenn aber die Skizze beendet war, konnte er keine weiteren Korrekturen mehr anbringen, und von da an mußte er mit sehr sicherer und ruhiger Hand arbeiten. Er konnte sich die Geste nicht leisten, die in Künstlerfilmen so ungeheuer beliebt ist: Er konnte nicht zurücktreten und sein Werk begutachten, dann einen Lappen in Terpentin tauchen und die nicht ganz perfekte Stelle auswaschen. Stimmte etwas nicht, so konnte er nur den Samt wegwerfen oder das ganze Bild um das herum, was er hatte, neu konzipieren. Zwangsläufig wurde er ungeheuer geschickt darin, die Farbe genau dort anzubringen, wo er sie haben wollte.

War die Skizze gemacht, so durfte der Samt trocknen, natürlich in der Sonne und einige Tage lang. Der ganze Prozeß dauerte für ein Bild mindestens zwei Wochen, und wenn Leeteg allen Anforderungen einigermaßen nachkommen wollte, mußte er immer mindestens ein halbes Dutzend Bilder gleichzeitig in Arbeit haben. Es war absolut nicht ungewöhnlich, daß die Fahrgäste der *Mitiaro* viele Bilder in der Sonne von Mooréa trocknen sahen, wenn sie an der Villa Velour vorbeifuhren.

War dann die Skizze trocken, so wurde die nächste Farblage aufgebracht. Es kam vor, daß acht verschiedene dünne Lagen Farbe aufgetragen werden mußten. Leeteg schrieb: ›Der Zweck meiner Methode des Malens auf Samt in verschiedenen Arbeitsgängen auf schwarzem Material ist der, die Farben auf dem Samt zu mischen, nicht auf der Palette... Es ist wirklich ein Abkömmling des Impressionismus, etwa nach der Art von Childe Hassam.‹ Auch Tintoretto und Cézanne hatten diesen Stil entwickelt, und beide liebte Leeteg sehr. Seine Kenntnisse klassischer Kunst waren überhaupt sehr umfangreich, und er hat, wie aus seinen Notizbüchern hervorgeht, eingehend Matisse, Renoir, Picasso und andere studiert.

Wenn wieder eine neue dünne Farblage aufgetragen ist, muß der Samt sehr sorgfältig trocknen, und dafür braucht man unbedingt Sonne. Deshalb arbeitete er auch selten einmal im Haus, sondern gewöhnlich auf der Betonveranda.

Man machte ihm oft den Vorwurf, er habe von einem Sujet ein halbes Dutzend Kopien gleichzeitig angefertigt, aber darüber gibt es keine Aufzeichnungen, denn er näherte sich jedem Bild wie einem neuen Abenteuer, und wenn er eine besonders gute Kopie eines Sujets gemacht hatte, kündigte er dies freudig in seinen Briefen an. ›Habe heute ›Hina Rapa‹ beendet, einfach Spitze.‹ Spitze wurde alles genannt, was besonders gut herauskam, und er war sich darüber klar, daß daran sein Ruf hing.

In Kunstkreisen gab es immer kleinere Streitereien über die von Leeteg benützten Techniken, tiefergehende gab es um seine Gewohnheit der Herstellung immer wieder neuer Duplikate. Eines seiner beliebtesten Bilder, von dem er etwa vierundzwanzig Kopien herstellte, war ›Hina Rapa‹. Es zeigte eine barbrüstige Wilde mit einem großen gelben Hut; davon erklärte er Erwin, habe er siebenundzwanzig Kopien hergestellt und sei ihrer müde geworden.* Es ist also überaus schwierig, nun genau zu bestimmen, was ein Leeteg-Original ist, denn spätere Versionen waren oft besser als das erste Stück.

Mit diesem Problem belastete sich Leeteg selbst niemals. Er sagte: »Ich muß doch das malen, was das Publikum will.« Barney Davis entwickelte ein Nummernsystem, erfaßte alle Sujets, und wenn das Publikum weitere sechs Kopien von Nummer 118 – ›Hina Rapa‹ – wollte, so wurden sie per Kabel bestellt und in angemessener Zeit geliefert. Er veränderte auch einmal ein Grund-

* Al Ezell, Leetegs ursprünglicher Agent in Hawaii meint, Hina habe er vielleicht hundertmal gemalt. Eines der feinsten Stücke davon, genau wie etliche Spitzen, hat er selbst im Besitz.

muster, um einen besonders guten Kunden zufriedenzustellen; als Mary Morton, eine Honolulu-Freundin aus alter Zeit, eine Kopie der sehr beliebten Nummer 115 wünschte, wollte sie, das Mädchen solle aussehen, als werde es weinen. Leeteg fügte Tränen hinzu und schuf einen seiner allerbesten Samte. Bei einer anderen Gelegenheit wollte ein Kunde eine ›Hina Rapa‹ für sein Studio, bestand aber darauf, das Mädchen müsse einen übergroßen Busen haben, damit seine Gäste zufrieden seien. Leeteg verlangte einen höheren Preis für diese 118-Version und nannte sie ›Das Mädchen mit den Vier-Gallonen-Titten‹.

Manche Kritiker meinen, Leetegs Bereitwilligkeit, das zu malen, was verlangt wurde, lasse ihn nicht als ernsthaften Künstler erscheinen. Der Autor ist durchaus bereit, über die Möglichkeit von Leetegs Ausschluß aus der Künstlergemeinde zu diskutieren, doch nicht über diesen Punkt. Schließlich fertigte auch Hiroshige Dutzende von Versionen eines einzigen Sujets von seinen Holzblöcken. Veronese wurde vorgeschrieben, welche Farben und welche Sujets in seinen riesigen religiösen Malereien vorkommen müßten. Wir leben nicht mehr in der Zeit der großen Renaissance-Künstler, und so vergessen wir leicht, daß von ihnen oft Kreuzigungen verlangt wurden, in denen Jesus eindeutig blutete; oder die Jungfrau Maria durfte keine Brüste zeigen, eines Gönners Bild mußte ihn zehn Jahre jünger machen und so weiter. Admiral du Saint Front unterstrich, Cézanne habe auch zwei Dutzend oder mehr Bilder vom Montagne Sainte Victoire gemalt. In der ganzen Kunstgeschichte gab es natürlich Künstler, die nur das malten, was sie selbst malen wollten. Andere, wie auch Van Dyck, Rubens und Rembrandt, wiesen oft darauf hin, daß sie im Auftrag malten, also das, was von ihnen verlangt wurde. Beide Schulen haben ihre Verdienste. Man kann sich einen Albert Ryder nicht vorstellen, der nach Auftrag malt. Von Rubens weiß man es, denn etliche dieser Aufträge blieben erhalten. Man kann also Leetegs Abwandlung der Sujets nach den Wünschen des Kunden in Frage stellen, doch aus einer Künstlervereinigung kann man ihn deshalb nicht ausschließen.

Dies könnte man vielleicht aus anderen, gewichtigeren Gründen tun. Wir wollen einmal acht seiner schönsten Sujets in Erwägung ziehen. Wir finden, daß alle acht von anderer Männer Arbeiten kopiert wurden.

Über zwei seiner größten Erfolge schrieb er: ›Die Fotos von ›Hina Rapa‹ (Nr. 118) und ›Old Chief‹ (Nr. 112) wurden vor ungefähr neunzehn Jahren aufgenommen. Beide Personen sind jetzt tot. Das ›Hina Rapa‹-Foto kaufte ich ursprünglich von Bowers, der einen Fotoladen hatte und es vielleicht einem französischen Flottenoffizier klaute, der bei ihm arbeiten ließ. Jedenfalls ist Bowers tot. Soviel ich weiß, wurde das Foto nie veröffentlicht, außer in unseren Inseraten. Der ›Old Chief‹ wurde vom Simpson aufgenommen, der noch in Papeete lebt. Den Rest der Geschichte erfahre ich von ihm, wenn ich wieder in die Stadt komme, und ich gebe ihn dann an Dich weiter. Soviel mir bekannt ist, besteht für beide Fotos kein Copyright.‹

Mit den nächsten drei großen Erfolgen bekam er Ärger. Sie wurden buchstäblich einem Buch von William S. Stone entnommen, der einer seiner Nachbarn war; das Buch hieß *Tahiti Landfall*, New York 1946. Dieses Buch war illustriert mit Fotos, die Igor Allen, ein Fotograf von Tahiti, gemacht hatte. Viele Kritiker bezeichneten diese Fotos als mit Abstand das Beste, was seit vielen Jahren aus Polynesien gekommen war, und drei wurden ganz besonders hervorgehoben: das Porträt eines Mannes mit Krummaxt, das Bild eines wilden Trommlerjungen und der Schnappschuß eines Mädchens, das aus einer Kokosnuß trinkt. Komposition und Licht waren von erlesener Schönheit, und sie erschienen bald als Samtbilder Leetegs: Eingeborener mit Krummaxt (Nr. 136), Trommlerjunge (Nr. 137), Kokostrinkerin (Nr. 127). Allan war verblüfft, und als er vom Künstler keine befriedigende Erklärung bekam, schickte er, angefeuert von einigen auf Tahiti ansässigen Leuten, die Leetegs Schrullen satt hatten, einen bitteren Brief an das *Star-Bulletin* von Honolulu, in dem er Leeteg des Plagiats beschuldigte. Er fügte hinzu:

›Ich erhielt einen Farbausschnitt aus Ihrer Nummer vom 4. November 1950 mit der Überschrift ›Edgar Leeteg von Tahiti wird als würdiger Nachfolger von Gauguin gepriesen‹. . .

Eine Gruppe von Einzelpersonen, die seine Samte in Kommission nahmen, schrieb sehr viel über die Bilder. Ich kenne persönlich Leeteg gut, denn er kommt immer wieder auf mich zu, ich solle Fotos für ihn machen. . .

Tatsache ist, daß Leeteg einen Kurs als Plakatmaler machte und auch als Plakatmaler tätig war. Daraus ergibt sich notwendigerweise, daß seine Malerei bis heute Plakatmalerei geblieben ist.‹

Leetegs Antwort ist im Original nicht zu drucken; er griff Allan bösartig dafür an, daß er überhaupt die Frage des Plagiats anschnitt. Leeteg war immer der Meinung – in der ihn ein Anwalt bestärkte –, wenn ein Künstler auch nur einen Teil eines Fotos verändere, so dürfe er es nach Gutdünken verwenden, ohne dafür bezahlen zu müssen, denn dann bestehe auch kein Copyright; habe er, der Künstler, sein Werk jedoch fertig, stehe es ihm frei, es unter Copyright zu stellen. Er war der Meinung, Fotografen, die für Sujets bezahlt werden sollten, welche er später benützte und für die er bis zu 10 000 Dollar erzielte, seien schlichtweg Erpresser.

Die Antwort an Allan liest sich gedruckt etwa so:

›Aus Fairneß Hunderten von Leuten aus Honolulu gegenüber, die meine Samtbilder in ihren Häusern hängen haben, wollen Sie bitte freundlicherweise meine Antwort auf die Angriffe des gebürtigen Russen Igor Allan abdrucken, die (warum?) am 13. März in Ihrer Briefkastenecke erschienen.

Es ist richtig, daß die für des verstorbenen Col. L. G. Blackmans Artikel vom 3. November reproduzierte Malerei nach Allans großartigem Foto ›kopiert‹ wurde, erschienen in *Tahiti Landfall*, aber alle übrigen Behauptungen sind falsch...

Eine Kopie nach einem Foto erfordert größere Geschicklichkeit als die Arbeit nach einem Modell, denn der Maler muß Verzerrungen erkennen und berichtigen, also alle Schwächen, und muß überdies Farbe hinzufügen und viele Einzelheiten aus seiner Erinnerung und Fantasie.

Wird das richtig gemacht, so ist die Malerei kein kopiertes Foto, sondern ein Kunstwerk voll künstlerischer Geschicklichkeit, der Auffassung und dem Gefühl des Malers.‹

Später ließ er private Verdammungen Allans herumgehen; hier zeigt sich ein Mann, der sich auch auf das unterste Niveau herabbegibt, wenn er damit nur einen Rivalen vernichten kann.

Leetegs ›Beach Boy‹ (Nr. 156) war sofort ein aufsehenerregender Erfolg, denn das Bild zeigte einen fröhlichen Jungen mit einem Kokosnußhut. Kopien davon wurden in Mengen bestellt, und Leute in Honolulu machten Aufnahmen von diesem Bild, um sie ihren Freunden zu schicken. Unglücklicherweise wurden einige dieser Negative auch zum Entwickeln an einen Fotografen in Honolulu geschickt, und der kleine, flinke K. K. Tagawa entdeckte, daß eines seiner Preisfotos als Samtbild verkauft wurde. Er hatte eines Tages die Aufnahme am Strand von Maui gemacht und noch vor dem Entwickeln gewußt, daß ihm hier ein großer Wurf gelungen war. Er bezahlte also dem Jungen eine Modellgebühr und stellte fest, daß seine Vermutung stimmte. Sein Foto gewann erste

Preise in Australien und anderswo und wurde häufig lobend erwähnt. Es erschien auf Seite 97 von *Paradise of the Pacific's*, Ferienausgabe 1950, und auf Seite 249 der Ausgabe 1952 des *Photography Annual*.

Aus einem dieser Werke hatte Leeteg den Abdruck ohne Erlaubnis kopiert, ohne die Quelle zu erwähnen, ohne Geld dafür anzubieten und ohne sonst etwas, wie es üblich wäre. Tagawa protestierte, Leeteg explodierte: »Was meinen Freund Mr. K. T. Kagawa betrifft – zum Teufel mit ihm und seinem kostbaren Foto, das sicher keine 100 Dollar wert ist, was mein billigster Samt kostet, und ich habe es nur zweimal verwendet. Gewöhnlich bezahle ich den Fotografen hier zwischen 1,50 Dollar und 100 Francs, um ihre Bilder für jeden gemalten Samt verwenden zu können. Zu diesem Preis schulde ich also Kagawa 3 Dollar, und belaste dafür mein Konto. Biete ihm 3 Dollar als einmalige Zahlung dafür an, daß ich sein Foto zweimal benützt habe. Sag ihm, ich werde das Foto nicht wieder verwenden. Wenn er die Reproduktionsrechte auf Samt verkaufen will, dann schicke mir einen kleinen Kontaktabzug (ich kann nur nach Vergrößerungen arbeiten, da meine Augen schlechter werden), und wenn ich ihn für meine Arbeit verwenden kann, werde ich von ihm zu meiner üblichen Gebühr eine Vergrößerung kaufen. Aber ich denke nicht daran, irgend jemandem ein Samtbild zu schenken, nicht einmal einem Gouverneur.«

Später bot Leetegs Agent Tagawa eine Entschädigung an. Leeteg sprach oder schrieb den Namen immer falsch, vermutlich absichtlich. Tagawa nahm das Angebot nicht an. Heute sagt der Fotograf rückblickend: »Ich verstehe recht gut, daß ich gesetzlich keine Klage einbringen kann, wenn ein Künstler mein Foto in Öl bringt, aber meine Fotos haben die Atmosphäre der Inseln so gut eingefangen, daß viele Künstler sie kopieren wollen, und alle außer Leeteg hatten so viel Anstand, vorher etwas mit mir zu vereinbaren. Ich versuchte immer entgegenkommend zu sein und gab auch fast immer die Erlaubnis. Als zum Beispiel Bill Erwin, den ich nicht einmal kannte, meine Fotos für seine Samtbilder verwenden wollte, kam er direkt zu mir und machte mir ein Angebot. Er war bereit, eine Summe zu bezahlen, doch ich schlug vor, er solle ein Bild meiner Mutter malen, und das tat er auch. Ich denke, es ist etwa 200 Dollar wert.«

Tagawa ist überzeugt, daß Leeteg den ›Beach Boy‹ aus *Paradise of the Pacific's* kopierte, weil in derselben Ausgabe ein hübsches Foto von einem anderen Fotografen Honolulus, Herbert Bauer, war. Es zeigte einen Cowboy Hawaiis, einen älteren Mann mit schönem Gesicht, der in die Sonne späht. Um den Hals trug er ein Tuch, und dieses Tuch war es, das die Aufmerksamkeit von Bauers Vater auf sich zog, als er später Leetegs Samt ›Hawaiian Cowboy‹ (Nr. 117) im Fenster eines hawaiianischen Folkloreladens entdeckte. Er rief seinen Sohn an und erzählte ihm das, und der junge Bauer erinnert sich: »Ich fuhr zu Leetegs Agenten, der über eine neue Serie von Samten, die er eben erhalten hatte, sehr aufgeregt war. Er sagte, dieser Mann Leeteg sei der amerikanische Gauguin, und hielt mir einen gewaltigen Verkaufsvortrag; aber ich griff in die Samtbilder hinein und sagte: ›Sie können einen Mann, der seine Ideen von eines anderen Mannes Fotos klaut, keinen Künstler nennen.‹ Später kamen wir zu einer Vereinbarung, und ich erhielt für mein Foto 15 Dollar. Heute schäme ich mich aber, das Geld genommen zu haben. Ich hätte sagen sollen, Leeteg müsse das Geld sehr viel nötiger haben als ich, wenn er so nachlässig sei und nicht einmal um die Erlaubnis bitte, meine Arbeit verwenden zu dürfen.« Bauer weist auch darauf hin, daß andere Künstler ebenfalls seine Fotos als Grundlage für ihre Arbeit verwendeten, aber die holten sich üblicherweise seine Erlaubnis ein und bezahlten für das Vorrecht der Benützung.

Leetegs berühmtestes Sujet, das Porträt Christi (Nr. 154), ist wieder eine andere Geschichte. Ein Freund aus Hawaii schickte für Leetegs Kinder eine Medaille, um sie daran zu erinnern, daß sie vor dem Schlafengehen beten sollten. Auf dieser Medaille war ein Miniaturkopf Christi aus einer ungeheuer beliebten Serie religiöser Malereien eines amerikanischen Künstlers namens Warner Sallman. Der Kopf war von etwa Briefmarkengröße. Später, als ein Mormonenmissionar Leeteg besuchte und ihn fragte, ob er auch religiöse Sujets habe, bot ihm Leeteg an, Sallmans Kopf auf Samt zu malen. Das Ergebnis war eine sehr feine Jesus-Darstellung in einem Stil, der die überzüchtet-süße Art Sallmans erhielt, aber eine ehrliche Kraft unterlegte.

Kaum war dieses Samtbild fertig, wurde es von allen, die es sahen, als Edelstein populärer Religionskunst erkannt, und noch viermal kopierte Leeteg es von dem winzigen Original. Die fünf Kopien – Davis sagt, es seien nur vier – sind nicht identisch, und jede hat eine ganz besondere Schönheit. Es kann keine bessere Interpretation dafür geben, wie sich die Menschen Jesus im allgemeinen vorstellen, und die künstlerische Qualität übersteigt die von Warner Sallmans Original erheblich.

Leider kopierte er hier ein Werk, das ein Copyright hatte, und er kam selbst darauf, daß er mit Schwierigkeiten rechnen müsse, falls er weitere Kopien machte. So wurde also sein größtes Samtbild, das in unendlich vielen Kopien hätte verkauft werden können, verboten, und das bestätigt er auch in einem Brief an seinen Agenten: ›Habe eben den ›Beach Boy‹ vollendet, und mit dem wirst Du keine Schwierigkeiten haben. Bald werde ich einen zweiten anfangen. Ich hoffe, der wird auch so gut. Ich habe mit einem Sallman-Christuskopf angefangen – ohne Hintergrund. Beschwör keinen Ärger herauf, indem Du ihn in Dein Fenster stellst. Ich fühle mich immer wie ein Dieb, wenn ich die Malerei eines anderen kopiere, und ich tu's ja nur des Hungers wegen.‹

Mit Leetegs Ethik befassen wir uns hier nicht. Die Tatsachen stehen zur Verfügung, und jeder kann seine eigenen Schlüsse ziehen. Wir wollen auch nicht über die Frage reden, ob Fotos als Grundlage für Kunst herangezogen werden können. Utrillo tat dies mit erlesenen Ergebnissen, und Leeteg tat es auch. Uns macht nur die Tatsache besorgt, daß Leetegs hervorragendste Werke gewöhnlich Kopien der Werke anderer Männer waren, auf die er sich mit Details wie Licht und Schatten, Komposition und Muster verließ, die in der Regel des Künstlers wichtigste Fähigkeiten darstellen. Leeteg scheint nicht die Fähigkeit gehabt zu haben, ein Sujet zu finden, es zu organisieren und bis zur fertigen Malerei durchzuziehen. ›Beach Boy‹ ist deshalb ein so wundervolles Samtbild geworden, weil K. K. Tagawa das Kind richtig posieren ließ und dessen selbstvergessene Heiterkeit auf wundervolle Art einfing. Daß Leetegs ›Adzeman‹, der Mann mit der Krummaxt, so voll Würde und Größe ist, kommt daher, daß Igor Allan diese Züge herauszustellen verstand, und man neigt zu der Überzeugung, Leeteg selbst wäre nicht in der Lage gewesen, den universellen Stil seines Christusbildes ganz allein zu schaffen, hätte Sallman nicht zuerst seine sentimentale Version gemacht. Eine solche Schwäche ist natürlich recht ernst zu nehmen, wenn jemand Anspruch darauf erhebt, ein Künstler zu sein, und diese Schwäche Leeteg daran hindert, die Stellung einzunehmen, die seine Anhänger ihm zuweisen.

Wir sehen uns also der quälenden Frage gegenüber: War Leeteg ein wirklich großer Künstler oder nur ein Trittbrettfahrer? Seinen Samten fehlen die Plastik und die Kontrolle von Ebene und Oberfläche, die die Werke von Rembrandt und Velasquez kennzeichnen. Jene, die diese Qualitäten in Leetegs Werk sehen, können die

Leinwände des Meisters nicht kennen. In der Technik läßt sich Leeteg durchaus mit den kleineren Porträtisten des achtzehnten Jahrhunderts vergleichen, aber zum Beispiel Malern wie Hogarth, Reynolds und Gainsborough hinkt er hinterdrein. In Stil und Konzeption lassen sich seine Porträts jedoch mit denen von Raeburn vergleichen, und hätte Leeteg in jener Zeit gelebt, so hätte er vielleicht wie Raeburn gemalt.

Wie fällt der Vergleich mit Gauguin aus, mit dem er so häufig in Verbindung gebracht wird? Die Ähnlichkeit liegt vor allem in dem zügellosen Leben, das die beiden Männer führten, und in ihrer Liebe zu den Menschen Tahitis. Gauguin verwendete starke, leuchtende Farben. Leetegs Farben wurden vom Samt gedämpft und erschienen oft düsterer. Etliche seiner besten Malereien scheinen monochromatisch zu sein. Gauguin war ein Meister der Landschaft; Leeteg stellte meistens große Köpfe dar, und wenn er sich an der Landschaft versuchte, wurde sie leicht formlos und ohne Glanzlichter. Gauguin baute alles, was er sah, neu und setzte es um in seine Vision des Lebens; Leeteg machte nur seine Vision hübscher als das Original und stellte nichts von der großen zerreißenden Kraft dar, die Gauguins Originale kennzeichnet. Ein großer Designer war der Franzose nicht, doch ein sehr kraftvoller. Leeteg verließ sich dagegen hauptsächlich auf andere. Und Gauguin wurde von einem inneren Feuer durchglüht, das auch auf seinen Leinwänden leuchtet. Leeteg hatte auch sein Feuer, aber seine Samte berührte es nicht.

Andererseits überstieg Leetegs Fähigkeit, einen Kopf in ein Rechteck zu setzen, die Gauguins. Er tat das mit der gleichen Geschicklichkeit wie sonst ein Künstler, egal aus welcher Zeit, und darin erinnert er an Holbein. Es ist eine merkwürdige Tatsache, daß seine Fähigkeit, einen gut plazierten Kopf langsam aus dem verschatteten Hintergrund herauszuholen, an Rembrandts Lieblingsmanier erinnert, obwohl hier die Analogie aufhört, denn Leetegs Ausführung erinnert weder an Holbein noch an Rembrandt. Nur seine Kraft, die Stimmung Polynesiens einzufangen und darzustellen, läßt an Gauguin denken, denn Reisende, die diese Inseln lieben, lassen sich zugegebenermaßen von ihm in die Schatten der Lagunen ihrer Erinnerung zurücklocken.

Man kann also Leeteg nicht als den neuen Gauguin bezeichnen, wenn die Tüchtigkeit als Maler die Berechtigung zu einem solchen Vergleich wäre. Und ihn mit Hals, Rembrandt, Rubens oder Goya zu vergleichen, hieße auf jeden Standard überhaupt verzichten.

Oft nannte er Rolfe Armstrong und Normal Rockwell seine Idole, und genau wie sie gelang es ihm, ein guter Bildermaler zu werden: »Decker schrieb mir heute, er sei mit meinen letzten sieben Samten nicht zufrieden, weil sie zu dunkel gewesen seien, und so dachte ich noch lange darüber nach, was Kunst und ein Fehler ist. Alle Maler machen einmal den Fehler, viel zu künstlich zu sein, und die erfolgreichen unter ihnen sind jene, die klug genug sind, ihren Fehler einzusehen und zu dem zurückzukehren, was beliebt ist. Norman Rockwell gehört zu ihnen. In Zukunft werde ich also helle Samte malen wie jene, die meine Arbeit populär machten; aber noch strahlender, denn ich habe eine neue Farbe gefunden, die Licht gibt.«

Jeder, der Leeteg genau studiert, kommt bald darauf, daß er immer mit dem Unerwarteten rechnen muß; trotzdem ist der Autor der Meinung, er sei bis an die äußersten Grenze seiner Kunst vorgestoßen. Dann besuchte er zufällig Wayne Deckers palastartiges Haus in Salt Lake, wo im sehr schön eingerichteten Keller ungefähr zweihundert Leeteg-Samte ausgestellt sind. Alle Standardsujets waren da, oft in Spitzenqualität, aber als die reiche Prozession zu Ende war, fragte der Freund, der Leeteg nur für ein paar Minuten an einem heißen Tahiti-Tag gesehen hatte: »Haben Sie je sein Meisterstück gesehen?« Er brachte ein halbes Dutzend erlesen ausgeführter Porträts von Navajo-Indianern.

Das traf uns wie ein Schlag, und dieser Widerspruch machte uns ratlos. Wie konnte Leeteg im Südpazifik die schönsten Porträts ferner Indianer schaffen? Decker erklärte es: »Edgar war immer geistig sehr hungrig nach Amerika und bat mich, ihm Lesematerial zu schicken. Ich schickte ihm *Time, Newsweek* und *US News*, und er verschlang alles.«

»Aber wie erklärt das die Indianer?« wollten wir wissen.

»Nun, einmal richtete ich ein Bündel zusammen und füllte einen Leerraum mit einer Ausgabe von *Arizone Highways* auf.«

Von den Farbfotos dieses zufällig geschickten Magazins kopierte er seine Meisterwerke. Alle Kunden erzählte er: »Sagt mir, was ihr haben wollt, schickt mir ein Foto, dann mache ich es.«

Nach diesen ehrlichen Worten und ausgehend von seinen schlechtesten Werken ist man versucht, Leeteg als ›Kalendermaler‹ einzustufen, und manche tun dies auch. Aber der Autor glaubt, er ist doch sehr viel besser, und seine Samte würde er irgendwo zwischen Albert Bierstadt und Frederick Remington einreihen, alles authentische Amerikana. Wir glauben aber, Leetegs erinnert man sich in erster Linie deshalb, weil er ein so außergewöhnliches Leben führte. Und nun müssen wir uns etliche erstaunliche Aspekte dieses Lebens vornehmen.

Edgar Leeteg ist nie über seine Mutter hinausgewachsen, hat sich nie von ihr gelöst. Das tragische Gefühl von Einsamkeit und Leere, das ihn jagte, nachdem er vierzig geworden war, kam von einer verspäteten Erkenntnis, er habe sich allzu lange an ihre Schürzenbänder geklammert; das habe ihn für sein Leben verdorben und ihn für alle anderen Frauen untauglich gemacht.

Bertha Leeteg war eine große, sehr gut aussehende Frau und achtundzwanzig Jahre alt, als ihr einziger Sohn geboren wurde. Von diesem Moment an drehte sich ihr ganzes Leben um ihn. Ihre Angst, er könne sich mit Mädchen einlassen, war vermutlich die Ursache jener Verwirrung, die zu seinen beiden ersten gescheiterten Ehen führte. Es war nämlich gleichgültig, welches Mädchen er mit nach Hause brachte – Frau oder Geliebte –, immer wurde er sie los, weil das Mädchen nicht in die Pläne seiner Mutter paßte. Spät im Leben und nach zahlreichen Mißgriffen schickte er einem Freund eine erstaunliche Analyse der Art von Frau, die er wollte: »Mom leidet an Grippe, und ich möchte ihr die letzten Jahre behaglich machen durch eine Gefährtin, die sie akzeptiert und die gut und hilfsbereit zu ihr sein wird.«

Etwa um die gleiche Zeit schrieb er an Decker in Salt Lake City: »Manchmal habe ich das Gefühl, ich müsse meine mir fremdgewordene Frau zurücknehmen, denn sie schrieb mir, sie habe ihren Job als Lehrerin verloren, weil sie zu Hause blieb, um unser krankes Kind zu pflegen. Sie ist eine sehr gute Mutter. Aber ich erkenne, daß *keine* Frau lange mit Mama zurechtkommt. . . Ich selbst werde immer wieder entmutigt und sage, das vierte Gebot ist am schwersten zu befolgen.«

Mutter Leeteg begegnete ihrer schwierigsten Gegnerin in einem entzückenden Modell; das Mädchen kam von einer der anderen Inseln nach Mooréa und war, wie alle freimütig zugaben, die Frau, die der Künstler hätte heiraten sollen. Aber am Ende trieb sie Mrs. Leeteg in die Flucht, und Leeteg begnügte sich mit einer ganzen Reihe minderwertigerer und gescheiterter Modelle, Hafenmädchen und gelegentlicher Funde, die sein späteres Leben charakterisieren.

Alle Beobachter geben aber zu, daß seine an Besessenheit grenzende Liebe zu seiner großen Mutter, die ihn körperlich und gefühlsmäßig weit überragte, der rührendste Zug an ihm war. Sie überwachte ihn, doch seine Zuneigung zu ihr wuchs weiter. Seine Hauptsorge war die, sie vor allen Unannehmlichkeiten des Lebens zu schützen, und wenige Mütter wurden mit so klagloser Hingabe behandelt wie die seine. ›Ich bin gerade eben vom Krankenbett aufgestanden, Herz- und Nierenschwierigkeiten. Gestern brachte ich meine Angelegenheit so gut wie möglich in Ordnung, nur für den Fall. . . Und falls einmal die Gerüchte, Leeteg sei tot, wahr werden sollten, dann hätte ich gerne, daß Du dafür sorgst, daß ein Teil des Geldes aus meinem Besitz in einem auf Mom ausgestellten Scheck, also für Mrs. Bertha Leeteg, an sie geschickt wird. Später werde ich dann schon einen Weg finden, daß mein jüngster Sohn seinen Anteil in monatlichen Zahlungen erhält.‹

Die Jahre vergingen, und die Gesundheit seiner Mutter verschlechterte sich; da verkürzte Leeteg sogar seine Sauf-Dienstage, so daß er früher nach Hause kam und sie trösten konnte.

Diese merkwürdige Abhängigkeit ist vielleicht auch für seine sich allmählich herausbildende Manie verantwortlich. Er war sich dessen bewußt, daß ein innerer Zwang ihn dazu trieb, Häuser zu bauen, in denen niemals eine Frau wohnte, denn er schreibt: ›Ich kann auch gleich zugeben. . . ich bin wieder einmal bauwütig und möchte eine piekfeine runde Bierhalle und ein Studio über meinem Fischteich machen. Verdammt, Barney, mich hat der Bauwahn erwischt. Ich kann nur nicht anders.‹

Viele Männer erfahren diesen nicht zu bändigenden Baudrang; sie wollen ein Haus bauen, in dem eine Familie geschützt ist vor den Unbilden dieser Welt, und gleichzeitig wollen sie ein Zeichen zum Beweis dafür zurücklassen, daß die Familie einmal existierte. Aber Leetegs Manie hatte merkwürdige Obertöne. Jedes Haus, das er baute, war ein Puppenhaus. Da war ein kleines Haus für ihn selbst, dort ein kleines für seine Mutter; dieses hier war ein Puppenhaus für die Frau, die niemals wahr wurde. Alle Besucher von Villa Velour sprachen von den Puppenhäusern, die mit weichen Pastellfarben bemalt waren, und manch ein Nachbar protestierte, daß die Puppenhäuser fast ein Dorf ergäben und die feine Bucht ruinierten. Man unternahm also etwas gegen ihn, doch er stand es durch.

Dann war da die Sache mit dem Außenhaus. Er schwor, er würde das teuerste, luxuriöseste und alles in allem glänzendste WC der südlichen Hemisphäre bauen, und niemand habe sich seit den Zeiten der letzten römischen Kaiser einer solchen Toilette rühmen können. Dieses WC wurde in der Art eines polynesischen

Tempels mit dickem Mauerwerk und massiven Stützpfeilern gebaut. In die eine Wand wurde ein riesiges Metallgitter eingelassen, und darüber schwammen sechsundzwanzig metallene Fische in sieben verschiedenen Farben. Das Innere bestand aus eingeführtem italienischen Marmor mit Sitzen, die sogar einen Caligula zufriedengestellt hätten. Eingefaßt war das Bauwerk mit Blumen und parfümiert mit den allerletzten Geräten aus Paris. Von den bequemen Sitzen aus hatte man einen Blick auf die Paopao-Bucht und die sich im sanften Wind wiegenden Kokospalmen. Es gab Bücher, Magazine und Bastelarbeiten, die den Geist beschäftigten. Bemalt war das Gebäude in so zarten und dabei kräftigen Farben, daß man es nie mehr vergaß, hatte man es auch nur einmal gesehen. Das wellige Dach war ziegelrot gestrichen und von einer beigefarbenen Wand getragen, die auf einer Grundmauer ruhte, die in Lachsrosa gehalten war, und die wiederum saß auf türkisblauen Säulen. Aus der Mitte des Gitters stieg ein wunderbarer metallener Korallenbusch heraus und hielt den Grill zusammen; in dem Busch schwammen grellfarbene Fische herum. Es war größer als ein gewöhnliches Haus und so geräumig, daß fast eine Kompanie Männer darin Platz gefunden hätte; und es war auch Leetegs nobelste bauliche Schöpfung und steht noch heute, damit sich seine Feinde darüber ärgern können. Sie versuchten, ihn an diesem Bau zu hindern, und behaupteten, der verrückte Amerikaner sei nun tatsächlich wahnsinnig geworden, aber Leeteg entgegnete ihnen, ein Mensch sollte sich eines Klos erfreuen können, das seiner Persönlichkeit genüge, und er gewann.

Es gibt noch einen anderen Schlüssel-Charakterzug bei ihm. Er sehnte sich danach, durch äußeren Druck in der Reihe gehalten zu werden. Am glücklichsten war er, wenn ihn seine Mutter herumkommandierte, oder wenn er seine Energien einem Freund widmen konnte, der in Schwierigkeiten war und Hilfe brauchte.

Als die fortlaufenden Verkäufe seine finanziellen Sorgen behoben und der Beifall der Öffentlichkeit ihm versicherte, daß er ein künstlerischer Erfolg sei, beruhigte er sich und hatte dann aber sofort die ersten starken Vorahnungen des Todes, die seine späteren Briefe füllen. Er sah auch den Koreakrieg voraus und hortete riesige Vorräte für einen dritten Weltkrieg, von dem er glaubte, er müsse jeden Moment ausbrechen. Dann weinte er wieder und rief: »Barney, schick kein Geld mehr, bis du wieder von mir hörst. Ich habe für eine Weile alles, was ich brauche, und das gottverdammte Zeug macht mir immer nur Ärger. Ich wollte, ich wär' wieder ein Landstreicher. Da gibt's recht glückliche Bastarde drunter. Ich bin's leider nicht mehr.«

Seine Furcht vor Unheil steigerte sich und begann sogar seine Malerei zu vergiften. Dann geschah etwas sehr Gutes. Barney Davis baute eine neue Galerie für Leetegs Samte, machte Schulden und brauchte Hilfe. Plötzlich wurde Leeteg wieder so energisch wie früher, stürzte sich in seine Arbeit, denn jetzt war ein guter Grund für diese Aktivität gegeben: Jemand in seiner Umgebung brauchte Hilfe. ›Bitte, Barney‹, schrieb er, ›laß Dir so schnell wie möglich 20000 Dollar auszahlen. Dafür arbeite ich jetzt – es Dir zu ermöglichen, vom Angelhaken zu kommen.‹

Er brauchte immer irgendeine Verpflichtung, und hatte er keine, so teilte er mit anderen deren Nöte. Er wachte über seine Mutter, liebte seine Kinder, half verschiedenen früheren Geliebten und lieh einem jeden Geld, der einen Franc brauchte. Tahiti hatte selten einen weniger selbstsüchtigen Mann gesehen als ihn, und Admiral du Saint Front faßte seinen Charakter sehr gut zusammen, als er seinen Nachruf schrieb: ›Für mich wird Leeteg immer der Mann der Familie bleiben, der selbstlose Mann.‹

Wahrscheinlich ist, daß der Mensch Leeteg in die Geschichte der Südsee eingeht als der Mann, der mitten in den Stürmen des zwanzigsten Jahrhunderts das Paradies gefunden hat. Es wäre daher angemessen und aufschlußreich, wenn wir uns mit der Definition des Paradieses beschäftigten, um zu sehen, bis zu welchem Grad es Leeteg auch erlebte.

Faßt man die vielen Legenden über diesen großen Ozean zusammen, so kommt man zu dem Schluß, daß ein Mann, der eine mechanisierte Gesellschaft flieht, im Südpazifik drei Dinge zu finden hofft: ein Land mit gelockerten Spannungen; eine rustikale Gesellschaft, die von modernen Zutaten noch nicht sehr angekränkelt ist, und ganz gewiß eine weniger teure Lebensweise; eine ruhige Zuflucht, wo er dem Druck der Gesellschaft entkommt; ein Inselheim von erlesener Schönheit, und, ob wir das nun gern zugeben oder nicht, eine größere sexuelle Freiheit als jene, die in der westlichen Gesellschaft üblich ist.

Zu den gelockerten Spannungen: Es ist daran zu zweifeln, daß Edgar Leeteg irgendwo, sei es auf Erden, im Himmel oder in der Hölle, eine Lockerung der Spannungen, unter denen er lebte, hätte finden können, denn diese Konflikte waren seine Natur, und eifersüchtig trug er sie immer und überall mit sich herum, wo er auch ging und stand. Es ist richtig, daß er den übertriebenen

Spannungen der amerikanischen Depression entfloh, und das war ja auch das Grundmotiv seiner Übersiedlung nach Tahiti, doch eine Lockerung der geistigen Spannungen fand er nie.

Verzweifelt sehnte er sich nach einem Heim und einer Frau, doch dies entzog sich ihm immer. Er konnte auch nie eine vernünftige Basis für die Beziehung zu seiner Mutter finden, und in dieser Beziehung war seine Übersiedlung nach Tahiti verheerend, denn das Inselleben trieb ihn noch mehr zu seiner Mutter, und gleichzeitig entzweite er sich immer mehr mit der Welt, in der er leben mußte. Die Spannung Mutter-Sohn-Geliebte in der Villa Velour war immer akut. Nur wenn Edgar ein Mädchen in den Haushalt einbringen wollte, flammte sie zu offenem Krieg auf, egal ob er sie als Frau oder Geliebte wollte. Dann war die Hölle los, und jeder konnte das sehen. Auch wenn es niemand sah, weil die Hölle nur schwelte, war es eine Hölle. Und schließlich war auch die unumgängliche Spannung, die Leeteg zwischen sich und der Gesellschaft aufgebaut hatte, nicht zu lockern; sie verstärkte sich nur noch. Ständig lag er mit seinen Nachbarn im Streit, auch mit seinen Freunden, mit seinen Frauen, den Geschäftsfreunden, den Malerkonkurrenten und mit sich selbst: »Ich will meine Zähne in andere Künstler schlagen, da ich den Kampf liebe... Das bringt einen ordentlichen Kerl an die Spitze; man muß nur seine Rivalen, die auch an die Spitze kommen wollen, immer ankeifen.«

Da das Leben auf Tahiti sich in einer großen Gemeinschaft abspielte und nicht in der Anonymität von San Francisco, wurde die Bitterkeit von Leetegs Reaktionen gegenüber seiner Gesellschaft sofort der ganzen Gemeinschaft bekannt und wurde geteilt von jenen, die sich sonst nicht eingemischt hätten. Der Südpazifik hat einen wundervollen therapeutischen Wert, doch er hat noch nicht eine einzige Seele kuriert, die darauf bestand, sich täglich neu zu infizieren.

In mancher Beziehung fand Leeteg das schlichte Leben, von dem viele moderne Männer geradezu heimwehkrank träumen. Seine Entschlossenheit, auf dem primitiveren Mooréa zu bleiben, wo das Leben einfacher war als im fröhlichen Papeete, ist Beweis dafür, daß er das weniger komplizierte Leben auf der kleinen Insel eben vorzog. Aber man staunt doch darüber, wenn man seine Briefe liest und entdeckt, daß Leeteg viel Zeit damit verbracht hat, über genau die gleichen Probleme nachzugrübeln, die ihn in St. Louis belastet hätten. Anwälte verlangen zuviel von ihm für seine Scheidung. Er muß ein Haus finden, das elektrischen Strom hat.

Würde er nicht besser seine Kinder holen und an einen Ort ziehen, wo die Schulen besser sind? Wenn man ein Dutzend Briefe liest, so könnte man annehmen, sie seien von einer jungen Ehefrau geschrieben, die in irgendeinem kleineren Ort Amerikas lebt. Die folgenden Haushaltsklagen enthalten nur Sätze, die von Leeteg stammen:

›Ich habe mir meine Beißerchen an einem Stück französischen Brotes ruiniert, muß also jetzt zu Hause bleiben, bis Laverne die verdammten Dinger zu einem Zahnarzt bringt, um sie reparieren zu lassen. Die Preise bei den Zahnärzten klettern in die Höhe. Im Krieg sind hier kaum Platten zu bekommen. Mom fragt, ob Du für sie ein Paar sogenannte Schwesternschuhe in Größe 5 besorgen kannst, niedere Absätze. Ganz dringend brauche ich eine Maytag-Waschmaschine, und ich hätte auch gern ein gutes Zenith-Radio... Das Holz, das ich bekam, ist frisch und so armselig, daß ich für Decken und Wände Sperrholz brauche, um die Risse und die unterschiedliche Bretterdicke zu verdecken. Sonst ist das Haus ganz groß, aber das Chinesenmädchen, das die Vorhänge nähte, hat sie alle verpfuscht, so daß ich neue kaufen muß. Wieder 30 Dollar in den Gully geschwemmt... Ich werde froh sein, wenn ich die Zackenscheren bekomme... Ich machte mir Sorgen darüber, was ich mit Laverne tun soll, wenn sie älter wird. Sie ist ausnehmend gut in der Schule und sollte ihre Chance im Leben bekommen, die sie hier nicht hat... Wenn Du mir zwei Gummischläuche schicken würdest mit Spraydüsen, die an einen Wasserhahn von $^1/_2$ Zoll im Badezimmer angeschlossen werden können. Meine zwei Betten und der Herd kamen an und kosteten mich nicht ganz 700 Dollar. Zuviel. Also wird jetzt kein großes Zeug mehr aus Amerika bestellt.‹

Das Leben auf Tahiti war teurer, als es in St. Louis gewesen wäre. Leeteg gab enorme Summen für Porto aus, für Luftfracht, Zoll und Kabel. Von dem, was er brauchte, importierte er sehr viel, also sparte er nicht an den billigen lokalen Erzeugnissen. Da zum Beispiel Tahiti eine französische Kolonie war, kostete auch der Wein wenig, doch er trank Whisky, und der war dort sehr teuer. Richtig, für die Arbeiter, die ihm seine fantastischen Häuser bauten, bezahlte er wenig, aber er brauchte sehr viele, um etwas fertig zu bekommen, so daß letzten Endes die Kosten doch sehr hoch waren. Und die Baumaterialien waren sündteuer. Die Villa Velour, die in Amerika damals vielleicht kaum 9000 Dollar gekostet hätte, kostete in Mooréa 14000 Dollar. Und die sogenannte paradiesische Ernährung – freie Kokosnüsse und Brotfrucht, Fisch, der sich in der Lagune tummelt – verwirklicht sich fast nirgends. Die meisten Menschen aus dem Westen können nur wenig Kokosnuß essen, denn von der Milch bekommen sie leicht Durchfall, und wenige Fremde mögen die Brotfrucht. Außerdem gehören die meisten Bäume irgendwelchen Leuten, die ihre Früchte zu hohen Preisen verkaufen. Fische gab es wohl in der Lagune, doch Leeteg fing selten einen, weil seine Mutter den Geruch nicht mochte. Zwei andere Dinge waren frei: die schönsten Blumen und Mangos, und hier hätte Leeteg bestimmt Geld sparen können, doch er fand keinen Geschmack an dieser Frucht, die viele Reisende für die feinste der Welt halten. Es ist eine traurige Tatsache, daß sich Leeteg vorwiegend aus Konservendosen ernährte. Er führte große Mengen Dosenfleisch aus Australien ein, Dosensuppen aus Frankreich, Dosengemüse und Dosenobst aus Amerika. Nur wenige Hausfrauen in St. Louis aßen so viele Konserven wie Leeteg in der Wildnis von Mooréa. Nur wenige ernährten sich so todbringend. Es gibt einen Grund; er mochte die Eingeborenennahrung nicht. Seine Mutter zog es vor, sich wenig Arbeit zu machen und aus Büchsen zu leben. Da er seine Konserven sehr teuer von chinesischen Kaufleuten in Papeete beziehen mußte, gab er in seinem üppigen, tropischen Paradies sehr viel mehr Geld für Essen aus, als er in irgendeiner durchschnittlichen Kleinstadt Amerikas gebraucht hätte.

Er arbeitete auch härter. Vielleicht genoß er seine Arbeit auch mehr, aber er mußte längere Stunden daransitzen, als er es in Amerika hätte tun müssen, wäre er ein braves Mitglied der Werbemalergewerkschaft geblieben. Dort hätte er nicht sechs Tage in der Woche arbeiten dürfen, pro Tag acht bis zehn Stunden. Leute, die Leeteg persönlich nicht kannten, vergessen, daß er wie ein Sklave schuftete. Alle Besucher seines Hauses sind sich darüber einig. Oft stand er schon um zwei oder drei Uhr morgens auf, um seine Unmengen von Post durchzusehen, denn die guten Tageslichtstunden verwendete er unweigerlich zum Malen. Selbst auf seinen wöchentlichen Streifzügen nach Papeete brauchte er immer einen halben Tag für seine Geschäfte: Er gab Pakete auf, löste Schecks ein, kabelte seinen Agenten und sorgte sich um die Erziehung seiner Kinder. Vom 12. Dezember 1949 bis zu seinem Tod 1154 Tage später malte Leeteg 294 Samte, oder im Durchschnitt einen alle vier Tage. Da er bis zu drei Wochen brauchte, bis ein Bild fertig war, arbeitete er offensichtlich immer gleichzeitig an vielen.

Einmal beklagte er sich bei Davis: ›Du sagst mir immer, ich solle mich nicht so an die Flasche halten und lieber arbeiten. Glaubst Du etwa, das Zeug um mich herum mache sich selbst? Für die Touristen scheine ich irgendwie ein Magier zu sein. Sie sehen aber nicht, daß ich sechs Tage in der Woche vor meiner Staffelei sitze und sogar am Sonntag arbeite.‹

In der längsten Zeit seines Lebens auf Tahiti bezog Leeteg aus seiner hingebungsvollen Arbeit ein recht mageres Einkommen. Lange schwamm er immer nur so am Rand der Armut dahin, und erst in seinen späteren Jahren lebte er recht gut. Der Südpazifik ist kein Paradies für Tagediebe, und für Leeteg war er ein Urteil zu härtester Arbeit; der Lohn dafür kam langsam herein, die Anforderungen stiegen ständig. Als er schließlich doch gut verdiente, hatte er das bestimmte Gefühl, seine Fähigkeit zu anhaltender Arbeit schwinde. Zu seinen traurigsten Briefen gehören jene, in denen er von seiner unendlichen Müdigkeit spricht, die immer von Todesahnungen begleitet war, auch von allmählich nachlassender Sehkraft. ›Du hast meinen Brief wegen des Geldes mißverstanden‹, schrieb er einmal. ›Ich weiß doch, Du läßt mich nie warten. Ich meinte nur, man sollte mich nicht warten lassen, aber das würde ich viel lieber tun, als daß Du Deine Versicherung beleihen mußt. Natürlich habe ich genug, um hier weiterzumachen, aber ich will nicht, daß Du Schulden machst und pleite gehst. Zahl diese Darlehen zurück und bleib flüssig. Nach diesem Monat werde ich Dir einiges Geld leihen und Dir auch jeden Monat beistehen. Du kannst das Geld ohne Zinsen haben, bis ich es brauche. Ich halte zu Dir. Aber, Barney, versuch jetzt nicht, Deine Galerie zu vergrößern, denn ich weiß ja nicht, wie lange ich dieses Tempo mithalten kann, ohne schlampiges Zeug zu liefern. Ich brauche dringend einmal Ruhe. Du bestellst sechs weitere ›Beach Boys‹, und das ist ein feines Geschäft, aber ich mache ein jedes nicht nur Spitze, sondern Superspitze.‹

In Kalifornien hätte Leeteg ein viel leichteres Leben gehabt, vielleicht hätte er auch mehr Geld verdient und das verdiente vorteilhafter für die materiellen Dinge ausgegeben, nach denen er hungerte. In Morréa fühlte er sich sehr glücklich, und für seinen Pinsel war die Atmosphäre außerordentlich gut, aber Freiheit und Verantwortung oder Arbeit fand er sicher nicht. Gegen Ende seines Lebens schrieb er: ›Wollte ich hier weggehen, dürfte ich nicht mehr als hundert Dollar aus meinem Besitz mitnehmen, der mehr als zehntausend wert ist, von meinem Bankkonto und anderen

Dingen ganz zu schweigen. So ist also dieses Paradies eine Art Gefängnis, besonders deshalb, weil Onkel Sam meine Kinder nicht akzeptieren will.‹

Soweit es um ein Asyl geht, wo er ungestört hätte arbeiten können, fällt Leetegs Leben auf Tahiti in zwei Teile auseinander. Viele Jahre lang lebte er sehr isoliert und wurde von Einsamkeit fast verrückt. Seine Frau und seine Freundin verließen ihn zum Teil deshalb, weil Mooréa so weit von Papeete weg war, und viele Bewohner dieser Stadt erinnern sich daran, als jeder Fremde eingeladen oder sogar zu Leetegs Haus geschleift wurde, und ein kurzer Besuch erstreckte sich oft über zwei Wochen. In jenen Tagen schleppte die *Mitiaro* eine erstaunliche Prozession von Schmarotzern, Trunkenbolden, Taugenichtsen, Sex-Irren und guten Geschichtenerzählern zu Edgars Haus, wo sie endlose Zeiten kampierten und seinen Whisky tranken. Und wenn er je ein paar Francs übrig hatte, eilte er nach Papeete, um dem schrecklichen Einerlei seines Refugiums zu entgehen. Später endete selbstverständlich seine Einsamkeit, er wurde von Besuchern überlaufen, die dann zu einer solchen Belästigung wurden, daß er kaum mehr Zeit zum Arbeiten fand.

»Hab' wieder den alten Ärger«, beklagte er sich, »jeden verdammten Tag diese Besucher. Manchmal zweimal am Tag, und das führt dazu, daß ich im ganzen Oktober nur fünf Samte habe. Es nützt auch nichts, wenn ich gemein werde. Es gibt nur eines: Mooréa verlassen und in Papeete ein so winziges Haus bauen, daß kein Platz für Übernachtungsgäste ist und daher auch kein Grund, die ganze Nacht über zu bleiben, denn in der Stadt gibt es ja Hotels. Ein Australier brachte seine tahitische Braut für drei Tage her, und sie pinkelte ganz einfach auf den Boden, weil sie zu faul war, nach draußen zu gehen. Ich brauchte eine Magd, die das ganze Haus schrubbte, als sie weg war. Ein höllisches Leben, Gastgeber in Morréa zu sein für die Art von Leuten, die man hier trifft.«

Um seine Papiere und seine Samte vor seinen unerwünschten Gästen zu retten, mußte er doch tatsächlich sein Haus umbauen und einige versteckte Schränke vorsehen. Aber das war auch nur eine teilweise Erleichterung, denn jetzt priesen die Reisebüros in ihren Prospekten an: »Im großartigen Mooréa reservieren wir drei Tage für einen romantischen Besuch im Atelier Edgar Leetegs, eines richtigen Künstlers der Südsee.« Wenn dann diese uneingeladenen Touristen ankamen, mußte er sie unterbringen, verköstigen, ihre Wäsche besorgen, Drinks bereitstellen und seine Arbeit vernachlässigen. Er konnte aber niemals nein sagen, und die Reiseunternehmen vertrauten auf seine Eitelkeit und daß er ›nur noch einen Besuch‹ erlauben würde.

Seine Gastfreundschaft wurde maßlos ausgenützt, und endlich richtete er an die Zeitungen von Honolulu einen Schrei der Verzweiflung: ›Seit dem Beginn der Luftreisen und der Einführung der Rundreisen wurde unsere Gastfreundschaft zu einem erschreckenden Ungeheuer, das uns vernichtet. Ich will nicht Ihr Fremdenführer sein. Mein Heim war weder als Museum noch als Kneipe gedacht, und alles umsonst... Ich habe es satt, und Ihre unvernünftigen und uneingeladenen Touristen sind daran schuld.‹

Doch auch nach der Veröffentlichung dieses Briefes hielt er Fremde in Papeete auf und lud sie nach Morréa ein. Natürlich brummte Mom. Eingeborenenmädchen kamen vorbei, um zu sehen, ob eine Party im Gang sei, dann verschwanden die Getränke, und wenn der Fremde ging, dann mußte Leeteg Überstunden machen, um die verlorenen Sonnenlichtstunden wieder hereinzubringen.

Die meisten Weißen im Südpazifik folgen diesem Zyklus: Zurückziehen, die Betrunkenen und Trunkenbolde hereinrufen, vom Lärm verrückt werden, sich wieder zurückziehen, die Trunkenbolde zusammenrufen. Leeteg war da keine Ausnahme, und seine Ausgaben wurden schließlich so hoch, daß er verzweifelt schrie: »Über eines bin ich sicher. Meine nächste Hütte baue ich an einem Hügel, und mir gehört nur ein Paar Schuhe, das ich unbedingt brauche. Die paar Bequemlichkeiten und Hilfsmittel, die ich benötige, bekomme ich leicht, und dann ist's Schluß mit allem. Das Haus wird sehr einfach sein und nicht sehr groß.« Aber zwei Tage vor seinem Tod plante er einen Anbau an sein Puppendorf, das er schon hatte. Er brach nie aus dem Kreis aus.

In einer Hinsicht war Leetegs Flucht in den Südpazifik überaus erfolgreich. Die Bucht, an der er sich niederließ, ist von majestätischer Schönheit. Die Strandlinie ist sehr reich gegliedert und rauh und erzählt von uralten Vulkanen, deren Flanken durch Jahrhunderte der Erosion vom Meer her ausgewaschen wurden und zusammenbrachen, so daß sich im tiefblauen Wasser eine wundervolle, reichgegliederte Küstenlinie spiegelt. Die Berge an der Bucht sehen aus, als seien sie aus einem Märchenbuch entnommen worden, so großartig und grotesk sind sie. Um die Bucht und den Fuß der Berge gibt es einen unglaublich üppigen Vegetationsgürtel. Viele Menschen würde ihr Alltagsleben mit Freuden aufgeben, um den Rest ihrer Tage in so viel Schönheit zu verbringen oder sie auch nur einmal zu sehen. Es gibt im ganzen Südpazifik nicht einen entzückenderen Fleck als Edgars Leetegs Halbinsel. Egal von welchem Punkt aus man sie sieht, die Stelle, an der er sein Haus baute, ist ein Meisterstück der Natur, und wenn wir die Debatte nun weiterführen, ob er ein wirklich großer Künstler war oder nicht, so spricht jedenfalls für ihn, daß er von allen verfügbaren Plätzen den zauberhaftesten vom ganzen Südpazifik für sich ausgesucht hat.

Natürlich gab und gibt es auch Nachteile. Geht man nachts am Strand entlang oder über die Straße, so tritt man ständig auf Landkrabben, die mit einem platschenden Geräusch explodieren. Manchmal zerrte der Sturm auch am Untergrund seiner Puppenhäuser, und Schimmel war ein ewiger Feind im Haus. Wochenlang hing oft der Nebel über der Bucht, die Sonne war nie zu sehen, und manchmal kann man ernstlich darüber nachdenken, ob die herrlichste Schönheit den Nachteil wettmachen kann, daß ein Ort nur durch ein altersschwaches Schiffchen vom Typ *Mitiaro* zu erreichen ist. Aber selbst wenn der Schimmel im Haus wuchs, so war doch immer die Bucht ein glorreicher Fleck, die Halbinsel war zauberhaft, so daß man ohne weiteres sagen kann, Edgar Leeteg habe auf Mooréa eine leidenschaftliche, immer versuchende, luxuriöse Schönheit gefunden, die kaum einer von uns überhaupt und erst recht nicht intim kennt. Einmal sagte er: »Man verbringt einen guten Teil seines Lebens auf dem Hintern, aber in der Villa Leeteg ist sogar das bewußte Außenhaus sehr schön.«

Es wäre nicht richtig, Leeteg so einzuschätzen, wie ihn einmal ein Bekannter beschrieb: »Diese große, freie, liberale Seele, die Entlassung suchte aus den Einschränkungen des Lebens in der unendlichen Freiheit des Pazifik.« In Wirklichkeit war er ein Reaktionär, und in seinen Briefen bezog er sich oft auf Roosevelt als den Zerstörer Amerikas, und Truman nannte er den S.O.B. des Weißen Hauses.* Seine Verachtung für Nichtweiße und Nichtdeutsche war notorisch, und in seinen Briefen sprach er oft von Niggern, Chinks und diesen Jap-s.o.b's, von den dreckigen Judenjungen, von den Itzigs und Ithakern. Seltsam war, daß er nie die Neger Tahitis von ganzem Herzen akzeptieren konnte, und oft redete er wie ein Moralist aus Neuengland: »Papeete bekommt 17

* Son of a bitch

US Army-Männer jedes Wochende aus einem nahen Stützpunkt, nette, saubere Jungens. Die Frau unseres Konsuls, eine feine, gesellige Dame, versuchte Picknicks und Aussichtsfahrten für sie zu organisieren, aber die Banditen hängen nur aus einem Hotelfenster, in einer Hand ein Bierglas, im anderen Arm eine Hure. Und das geht bis zum Zapfenstreich weiter. Dazu benützen also diese Burschen die ihnen gebotene Gelegenheit, diese entzückenden Inseln zu sehen.«

Aber Leeteg fand auf Tahiti jene sexuelle Freiheit, die einen so großen Raum in den Träumen unserer Männer vom Paradies einnimmt. Gleichmütig sagt er: »Mit den meisten meiner Modelle geh' ich ins Heu.« Vielleicht prahlt er ein wenig, denn in einem anderen Brief schreibt er: ›Hab' in letzter Zeit einiges feine Material bekommen, und es fehlt mir mehr als gut ist. Eine Entzückende hab' ich versäumt, weil ich betrunken war und nur von ihr weglief. Kannst Du Dir das vorstellen? Nun, das müßte reichen, daß ich das Trinken aufgebe.‹ Einmal schreibt er sehr zärtlich: ›Letzten Samstag und Sonntag war ich zu einem Ausflug in Little Tahiti, dem wilden, nur teilweise erforschten Teil von Tahiti. Ich glaube, daß nicht mehr als zwanzig Amerikaner je dieses wilde Durcheinander von dschungelbekleideten Gipfeln sahen mit den dunklen Bächen, die in schmalen Tälern verschwinden, und den Wasserfällen, die sich von den Klippen direkt in die See ergießen. Es gibt keine Straße, nur einen Fußpfad. Ich zählte sieben Häuser. Später schicke ich Dir ein paar Schnappschüsse. Junge, Junge, welch ein Stück Land, um darauf Robinson Crusoe zu spielen! Ich nahm ein Mädelchen mit, und wir schliefen unter einem Eisenholzbaum auf einer winzigen Insel. Wie leicht wir Weißen doch in die primitiven Gewohnheiten der Eingeborenen schlüpfen!‹

Seine typischen Erlebnisse waren viel weniger poetisch: Ein paar Freunde kommen aus Papeete; ›sie waren meine Gäste für zehn Tage, zu gleicher Zeit wie Doc Bridgman, der ein wunderbarer Bursche aus Neuseeland ist; damit das Haus voll werde, nahm ich auch noch ein fremdes Mädchen auf, das hier aus Paris ankam, um nach Leeteg zu schauen. Sie blieb vier Tage. Doc wettete mit mir einen Goldcup, daß ich nicht in ihre Höschen käme... Wenn Du also im nächsten Jahr wieder kommst, kannst Du Deinen Champagner aus einem goldenen Kelch trinken.‹

In diesen Jahren war er bereit, fast alles anzunehmen, was ihm in den Weg lief: »Ich hab' ein ganz entzückendes sechzehnjähriges Eingeborenenmädchen für einige Akte. Deshalb bin ich ja auch krank. Die ganze Nacht hab' ich sie hier behalten, um ihre Amulette zu studieren, und dabei habe ich mich überanstrengt. Werde mir wohl allmählich darüber klarwerden müssen, daß ich alt werde.«

Leeteg hatte die ungewöhnliche Gewohnheit, über die Schlafzimmerqualitäten seiner Spielgefährtinnen zu berichten, natürlich nach seinem eigenen Standard. Wenn man den Pazifik gut kennt, ist man manchmal recht verlegen, wenn man eine junge Dame trifft und sich an Leetegs Qualifikation für sie erinnert: »Letzte Woche war ich mit einem jungen Ding zusammen, nach dem mir schon seit Jahren die Zunge raushing. Und als ich sie endlich im Bett hatte, taugte sie absolut gar nichts. Ich war so enttäuscht, daß ich fast entschlossen war, den Beischlaf aufzugeben und mir das Ding abzuschneiden.«

Man ist versucht, zu fragen: Wie kann ein erwachsener Mann die eintönige Prozession von Inselmädchen ertragen? Leeteg behauptete, er tat es. Er gibt aber zu, daß sein Privatleben ein fürchterliches Chaos war. Er stritt mit seinen Frauen, verlor seine Freundinnen, litt unter der Herrschsucht seiner Mutter, und in seinen späteren Jahren verbrachte er kaum einmal mehr die ganze Nacht mit einem Mädchen. Er war so eine Art Kokosnuß-Casanova und wurde hin und her gerissen zwischen den professionellen Hafenratten, die wirklich den Hafen von Papeete bevölkern. Er lebte wirklich in einem trübsinnigen Chaos, und einmal überlegte er folgende Alternative: Seine dritte Frau könnte er vielleicht wieder heiraten; aber er wollte nichts mehr mit ihr zu tun haben und gerichtlich gegen sie vorgehen; er würde sich lieber an sein Modell halten; oder er wollte ein feines Mädchen aus New York heiraten; oder die Freundin eines zu Besuch weilenden Yachtmannes übernehmen, wenn die Yacht wieder absegelte; oder er würde eine Schönheit nach Mooréa bringen, über die er einmal an einem Dienstag gestolpert war; mit Mädchen wollte er niemals mehr etwas zu tun haben. Jede von diesen Alternativen hätte irgendwie Sinn gehabt; aber er handelte nach allen gleichzeitig, und das war schlecht.

Admiral du Saint Front blickt zurück auf diese schwierigen Jahre und bringt eine neue, düstere Note hinein: »Das Leben in Polynesien ist nicht ganz so, wie sich die Leute es vorstellen: Er hätte selbstverständlich jede Anzahl von *Vahines* finden können, die ihm den Haushalt geführt hätten – mit allem Drum und Dran –, und eine diskrete Affäre wäre nicht nötig gewesen. Er konnte wenig Französisch, praktisch kein Tahitisch, und das erleichterte natürlich nichts. Aber über allem herrschte ›Mom‹, und da waren die Kinder und seine erfolglosen früheren Ansätze zu einem normalen Leben. In diesem Land des Überflusses hätte er einmal ganz nach seinem Willen grasen können, aber er bekam nur ein paar wenig befriedigende Mundvoll ab.«

Diese Aussage ist bestürzend, denn gewöhnlich ist man der Meinung, auf Tahiti könne man alle Mädchen finden, die man haben möchte. Vielleicht war dies auch der Grund, weshalb Leeteg so lange dort lebte. Seine besondere Mutterbindung bedurfte einer Gesellschaft, in der gelegentliche Mädchen zu haben waren, denn eine Dauerlösung wurde ja doch unweigerlich zerstört und hintertrieben. Warum sollte er in den fünfziger Jahren plötzlich Schwierigkeiten haben, Mädchen zu finden?

Der Autor wollte diese quälende Frage unbeantwortet lassen – bis er mit seinem Freund zufällig einer Französin begegnete, die lange in Punaavia gelebt hatte. »Leeteg!« rief sie. »Wie interessant, daß Sie über Leeteg schreiben! Er war ein Mann von unsterblichem Elend, und ich hoffe, Sie können die Traurigkeit in ihm ausloten. Wissen Sie, am Ende war er doch ein Ausgestoßener. Niemand lud ihn in ein anständiges Haus ein – nur ein sehr feiner französischer Admiral, der ihn ertragen konnte. Seine Sprache war sehr ordinär geworden, er war ständig betrunken. An diesen Sauf-Dienstagen begegnete ich ihm oft auf der Straße. Seine Augen waren leer und nur mit der Angst der Einsamkeit gefüllt. Dann verstand ich. Ein sehr guter Freund Leetegs« – sie nannte einen von des Malers Gefährten, dem er sehr vertraute –, »kam nach Punaavia und erklärte uns: ›Ihr sagt besser den jungen Mädchen von Punaavia, sie sollen sich von Leeteg fernhalten. Und seht zu, daß er nichts mit Mädchen zu tun hat, die bei euch im Haus arbeiten‹.

›Warum?‹ fragte ich ziemlich dumm.

›Er hat eine schreckliche Krankheit‹, erklärte der Freund. ›Er hat die Krankheit, von der sich die Mädchen fernhalten sollten.‹

›Heilen denn diese neuen Drogen die Krankheit nicht?‹ frage ich.

›Nicht mehr. Er hat sich durch alle hindurchgearbeitet‹, sagte der Freund. ›Penicillin, Streptomycin, die Sulfonamide. . .‹

›Was wird mit ihm geschehen?‹ wollte ich wissen, denn die Mädchen waren doch sein Brot und Wasser.

›Ist schon gut‹, sagte der Freund. ›Innerhalb eines Jahres wird er tot sein.‹ «

Dieser Freund hatte alle Dörfer besucht und den jungen Mädchen geraten, sich von Leeteg fernzuhalten. Punaavia erreichte er mit dieser Mitteilung am Tag, bevor Edgar Leeteg auf den Rücksitz eines Motorrades kletterte.